'Ik

v

'Zonder Steve had ik waarschijnlijk nooit goud gewonnen in Athene 2004.'

Sir Chris Hoy

'Hij is geweldig. Sinds ik door Steve word begeleid ben ik nog nooit zo goed en constant in vorm geweest als speler voor Liverpool en Engeland.'

Steven Gerrard

'Steve Peters is een genie.'

Dave Brailsford, voormalig directeur British Cycling en algemeen manager Sky Pro Cycling

'De Steve Peters-methode... die is verantwoordelijk voor mijn vorm van dit moment. Hij heeft een enorme impact gehad.'

Craig Bellamy

'Dit boek is fantastisch... [het] biedt echt heel simpele maar effectieve manieren om je leven te verbeteren.'

Ronnie O'Sullivan

'Steve en dit boek kunnen van een leidend team – waar ego, onzekerheid en emotie de overhand hebben – een harmonieuze groep maken, waar het team meer is dan de som der delen… een pareltje.'

Sue Garrard, Global Senior Vice President of Communications, Unilever

'Echt inspirerend! Dit boek zou onderdeel moeten zijn van wat iedere leraar zijn leerlingen kan bijbrengen om een succesvol leven te leiden.'

Elizabeth Layburn, plaatsvervangend directeur, Burgess Hill School

'Dit inspirerende boek biedt veel inzicht en geeft op krachtige wijze aan waarom we ons gedragen zoals we ons gedragen en hoe we in de toekomst kunnen worden wie we echt willen zijn.'

Prof. Nigel Bax, directeur van The Academic Unit of Medical Education, Medical School, University of Sheffield

'Fascinerend, dit boek is fantastisch… ik ben geobsedeerd door dit boek.'

Chris Evans, op Radio Two

De Chimp Paradox

Bezoek www.levboeken.nl voor informatie over al onze boeken. Volg @Levboeken op Twitter en bezoek onze Facebook-pagina: www.facebook.com/Levboeken.

Dr. Steve Peters

De Chimp Paradox

De mindmanagementmethode voor zelfvertrouwen, succes en geluk

Lev.

Oorspronkelijke titel
The Chimp Paradox
© 2012 Dr. Steve Peters
Illustraties
© 2012 Dr. Steve Peters en Jeff Battista
Vertaling
Henk Popken
Redactie Nederlandse editie
Bonella van Beusekom
Omslagontwerp
Pinta Grafische Producties
Opmaak
De Grafische Keuken, Hilversum

ISBN 978 94 005 0582 7
NUR 770

Derde druk, november 2019

MIX
Papier van verantwoorde herkomst
FSC® C004472
FSC www.fsc.org

Dit boek is gedrukt op papier dat het kenmerk van de Forest Stewardship Council (FSC) mag dragen. Bij dit papier is het zeker dat de productie niet tot bosvernietiging heeft geleid. Een flink deel van de grondstof is afkomstig uit bossen en plantages die worden beheerd volgens de regels van FSC. Van het andere deel van de grondstof is vastgesteld dat hiervoor geen houtkap in de laatste resten waardevol bos heeft plaatsgevonden. Daarom mag dit papier het FSC Mixed Sources-label dragen. Voor dit boek is het FSC-gecertificeerde Munkenprint gebruikt. Dit papier is 100% chloor- en zwavelvrij gebleekt en wordt geleverd door Arctic Paper Munkedals AB, Zweden.

Inhoud

Inleiding
Kiezen voor de Zon

Het boek

Dit boek is geschreven om je te helpen begrijpen hoe je geest werkt en je een model te bieden om jezelf te ontwikkelen en je leven in alle opzichten te verbeteren.
Door mijn werk als psychiater en docent word ik met veel vragen en opmerkingen geconfronteerd. Deze vragen gaan meestal over persoonlijke problemen die men niet begrijpt of kan oplossen.
Hier volgen een paar voorbeelden:

Hoe...

- word ik de persoon die ik graag zou willen zijn?
- krijg ik meer zelfvertrouwen?
- word ik gelukkig?
- zorg ik dat mijn relatie werkt?
- kan ik gestructureerder en succesvoller worden in wat ik doe?
- motiveer ik mezelf?
- word ik effectiever in mijn werk?

Waarom...

- pieker ik zoveel?
- heb ik zo'n lage dunk van mezelf?
- voel ik me voortdurend beoordeeld?
- ga ik vaak tegen mijn gezonde verstand in?
- ben ik soms zo irrationeel in mijn denken?
- heb ik last van stemmingswisselingen?
- laat ik mij bij mijn professionele ambities dwarsbomen door emoties?

Waarom kan ik...

- niet ophouden met piekeren over wat anderen denken?
- geen besluiten nemen?
- mijn woede niet beheersen?
- niet omgaan met vervelende mensen?
- niet stoppen met overmatig veel eten?
- niet trouw blijven?
- niet stoppen met te veel drinken?

En zo zou ik nog wel even door kunnen gaan!

Wat dit boek jou te bieden heeft

Het kan je helpen:

- begrijpen hoe je geest werkt
- jezelf en anderen te begrijpen
- je emoties en gedachten te managen
- de kwaliteit van je leven te verbeteren
- gelukkiger en succesvoller te worden
- je zelfvertrouwen en eigenwaarde te vergroten
- erachter te komen wat je tegenhoudt of je ervan weerhoudt een gelukkiger en succesvoller leven te leiden

De weg naar zelfkennis en ontwikkeling

Op onze reis door dit boek behandelen we de **zeven belangrijkste facetten van jouw psyche** en helpen we je jezelf en anderen beter te begrijpen.

1. Jijzelf
2. Anderen
3. Communicatie
4. De wereld waarin je leeft
5. Je gezondheid
6. Succes
7. Geluk

De Reis

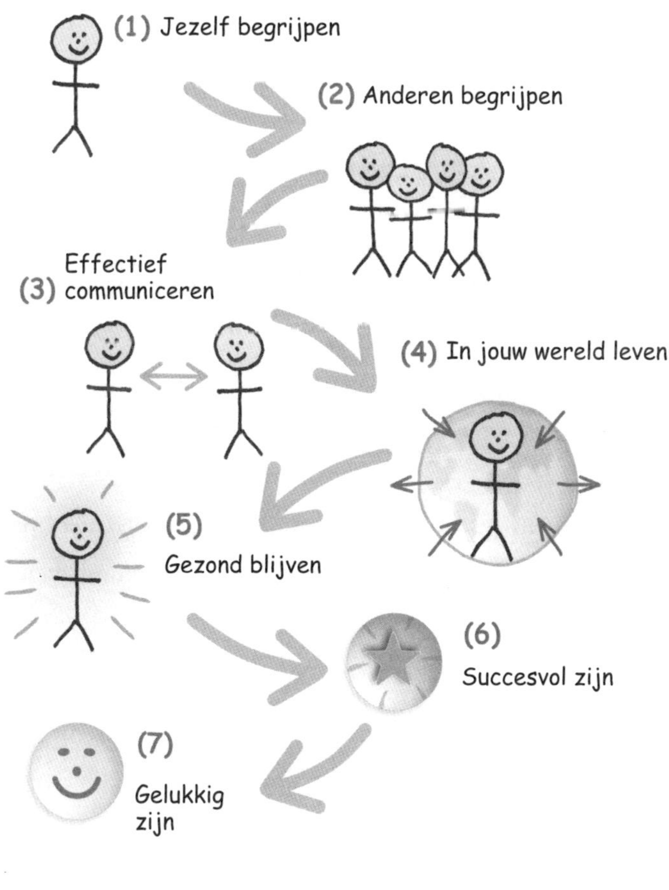

Het is misschien makkelijker om deze zeven facetten te beschouwen als zeven verschillende planeten in het ‘Psychologische Universum’ dat je op het punt staat te doorkruisen. Zo kun je elke planeet bezoeken en eraan werken om je Universum te verbeteren. Het is in wezen een zonnestelsel, maar Universum klinkt wat alomvattender!

Het Psychologische Universum

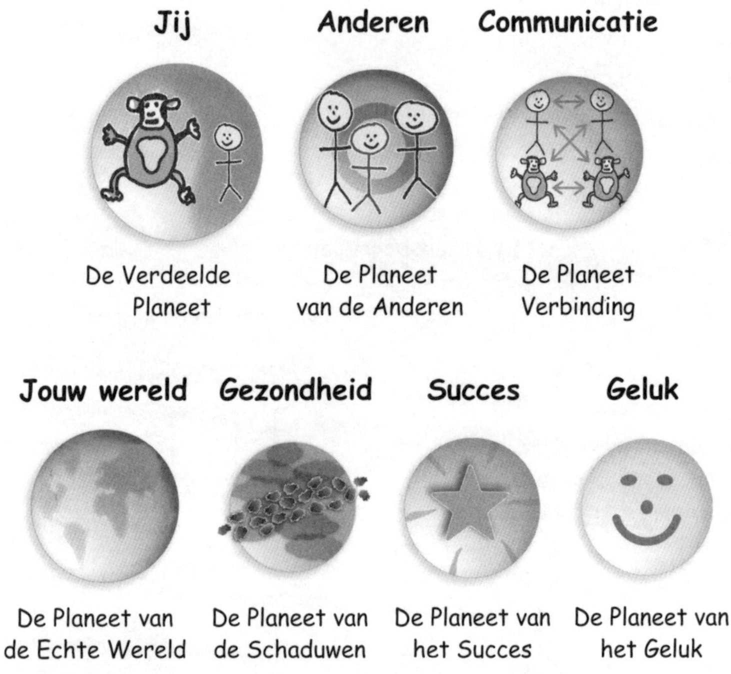

De Zon in dit systeem staat voor waar je uiteindelijk wilt zijn. Het zal duidelijk zijn dat als we al deze planeten op orde heben, de Zon gaat schijnen!

Zoals je ziet gaat de eerste planeet over jezelf en dat is dan ook de belangrijkste planeet om aan te pakken. Jouw geest zit op een complexe manier in elkaar en hoe die werkt wordt uitgelegd aan de hand van een simpel model genaamd 'Het Chimp Model'.

Het Chimp Model

- is bedoeld om je te helpen je geest te begrijpen en te managen
- is gebaseerd op wetenschappelijke principes
- is geen theorie of wetenschappelijk feit, maar een eenvoudig werkmodel
- maakt hersenwetenschap gemakkelijk te begrijpen en toe te passen in het dagelijks leven
- bevat zowel concepten als feiten
- is leuk om mee te werken, maar heeft ook een heel serieuze kant

Je voorbereiden op de reis

Ter voorbereiding op de reis zullen we eerst wat belangrijke punten onder de loep nemen.

Verandering willen en accepteren

Om te veranderen of jezelf te verbeteren, moet je erkennen dat je niet altijd functioneert zoals je zou willen omdat je niet altijd de persoon bent die je wilt zijn, of omdat je niet altijd de controle lijkt te hebben over je emoties of over wat je denkt en doet. Je moet daar iets aan willen doen en bereid zijn verandering te accepteren.

Cruciaal is weten wat er wel en niet veranderd kan worden

Sommige aspecten van jezelf zul je moeten accepteren en andere niet. Het is heel belangrijk het onderscheid daartussen te weten. Je kunt bijvoorbeeld niet je behoefte aan eten en seks wegnemen, of de automatische gevoelens van paniek of spanning die bij gevaar of stress de kop opsteken. Je kunt er echter wel mee leren omgaan. Voorbeelden van wat je wel weg kunt nemen, zijn nutteloze, irrationele of negatieve gedachten en destructief gedrag, zoals heftige zelfverwijten of agressieve uitbarstingen.

Het verschil zien tussen haalbare en onhaalbare dromen

Je moet inzien wat haalbaar is en wat niet. Het is bijvoorbeeld wel mogelijk om fit en gezond te worden, om zelfvertrouwen te krijgen en je relaties te verbeteren. Het is echter onmogelijk om altijd gelukkig te zijn of door iedereen aardig gevonden te worden.

Begrijpen dat dit boek gaat over het ontwikkelen van een vaardigheid

Je emoties en gedachten managen is een vaardigheid. Je moet bereid zijn tijd te steken in het aanleren van emotionele vaardigheden, en vervolgens in het onderhouden daarvan.

Je hebt een keus

Je hebt in het leven altijd een keus. Het is van cruciaal belang dat je dat beseft en vervolgens je keuze maakt.

De reis beginnen

Als je aan je reis begint, zul je merken dat bepaalde delen van het boek je meer zullen aanspreken dan andere. Kies de passages die voor jou relevant zijn en ga daarmee aan de slag.

Laten we aan de reis beginnen.

Deel 1

Een ontdekkingstocht door je Geest

Hoofdstuk 1
De Psychologische Geest

Voordat we beginnen aan onze reis door het Universum is het nodig dat we een basaal begrip hebben van wat er in ons hoofd zit en hoe dat werkt. Het menselijke brein zit gecompliceerd in elkaar, dus zullen we van een vereenvoudigde versie uitgaan. Voor het gemak beschouwen we het menselijk brein als een systeem van zeven met elkaar samenwerkende breinen.

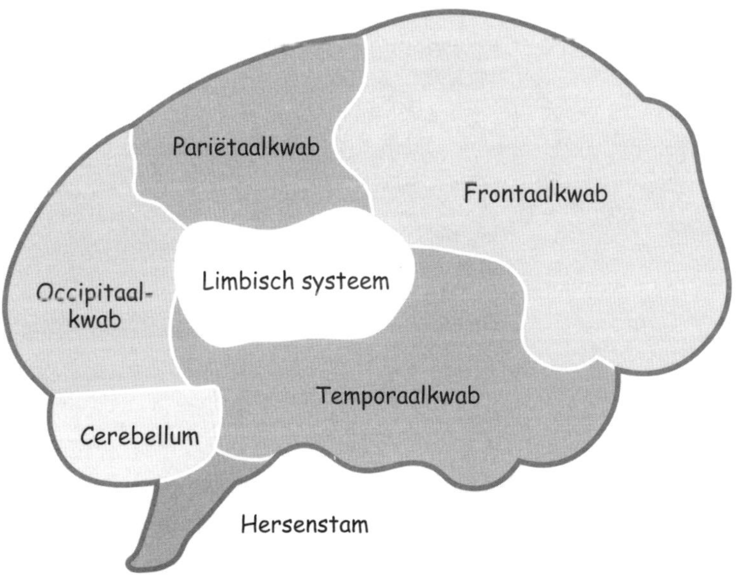

Het menselijk brein gesimplificeerd

In het Chimp Management-model vormen drie van deze breinen – frontaal, limbisch en pariëtaal – de 'Psychologische Geest' en we zullen ons dan ook verder alleen met deze drie bezighouden. Bedenk dat dit wetenschappelijk gezien verre van nauwkeurig is, maar het verschaft ons een werkmodel. Strikt genomen dragen de andere breinen ook significant bij aan emoties, denken en geheugen, maar voor onze doeleinden is het beter het een en ander flink te vereenvoudigen.

De drie psychologische breinen in ons model – frontaal, limbisch en pariëtaal – noemen we de Mens, de Chimpansee (de Chimp) en de Computer. We laten voor het gemak veel onderdelen van het brein vallen onder de pariëtaalkwab, want dat maakt onze schematische voorstelling een stuk helderder. Hoewel deze drie breinen proberen samen te werken, raken ze zeer regelmatig met elkaar in conflict en worstelen ze met elkaar om de overhand te krijgen, waarbij de Chimp (het limbisch systeem) vaak wint!

De Psychologische Geest

De Chimp

Toen je nog in de baarmoeder zat, ontwikkelden twee verschillende breinen, het frontale (Mens) en het limbische (Chimp: een emotionele machine), zich onafhankelijk van elkaar en stelden zich vervolgens aan elkaar voor door verbindingen aan te gaan. Het probleem is dat ze het over de meeste zaken niet eens waren. Elk van deze twee breinen, of wezens, zou je leven voor jou kunnen leiden, maar ze proberen samen te werken en daar ligt precies het probleem. De Mens en de Chimp hebben allebei een onafhankelijke geest met verschillende agenda's, manieren van denken en modi operandi. Er zitten in feite twee wezens in je hoofd! Het is belangrijk om te begrijpen dat jij slechts een van deze twee wezens bent, namelijk de Mens.

De Chimp is de emotionele machine die in ons allemaal huist. Hij denkt onafhankelijk van ons en kan beslissingen nemen. Hij biedt ons emotionele gedachten en gevoelens die heel constructief of heel destructief kunnen zijn; hij is niet goed of slecht, hij is een Chimp. De Chimp Paradox betekent dat hij je beste vriend of je ergste vijand kan zijn, zelfs tegelijkertijd. Het belangrijkste doel van dit boek is om je te helpen je Chimp te sturen en zijn kracht en invloed te versterken als dat in jouw voordeel werkt en die te neutraliseren als dat niet het geval is.

> ***Hoofdpunt***
> *De Chimp is een emotionele machine die onafhankelijk van ons denkt. Hij is niet goed of slecht, hij is een Chimp.*

Als mensen door een ongeluk beschadigingen aan hun frontaalkwab oplopen, of als ze een aandoening of ziekte hebben die de frontaalkwab aantast, verandert hun persoonlijkheid. Dan houdt het Mens-deel van het brein in wezen op met werken en de nieuwe persoonlijkheid die zich openbaart, is de Chimp. Mensen die op deze manier beschadigd raken, raken vaak hun remmingen kwijt en verliezen hun beoordelingsvermogen of ze worden apathisch of vertonen uitbarstingen van agressief gedrag.

Phineas Gage

Een vroeg voorbeeld dat aantoonde dat zich in één hoofd twee verschillende persoonlijkheden kunnen bevinden – de Mens en de Chimp – was dat van Phineas Gage. Gage was eind negentiende eeuw werkzaam bij een spoorwegbedrijf. Hij moest de weg vrijmaken voor de mensen die de spoorlijnen aanlegden, door rotsblokken op te blazen die te groot waren om handmatig te verwijderen. Hij stopte daartoe explosieven onder de rotsblokken, die hij aanstampte met een dikke ijzeren staaf, waarna hij de lont aanstak. Gage was voor dit gevaarlijke werk uitgekozen omdat hij als zorgvuldig, nuchter en verantwoordelijk werd gezien. Op een keer echter liet Gage zich op een cruciaal moment toch afleiden en stootte hij met de staaf tegen het rotsblok, wat een vonk veroorzaakte. Door de daaruit ontstane explosie drong de ijzeren staaf in Gages oogkas, schoot door zijn frontaalkwab en verliet zijn schedel aan de bovenkant weer. Daarbij nam hij een stuk hersenweefsel van de frontaalkwab (de Mens) mee. Gage was daarna weliswaar blind aan één oog, maar herstelde verder volledig. Zijn persoonlijkheid was echter volkomen veranderd. Hij werd grof in de mond, agressief en impulsief. Met andere woorden: zijn Mens was verdwenen en hij had nu alleen nog zijn Chimp!

Je hebt geen wetenschappelijke kennis nodig om te zien waarin het denken van je Chimp en je Mens verschilt. Hoe vaak heb je niet tegen jezelf gesproken, jezelf gerustgesteld of een gevecht in je eigen hoofd gevoerd? Je hebt vaak gedachten en gevoelens die je niet wilt en vertoont zelfs gedrag dat je op dat moment eigenlijk helemaal niet wilt vertonen. Waarom gebeurt dat dan toch? Hoe kan het dat je geen controle hebt over je gedachten en emoties en over je gedrag? Hoe kun je op verschillende momenten twee verschillende mensen zijn?
De technologie kan daar tot op zekere hoogte een verklaring voor bieden. Hersenscans laten zien dat de bloedtoevoer in je hersenen gaat naar het gebied dat wordt gebruikt. Als je kalm en rationeel denkt, zien we dat het bloed naar het frontale gebied gaat, de Mens in je hoofd, en dan word je de persoon die je wilt zijn en die je in wezen ook bent. Als je emotioneel en enigszins irrationeel wordt, met name als je kwaad of van streek bent, zien we de bloedtoevoer richting je Chimp gaan en dat is gewoonlijk niet hoe je wilt zijn en wat je wilt. De waarheid is dat het je Chimp is, een emotionele machine, die je Mens op dat moment overvleugelt.

Dat verklaart een heleboel, bijvoorbeeld waarom je piekert of waarom je in de opwinding van het moment dingen zegt die je later betreurt, of waarom je niet kunt ophouden met eten of waarom je niet aan lichaamsbeweging doet terwijl je dat eigenlijk wel wilt, maar het er op de een of andere manier niet van komt. De lijst is eindeloos. Verbaas je niet langer: jijzelf bent niet degene die deze dingen doet, het is je Chimp die je gijzelt. Een Chimp hebben is net zoiets als een hond hebben. Jij bent niet verantwoordelijk voor het karakter van het dier, maar het is wel jouw verantwoordelijkheid om het in toom te houden en het zich goed te laten gedragen. Dit is een heel belangrijk punt en daar zou je eigenlijk even bij stil moeten staan, want het is van cruciaal belang voor geluk en succes in je leven.

> ***Hoofdpunt***
> *Jij bent niet verantwoordelijk voor het karakter van je Chimp, maar het is wel jouw verantwoordelijkheid om hem te managen.*

De Chimp in jou

Nogmaals, de Chimp in jouw hoofd staat los van jou. Hij werd geboren toen jij werd geboren, maar heeft in wezen niets van doen met jou als Mens. Hij maakt simpelweg deel uit van jouw systeem. Toen jij werd geboren, kreeg je bijvoorbeeld een bepaalde kleur ogen mee. Jij hebt die kleur niet gekozen, hij werd je gegeven. Hij zat in je genen. Je kunt daar niet veel aan veranderen, dus accepteer je de kleur van je ogen en ga je verder met je leven. Zo heb je ook je Chimp niet gekozen. Die is je gegeven en je kunt niet anders dan hem accepteren. Hij heeft een eigen wil en zonderlinge gedachten die niet de jouwe zijn. Het is een levende machine die is gebouwd met een doel, namelijk om de volgende generatie zeker te stellen. Hij heeft een eigen persoonlijkheid en hij kan je leven voor jou leiden – meestal niet erg goed, maar hij kan het! Het is een uiterst krachtige emotionele machine.

Misschien wil je je Chimp nu een naam geven en je aan hem voorstellen, want hij speelt een van de belangrijkste rollen in je leven. Jij (de Mens) en je Chimp (je emotionele denkmachine) zullen gedurende je leven vaak strijd voeren.

Hoofdpunt

Een van de geheimen van succes en geluk is om te leren leven met je Chimp en er niet door gebeten of aangevallen te worden. Daartoe moet je begrijpen hoe je Chimp zich gedraagt en waarom hij op een bepaalde manier denkt en zich gedraagt. Je moet ook je Mens begrijpen en je Mens niet verwarren met je Chimp.

De Psychologische Geest heeft dus twee onafhankelijke denkmachines, die ook onafhankelijk van elkaar onze ervaringen interpreteren.

De twee wezens die denken en vervolgens interpreteren

- De Mens, dat ben jij, en je woont in je frontaalkwab.
- De Chimp is je emotionele machine die je bij je geboorte gegeven is, en hij woont in je limbisch systeem.

Het derde onderdeel van de Psychologische Geest

De 'Psychologische Geest' heeft ook een opslagruimte voor gedachten en gedragingen die we de Computer noemen en die door je hele brein verspreid zit.

Computer

De opslag van informatie voor naslag

De Computer slaat informatie op die de Chimp of de Mens erin gestopt heeft. Die gebruikt hij vervolgens om automatisch voor hen te werken of om als referentiepunt te dienen.

Nu je enigszins een idee hebt van wat er in je hoofd zit, kunnen we beginnen aan de reis door het Psychologische Universum. We zullen zien hoe je in bepaalde omstandigheden je Mens, je Chimp of je Computer in stelling brengt en hoe je ze kunt gebruiken in je voordeel en tot een beter begrip van jezelf kunt komen.

Samenvatting hoofdpunten

- De Psychologische Geest bestaat uit drie afzonderlijke breinen: Mens, Chimp en Computer.
- Jij bent de Mens.
- Je Chimp is een emotionele denkmachine.
- Je Computer is een opslagruimte en een automatisch functionerende machine.
- Ze kunnen elk afzonderlijk de controle volledig overnemen, maar gewoonlijk werken ze samen.

Aanbevolen oefening
Ontwikkelingsmoment

Wat is een 'ontwikkelingsmoment' en waar is het goed voor?

Simpel gezegd is een 'ontwikkelingsmoment' tijd die je er bewust voor uittrekt om erover na te denken hoe je jezelf managet. Je zult het meeste voordeel hebben van het model van de Chimp, de Mens en de Computer als je er tijd voor uittrekt om de bijbehorende concepten te overdenken en ze vervolgens toe te passen. De beste manier om je ervan te verzekeren dat je 'ontwikkelingsmomenten' creëert, is om er een gewoonte van te maken. Gewoonten ontstaan als iets makkelijk te doen is. Door een specifiek moment van de dag te kiezen voor je ontwikkelingsmoment, vergroot je de kans dat je er regelmatig eentje hebt. De sessie moet makkelijk te doen zijn, want anders zal je Chimp er niet mee instemmen en dan doe je het niet! Laat de sessie dus niet langer dan tien minuten duren, want dan heb je een grotere kans dat het een gewoonte wordt dan bij een sessie die een uur duurt. Probeer er elke dag tien minuten voor uit te trekken. Door tijdens het ontwikkelingsmoment te reflecteren, kan de Mens kijken wat er in de Computer zit en dat eventueel aanpassen. Zoals we verderop nog zullen zien, is dat cruciaal voor het managen van je Chimp.

Wat moet je doen?

Denk tijdens je ontwikkelingsmoment terug aan de afgelopen 24 uur en overdenk hoe je je daardoorheen geslagen hebt. Houd een logboek bij en schrijf daarin één, hoogstens twee regels per dag. Dat zal je helpen je te focussen op hoe je de manier waarop je dingen doet of hoe je denkt kunt verbeteren. Het zal je ook helpen om aan de slag te gaan met de in dit boek besproken onderwerpen.

Een voorbeeld

Hier is een suggestie voor de eerste paar sessies. Probeer steeds beter te herkennen wanneer je Chimp je gijzelt met gedachten, gevoelens en gedragingen die je niet wilt hebben. Door dat te doen, leer je het verschil kennen tussen jouzelf en je Chimp en herken je wie er op een bepaald moment de overhand heeft. Dat zal helpen duidelijk te maken dat er in je hoofd twee breinen actief zijn en dat slechts één daarvan jou vertegenwoordigt.

Hoofdstuk 2

De Verdeelde Planeet

(DEEL 1)

Hoe te komen tot een beter begrip van jezelf en je Chimp

De eerste van de zeven planetenstelsels bestaat uit de Verdeelde Planeet en de Gidsende Maan. Het vertegenwoordigt je gemoedsleven en de strijd die woedt in je hoofd. Dit is het belangrijkste planetenstelsel in jouw Universum, want als dit niet onder controle is, functioneren de andere planetenstelsels waarschijnlijk ook niet op de juiste manier.

De Verdeelde Planeet is de plek waar de Mens en de Chimp leven. Jij en je Chimp hebben van nature een ongemakkelijke relatie die regelmatig gepaard gaat met geschipper en conflicten. Er is vaak sprake van een machtsstrijd tussen jullie twee. Aangezien de Chimp veel sterker is dan jij, kun je maar beter zorgen dat je hem begrijpt, om hem vervolgens te kalmeren en te managen.

Om te begrijpen hoe verschillend jij en je Chimp te werk gaan, zullen we vier aspecten systematisch behandelen:

- Manieren van denken
- Agenda's
- Manieren van opereren
- Persoonlijkheden

Twee verschillende manieren van denken

Jij en je Chimp denken heel verschillend. In de loop van de dag ontvangen we voortdurend informatie uit onze omgeving. De Mens en de Chimp krijgen allebei deze informatie binnen en interpreteren die vervolgens.

De Chimp interpreteert deze informatie met behulp van **gevoelens** en **indrukken**. Als hij een idee heeft van wat er gebeurt, gebruikt hij **emotioneel denken** om alles op een rijtje te zetten en erachter te komen wat er gebeurt en een actieplan op te stellen. Dit hele proces is gebaseerd op emotie. Emotioneel denken betekent dat de Chimp gissingen doet en de details invult via aannames die gebaseerd zijn op ingevingen, paranoïde gevoelens of defensieve gedachten. De kans dat de Chimp tot de juiste interpretatie komt van wat er gebeurt, zal daarom niet zo groot zijn; maar soms klopt zijn intuïtie wel. Hij kan alleen denken en doen op basis van emotie.

De Mens daarentegen zal informatie interpreteren door **naar feiten te zoeken en de waarheid te achterhalen.** Als hij dat gedaan heeft, zal hij vervolgens alles op een logische manier op een rijtje zetten, gebruikmakend van **logisch denken**, en op basis daarvan een actieplan opstellen. Logica is voor de Mens dus de basis voor zijn denken en handelen.

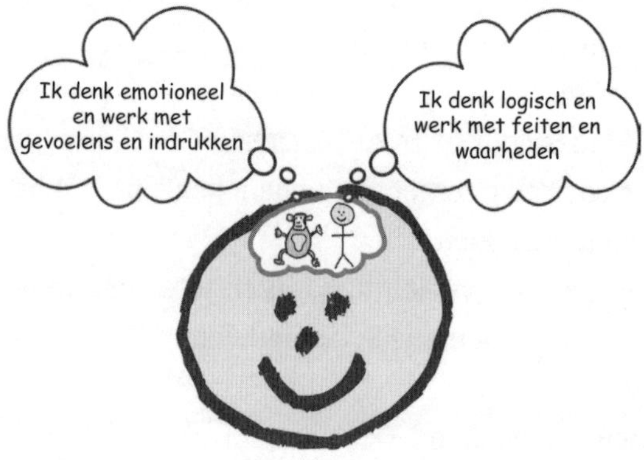

Beide processen kunnen gezond zijn, maar leiden tot uiteenlopende interpretaties van wat er gebeurt en hoe daarmee om te gaan.

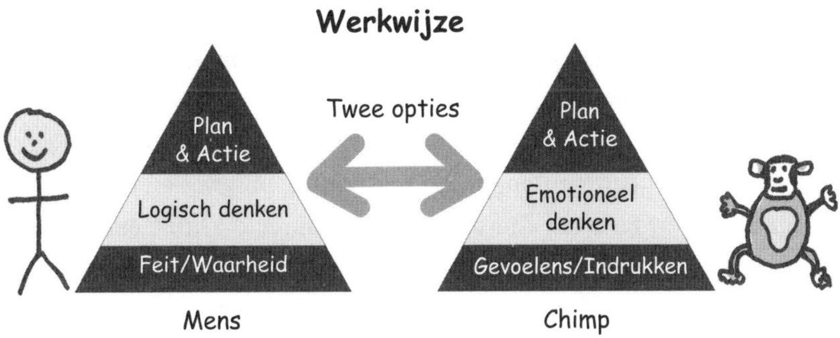

Dus wat je ook doet, er zijn er altijd twee die interpreteren wat er aan de hand is en die een mening vormen over wat je vervolgens moet doen. Soms zijn die twee het met elkaar eens en is er geen probleem, maar vaak zijn ze het oneens. Als jullie het niet eens zijn, is de Chimp de machtigste en krijgt hij dus de controle over je gedachten en acties. Besef je daarentegen wat er gebeurt en heb je strategieën om ermee om te gaan, dan zul je de controle over je denken terugkrijgen en kun je handelen op een logische manier.

Niels en de geparkeerde auto

Laten we beginnen met een simpel voorbeeld om de verschillen in denken tussen de Chimp en de Mens in het hoofd van ene Niels te demonstreren.

Niels vertelt aan zijn vrouw Pauline dat de buurman zijn auto voor hun oprit had geparkeerd, zodat hij naar hem toe moest om hem te vragen zijn auto weg te halen. Niels (de Mens) vertelt het op een zakelijke, nuchtere manier en zijn innerlijke Chimp luistert rustig mee.

Pauline reageert er vervolgens op met: ‘Ik begrijp niet waarom je je zo druk maakt; het is toch keurig opgelost zo?’

Niels en zijn Chimp horen dit antwoord allebei, maar komen met totaal andere interpretaties en reacties op Paulines woorden. De Mens in Niels denkt misschien, rationeel als hij is: ik maak me helemaal niet druk, maar dat wil Pauline duidelijk niet horen, dus hou ik erover op, of: het is inderdaad opgelost, dus waarschijnlijk heeft ze een punt en kan ik er verder maar beter niet op doorgaan. De Mens is kalm gebleven en heeft het probleem achter zich gelaten.

De Chimp in Niels daarentegen kan op een heel andere manier reageren. De Chimp heeft de opmerking persoonlijk opgevat en ergert zich. Hij interpreteert haar antwoord mogelijk als directe kritiek en zal daarom een verdedigende of aanvallende houding aannemen. De kans is groot dat hij zijn stem verheft en iets zegt als: 'Waarom steun je me nou nooit?' of 'Ik vertelde je alleen maar iets waarvan ik dacht dat jij, mijn vrouw, dat wel interessant zou vinden om te horen'.

Je ziet al voor je hoe deze discussie van kwaad tot erger zal gaan. Als we dit scenario hadden gestopt nadat Pauline haar antwoord had gegeven en we Niels hadden gevraagd hoe hij het liefst zou reageren, dan zou hij waarschijnlijk hebben gekozen voor de Mens en het verder hebben laten rusten. Maar aangezien de Chimp in ons veel machtiger is dan de Mens, ligt het meer voor de hand dat de Chimp spreekt voordat de Mens de kans krijgt de controle over te nemen, en blijft Niels uiteindelijk zitten met de vraag waarom hij de opmerking niet gewoon heeft gelaten voor wat die was.

Annes opmerking

Laten we nog een ander voorbeeld geven van het verschil in denken tussen Mens en Chimp. Rachelle is aan het werk als Anne opmerkt dat Rachelle er moe uitziet.

De boodschap bereikt altijd als eerste de Chimp (dat is een van de regels van de werking van het brein). De Chimp reageert op een emotionele manier en voelt zich direct bekritiseerd, dus hij ergert zich of is misschien geïrriteerd of zelfs van streek (dat hangt allemaal af van het karakter van die specifieke Chimp en van zijn stemming). De Chimp gebruikt nu een emotionele interpretatie om de opmerking te begrijpen. Hij kan dus iets zeggen als: 'Wat ze echt bedoelt, is dat je er oud uitziet', of 'Ze insinueert dat je niet hard genoeg werkt', of welke andere weinig behulpzame of destructieve interpretatie dan ook.

De Chimp zou het ook positief kunnen opvatten. Hij zou bijvoorbeeld kunnen denken: ze maakt zich zorgen om me, of: ze heeft waarschijnlijk gelijk, ik moet het wat rustiger aan doen, of een andere constructieve gedachte.
De Mens daarentegen zou, als hij niet zeker was van wat er werd bedoeld, rustig hebben gecheckt wat Anne bedoelde. Hij zou dat hebben gedaan door vast te stellen wat de opmerking feitelijk inhield. En na zo te hebben verduidelijkt wat Anne bedoelde, zou hij er op een rationele manier op hebben gereageerd. We kunnen nu een van de vragen beantwoorden die aan het begin van dit boek werden gesteld.

Waarom ben ik soms zo irrationeel in mijn denken?

Een van de vragen in de inleiding was: 'Waarom ben ik soms zo irrationeel in mijn denken?' Het antwoord zal nu misschien duidelijk zijn. *Jij* bent helemaal niet degene die denkt, je Chimp heeft het overgenomen en denkt voor jou. De oplossing is dan ook: begrijpen hoe jouw Chimp denkt, herkennen wanneer hij het overneemt en dan tussenbeide komen. Wat je ervaart als je sterke emotionele reacties vertoont, is heel natuurlijk en een teken van een gezonde geest. Emoties kunnen echter snel omslaan en daarom is het denken van de Chimp relatief onstabiel en inconsistent. De Chimp is dan ook minder voorspelbaar dan de Mens als het op besluitvorming aankomt, en het proces verloopt vaak irrationeel. Vanwege deze onvoorspelbaarheid is het meestal niet erg nuttig om de Chimp voor ons te laten denken, dus moeten we hem aansturen. We gaan eerst eens kijken hoe een gezonde innerlijke Chimp denkt.

Het begrijpen van de Chimp: emotioneel denken

De basis van emotioneel denken is indruk en gevoel

De Chimp werkt niet zozeer met feiten als wel met wat hij gelooft of denkt dat de waarheid is of, erger nog, met een projectie van wat de waarheid zou kunnen zijn. Hij vormt zich al snel een indruk op grond van weinig of geen bewijs en wijkt daar meestal niet meer van af.

Natuurlijk zijn sommige indrukken die de Chimp ons doorgeeft accuraat en nuttig, maar ze kunnen evengoed verkeerd zijn. Zoeken naar enige zekerheid en waarheid zou ons helpen tot een verstandige conclusie te komen.

Jouw Chimp vormt zich bij het ontmoeten van nieuwe mensen vooral eerste indrukken op grond van lichaamstaal. Als je weet dat je Chimp vaak de plank misslaat, kan het helpen om te kijken of de Chimp van een vriend daar beter in is, om vervolgens op hem te vertrouwen! We weten dat sommige mensen een Chimp hebben die van nature goed is in het beoordelen van het karakter van anderen, terwijl andere Chimps daar minder goed in zijn.

Chimps werken graag op basis van gevoelens en beginnen een gesprek vaak met 'Maar ik heb het gevoel...' of 'Ik heb niet het gevoel dat...'. Hun gevoelens zijn heel belangrijk voor hen en ze beseffen meestal niet dat gevoelens komen en gaan. Natuurlijk is het goed om gevoelens van de Chimp te hebben en die kunnen heel nuttig zijn om te bepalen wat we moeten doen. Maar ze zijn niet altijd betrouwbaar en kunnen snel omslaan. Dus werken met gevoelens kan zowel nuttig als nutteloos zijn. Soms moet de Mens tegen de Chimp zeggen: 'Het maakt me niet uit wat jij voelt, we moeten het gewoon doen', of: 'Het doet er niet toe of jij er zin in hebt of niet, want het heeft niets met zin in hebben te maken'.

Hier volgen enkele kenmerken van emotioneel denken

- Trekt overhaaste conclusies
- Denkt zwart-wit
- Paranoïde
- Doemdenken
- Irrationeel
- Gevoelsmatig oordelen

Overhaaste conclusies trekken

De Chimp is snel met zijn conclusies en wacht niet tot alle informatie binnen is voordat hij tot zijn oordeel komt. De Chimp vormt zich een mening op basis van zijn gevoelens en indrukken en houdt dan daaraan vast. Hij zoekt vervolgens naar bewijsmateriaal dat zijn mening ondersteunt en zijn gelijk bewijst. Hij heeft daarbij de neiging om de feiten zo te manipuleren dat ze bij zijn mening passen en is heel onredelijk en irrationeel als hij daarop wordt aangesproken.

Denkt zwart-wit

Je innerlijke Chimp heeft veel weg van een kind: ze denken allebei in termen van zwart en wit. Ze kunnen heel rancuneus zijn en grijstinten zijn geen optie. Volwassen Mensen zijn beter in staat te accepteren dat maar heel weinig in het leven zwart of wit is. Aangezien Chimps zwart-witdenken, hebben ze heel snel hun oordeel klaar en reageren ze meteen. Als je met je Chimp denkt, heb je de neiging om maar één mogelijkheid te zien. Chimps overwegen meestal geen alternatieve interpretaties van wat er aan de hand zou kunnen zijn.

Paranoïde

De Chimp moet weten dat het veilig is, dus is hij op zijn hoede en zoekt voortdurend naar gevaren en is daarom gevoelig voor paranoia. Hij denkt dat het een stuk veiliger is om een beetje paranoïde en achterdochtig jegens anderen of een situatie te zijn, dan zich te ontspannen en om het leven te komen. Het is daarom niet ongebruikelijk dat onze Chimps wantrouwig zijn jegens anderen. Hoe kwetsbaarder een Chimp zich voelt, hoe sterker die paranoia jegens zijn omgeving wordt.
Chimps die onzeker zijn, zien allerlei valkuilen in onschuldige situaties. Ze zien vaak ook intriges en kwaadwillendheid in opmerkingen of in uitspraken van anderen en laten vervolgens hun verbeelding de vrije loop. Als de Chimp zich een mening heeft gevormd, zal hij vervolgens nog extra paranoïde worden bij het verdedigen daarvan. De Chimp haalt vaak dingen uit hun context en gaat daarnaast ook erg in de verdediging. Het omgaan met de paranoia in jouw Chimp is een delicate zaak en zal verder worden behandeld in het deel over Chimp Management.

Doemdenken

Aangezien Chimps altijd op hun hoede zijn voor gevaar, hebben ze de neiging overal rampspoed te zien. Ze reageren overdreven op situaties en versterken die met intense emoties. Als ze vinden dat iets verkeerd is, maken ze zich vaak zorgen over wat er zou kunnen gebeuren en zien dan de dingen volkomen uit perspectief. Dat leidt regelmatig tot afschuwelijke gevoelens van hel en verdoemenis en tot misselijkmakende momenten. Deze momenten zijn vaak gekoppeld aan zwart-witdenken, wat betekent dat je het gevoel krijgt dat er geen uitweg is of dat je er nooit meer bovenop komt.

De emotie die de Chimp de Mens dan aanreikt, is afgrijselijk en extreem en veroorzaakt veel pijn. Bedenk maar eens hoe vaak je dankzij je Chimp in een emotionele achtbaan bent geraakt, dan ga je je toch vol verbazing afvragen waarom je dat hebt laten gebeuren.

Irrationeel

De Chimp gaat niet rationeel te werk. Hij probeert niet vast te stellen of iets waarschijnlijk of geloofwaardig is, maar trekt meestal overhaaste conclusies en vult de ontbrekende details naar eigen keuze in. Hij kan daardoor heel onredelijk worden en uiteindelijk belachelijk overkomen. Als de Chimp de controle over jouw gedachten weet te krijgen en vervolgens interpreteert wat jou overkomt, is er grote kans dat zijn uitleg onzinnig en ongegrond is. Van logica zal nauwelijks sprake zijn. Deze irrationele benadering zal ons triest genoeg in ongemakkelijke situaties brengen en als duidelijk wordt hoe het echt zat, willen we het liefst door de grond zakken. Laten we eens kijken naar een voorbeeld van hoe de Chimp te werk gaat:

Rob staat bij de bioscoop te wachten op zijn vriendin Anita, met wie hij om halfnegen heeft afgesproken. Het is inmiddels negen uur en er is nog geen enkel teken van haar. Zijn Chimp heeft de controle overgenomen en is op oorlogspad. Zijn Chimp denkt emotioneel. *Het is laat; ze heeft me niet verteld wat er aan de hand is; ik verdoe mijn tijd; misschien moet ik maar gewoon de bioscoop in gaan; ze is het niet waard; ze heeft me in de steek gelaten; zoiets mag ze me niet aandoen; ze heeft me vernederd; ik ben woedend; ik ben van streek,* en zo verder. Plotseling komt Anita opdagen en voordat Rob de kans heeft iets te zeggen, gaat zijn Chimp in de aanval: 'Waarom ben je zo laat? Je zet me volkomen voor schut; waarom zouden we nog naar binnen gaan, we zijn nu toch te laat', en nog veel meer verwijten. Dan zwijgt hij en neemt Anita het woord.

'Hier om de hoek is iemand aangereden. Ik ben te hulp geschoten en ze hebben mijn mobiel gebruikt om een ambulance en de politie te bellen. Ik heb de hand van de vrouw vastgehouden tot ze kwamen. Toen de ambulance er eenmaal was, ben ik zo snel mogelijk hierheen gekomen. Sorry dat ik je niet kon inlichten, maar ze gebruikten mijn telefoon om hulp in te roepen.' Nu voelt Rob zich heel beroerd en zijn Chimp verandert zijn emotie in wroeging. Maar de schade is aangericht.

Dit simpele verhaal laat zien hoe emotioneel de Chimp denkt. Hij wachtte niet op de feiten, maar nam van alles aan en ergerde zich. In dit geval werd de Chimp kwaad, maar hij had op heel veel andere manieren kunnen reageren, waardoor Rob zich nog steeds ongepast had gedragen. Dit overkomt ons allemaal regelmatig als we onze Chimp niet managen. Als we onze Chimp zouden weten te managen, zouden we in een heel andere wereld leven.

Gevoelsmatig oordelen

Chimps beoordelen anderen snel en zonder mededogen. Het oordeel is gebaseerd op alle criteria waarmee hij normaliter denkt. Daarom kan het gebaseerd zijn op pure gevoelens of indrukken of op zijn eigen paranoia. Deze oordelen zijn niet logisch, dus zal de Chimp er niet gemakkelijk van overtuigd worden dat hij het misschien verkeerd heeft. Chimps beoordelen anderen ook uit eigenbelang, omdat ze bijvoorbeeld wraak willen nemen of macht willen uitoefenen over iemand.

De Chimp gebruikt 'emotioneel denken' als basis voor zijn beslissingen

Als we denken met onze Chimp, gebruiken we 'emotioneel denken' om onze ideeën over wat er gebeurt op elkaar te laten aansluiten. Er wordt nauwelijks of geen logica gebruikt, alleen maar emotionele energie. Dus de Chimp combineert op een vaak ongerijmde manier zijn irrationele, zwart-witte en rampspoedige indrukken, gevoelens en paranoia om conclusies te trekken en vervolgens met een actieplan te komen. De Chimp maakt geen gebruik van gezond verstand. Je hoeft geen genie te zijn om te begrijpen dat dit geen goede basis is om mee te werken. Gelukkig is er een alternatieve manier van denken en we kunnen leren de bloedtoevoer in onze hersenen te verleggen om dit alternatief te gebruiken. De alternatieve manier is die van de Mens.

De Mens begrijpen: logisch denken

De basis van logisch denken bestaat uit feiten en de waarheid

Mensen proberen erachter te komen wat er aan de hand is door eerst de feiten op een rijtje te zetten. Ze verzamelen alle beschikbare informatie voordat ze beginnen met plannen maken. Nadat ze de feiten hebben verzameld, proberen Mensen de waarheid te achterhalen en baseren ze vervolgens hun overtuigingen op de waarheid.

In de maatschappij besteden we er heel wat energie en discussies aan om achter de waarheid te komen; of het nu om iets serieus of iets triviaals gaat. Er is een aangeboren Menselijk verlangen om in alle omstandigheden de waarheid te achterhalen en als die waarheid niet boven water komt, kan dat leiden tot spanningen bij zowel de Chimp als de Mens. In een verkeerd daglicht gesteld worden is een bijzonder onprettige ervaring die Mensen proberen recht te zetten, en als dat niet lukt, bundelt de Chimp vaak zijn krachten met die van de Mens om zijn ergernis te tonen!

Hier volgen enkele kenmerken van logisch denken

- Op feiten gebaseerd
- Rationeel
- In samenhang en in perspectief
- Grijstinten en afgewogen oordeel

Op feiten gebaseerd

Mensen werken met feiten en zoeken naar bewijzen. Ze zijn onbevooroordeeld en in staat om van gedachten te veranderen en te begrijpen dat anderen er anders over kunnen denken. Ze vatten het standpunt of de overtuiging van anderen niet persoonlijk op en schieten daardoor ook niet in de verdediging als ze worden uitgedaagd.

Rationeel

Rationeel denken wil zeggen dat we ons gezonde verstand gebruiken en besluiten of iets aannemelijk en realistisch is. Ironisch genoeg geeft de Chimp vaak het seintje voor rationeel denken, wat de Mens activeert. De Chimp doet dat via een intuïtief seintje; een belletje dat rinkelt in ons hoofd en dat ons zegt dat iets gewoon niet waar kan zijn. De Mens moet echter de leiding houden en op zoek gaan naar bewijzen om het seintje van de Chimp te staven. Doen we dat niet en laten we onze Chimp de controle overnemen, dan verdwijnt het gezonde verstand en zal op zeker moment de ingeving van de Chimp tegen ons kunnen gaan werken. We kijken dan terug en zeggen: 'Hoe kwam ik daarbij?'

In samenhang en in perspectief

Situaties in de juiste samenhang en het juiste perspectief blijven zien, duidt op Menselijk denken. Willen begrijpen hoe dingen zijn ontstaan en wat er op dat moment gebeurde, is een kenmerk van de Mens. Het helpt ons om handelingen en opmerkingen in hun context te zien. Mensen accepteren ook dat elke gebeurtenis komt en gaat en kunnen daardoor dat wat er gebeurt en hoe belangrijk dat uiteindelijk is, in perspectief plaatsen.

Grijstinten en afgewogen oordeel

Als we nog heel jong zijn, werken we normaal gesproken via de Chimp en zien we de meeste dingen zwart-wit. Bij kinderen blijkt dat uit hun nogal crue beoordeling van situaties.

Volwassen Mensen denken in grijstinten. We leren als volwassene begrijpen dat er vele factoren kunnen meespelen als we iets proberen te begrijpen en we accepteren dat we die misschien niet allemaal ter beschikking hebben. We zijn daarom minder geneigd tot een cru oordeel en zien dingen eerder in grijstinten of oordelen helemaal niet. We laten ons denken ook beïnvloeden door onze levenservaring.

Mensen accepteren dat ze het bij het verkeerde eind kunnen hebben en denken daarover na, staan meer open voor suggesties. Ze accepteren ook dat ze soms de waarheid misschien niet zullen achterhalen, dat er misschien geen antwoord is of dat het gewoon een kwestie van opvatting is.

De mens gebruikt als basis voor het nemen van besluiten 'logisch denken'

Logisch denken betekent dat we denkpatronen volgen die met elkaar in verband staan en hout snijden, om vervolgens tot conclusies te komen waarop we ons handelen baseren. Is iemand bijvoorbeeld van streek, dan kunnen we zeggen dat daar een reden voor moet zijn. We kunnen het ook omdraaien en zeggen dat als iemand iets onplezierigs ervaart, hij of zij dan waarschijnlijk van streek zal raken. We maken gebruik van diverse vormen van logica. Enkele voorbeelden:

- Stapsgewijs deduceren
- Aanwijzingen en feiten gebruiken om tot een conclusie te komen
- Argumenten vinden door stukjes informatie in elkaar te passen
- Via beredeneren dingen uitvogelen

Een samenvatting van de twee verschillende manieren van denken

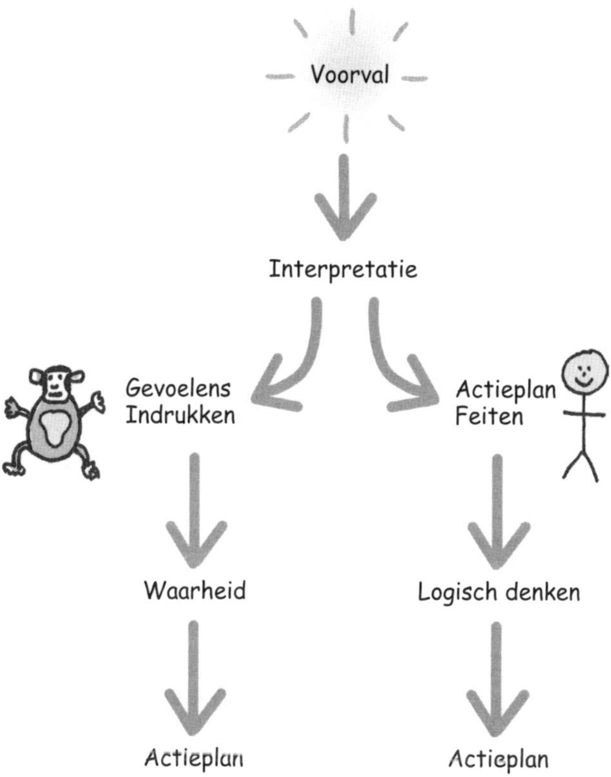

Twee verschillende agenda's

Het doel en de agenda van de Chimp zijn overleving. De Menselijke agenda draait om zelfontplooiing. Dat houdt meestal in de persoon worden die je wilt worden en de dingen bereiken die je wilt bereiken. De Mens zoekt vaak naar de betekenis van het leven.

Veel mensen zien de Mens wellicht als iemands ziel of geest. Als we de verschillen tussen de agenda van de Chimp en de Mens onder de loep nemen, zien we waarom die twee wezens vaak ernstig met elkaar in de clinch liggen.

De agenda van de Chimp

- Instandhouding van de soort en zelf overleven
- Andere oogmerken

Instandhouding van de soort en zelf overleven

De Chimp kan vele doelstellingen hebben en die kunnen afhankelijk van het moment variëren, maar het belangrijkste doel van de Chimp is om de volgende generatie te produceren. Dat is de manier waarop de natuur zorgt voor instandhouding van de soort.

De Chimp gebruikt zijn geslachtsdrift samen met andere driften om te proberen dit doel te verwezenlijken. Daarom heeft de Chimp deze drift hoog op zijn prioriteitenlijstje staan! Een sterk libido duidt op een gezonde Chimp.

Een bijna net zo belangrijke drift is zijn eigen overleving, waar zich beschermen tegen kwaad ook onder valt.

Deze twee agenda's van de Chimp spelen een heel grote rol in de manier waarop hij zich gedraagt. Geen Chimp is hetzelfde en alle Chimps zullen er een andere agenda op na houden, maar wij gaan uit van de typische Chimp.

Deze twee extreem sterke driften zien we bij alle hogere levensvormen – niet alleen bij onszelf – en ze zijn nodig voor de instandhouding van de soort. We moeten dus de volgende generatie willen voortbrengen of op zijn minst enkele driften hebben (zoals geslachtsdrift of ouderinstinct) die zullen resulteren in het voortbrengen van de volgende generatie. En om dat te doen, moeten we ook zelf willen overleven.

Als de typische Chimp echt onder druk wordt gezet, is het waarschijnlijker dat hij de soort beschermt dan zichzelf. De zwarte weduwe, een spinnensoort, demonstreert dit principe. Hier komen de drang om de volgende generatie voort te brengen en de drang om het zelf te overleven met elkaar in conflict. De geslachtsdrift van het mannetje om daarmee de soort in stand te houden, overstijgt zijn eigen veiligheid en hij

zal met het vrouwtje paren in de wetenschap dat hij een grote kans loopt om opgegeten te worden als hij niet snel genoeg weet te ontsnappen.
We zien deze botsing van driften ook bij mensen, hoewel hopelijk niet op even dramatische wijze! Neem bijvoorbeeld mensen die onbeschermde seks hebben, ondanks dat ze zich in een situatie bevinden waar het risico op hiv heel groot is. Gelukkig is dit virus met de juiste medicatie niet meer zo dodelijk als het eens was. Maar toen het voor het eerst opdook, namen mensen ongelooflijke risico's, ook al wisten ze dat dit dodelijke gevolgen kon hebben.
Bij de meeste mensen mag de geslachtsdrift niet onderschat worden; het is de manier om de soort in stand te houden. Dat is ook de reden dat sommige mensen met een liefdevolle relatie die het liefst monogaam willen blijven, het toch vrijwel onmogelijk vinden om trouw te blijven. De Mens zegt en wil het ene, en de Chimp zegt en wil het andere.

Andere doelen

De Chimp zal natuurlijk ook andere doelen hebben die bijdragen aan het overleven van de soort of van het individu, en deze doelen hoeven niet altijd dezelfde te zijn. Enkele voorbeelden: het aantrekken van een partner, het vestigen van een territorium, het zoeken naar voedsel en het vinden van een schuilplaats. We zullen de driften achter deze doelen verderop in dit hoofdstuk behandelen, in de paragraaf 'De Chimp begrijpen: Jungle Centrum'.

De agenda van de Mens

- Eigen agenda
- Sociale agenda
- Andere doelen

Eigen agenda

Menselijke wezens zijn heel divers in wat zij zien als hun levensdoel.

Sommigen leiden een leven dat gebaseerd is op de basisbehoeften en verder niet. Andere Mensen proberen te streven naar zelfontplooiing en een bevredigend leven, bijvoorbeeld door anderen te helpen. Zelfontplooiing kan op heel veel verschillende manieren worden bereikt en het is echt helemaal aan jou om erachter te komen wat jij met je leven wilt. Iedereen is uniek en er is wat dat betreft geen goed of fout. Veel mensen proberen zichzelf te ontwikkelen en het lijkt erop dat diegenen die daaraan en aan zelfontplooiing werken, een grotere kans hebben om tevreden te zijn met hun leven. Eén ding is duidelijk: een doel in het leven is iets waar Mensen op gedijen.

Sociale agenda

Mensen zijn van nature sociale wezens, hoewel er natuurlijk uitzonderingen bestaan. Een van de belangrijkste agenda's van de Mens is om een gemeenschap te creëren waarin Mensen in harmonie en vrede kunnen leven. Dit streven zie je in alle Menselijke samenlevingen terug. Vanwege deze aangeboren neiging zullen Mensen dus voortdurend proberen om regels en normen voor hun gemeenschap vast te leggen. Deze regels zijn gebaseerd op gelijkheid en kansen en zijn er in wezen om de Chimp in de mens te beteugelen. De Mens zoekt naar gerechtigheid en structuur en werkt met ethische en morele principes om tot rechten en waarden te komen waarnaar hij kan leven. Die zijn gebaseerd op waardeoordelen over goed en fout, waaraan ook consequenties zijn verbonden.

Andere doelen

Andere doelen van de Mens verschillen per individu, maar de meeste hebben te maken met geluk en succes, hoe die begrippen ook worden gedefinieerd. Het probleem met deze agenda's is dat als we niet uitkijken, de Chimp ze overneemt en probeert ze via de 'wetten van de jungle' te realiseren. Zo zal de Mens zijn zakelijke ondernemingen willen baseren op ethische principes en op die manier willen slagen. Maar als de Chimp deze wil om te slagen overneemt van de Mens, gaat dat vaak gepaard met pesten en intimidatie. De Chimp voegt er zijn eigen agenda's aan toe, zoals het versterken van zijn eigen ego of het innemen van zijn eigen territorium.

Twee verschillende modi operandi

De Chimp en de Mens hebben verschillende agenda's en om die te realiseren, opereren ze vanuit twee heel verschillende principes. De Chimp gaat te werk volgens de wetten van de jungle en doet dit via krachtige driften en instincten. De Mens houdt zich aan de wetten van zijn omgeving en doet dit via krachtige ethische en morele drijfveren; met een geweten dus.

Verreweg de grootste uitdaging voor de individuele Mens is om te leven met een dier dat vastbesloten is om te leven volgens de wetten van de jungle en uiterst krachtige driften en instincten gebruikt om zijn eigen agenda te verwezenlijken.

De Chimp begrijpen: het Jungle Centrum

De Chimp opereert via een 'Jungle Centrum' dat is gebaseerd op instincten en driften. Het Jungle Centrum is een gebied in het brein van de Chimp dat de Chimp de eigenschappen en het gedrag aanreikt die nodig zijn om te overleven in de jungle. Dit Centrum herbergt overtuigingen en gedragingen die heel goed werken in de jungle, maar minder goed in een samenleving! Er ontstaan grote problemen als de Chimp zijn jungledriften toepast in een Menselijke samenleving.

Hier volgen enkele van de operationele kenmerken van het Jungle Centrum

- Instincten
- Driften
- Kwetsbare houding
- Kenmerken van mannelijke en vrouwelijke Chimps
- Lichaamstaal

Instincten

Een instinct is een ingebouwde respons of reactie, meestal al vanaf de geboorte aanwezig, op een bepaalde prikkel of trigger. Instincten zijn er om ervoor te zorgen dat we overleven. Het is voorgeprogrammeerd automatisch gedrag waar wij niet per se invloed op hebben, waarvoor niet meer dan een prikkel nodig is.

Wanneer bijvoorbeeld een baby wordt geboren, vertoont die een automatische (instinctieve) respons bij aanraking van de wang door een vinger. Hij zal zich naar de vinger toe draaien en eraan beginnen te zuigen. Deze zuigreflex zorgt ervoor dat als hij in de buurt van een tepel komt, hij die opzoekt en eraan begint te zuigen. Alle jonge dieren hebben een arsenaal aan instincten dat hen helpt te overleven. Jouw Chimp gebruikt heel krachtige instincten om zowel zichzelf als jou te beschermen.

Vechten, Vluchten of Verstijven (de zogenaamde vvv-reactie) is zonder meer het meest gebruikte en belangrijkste instinct dat onze Chimps bezitten. Het hele dierenrijk deelt dit specifieke instinct en het wordt dagelijks door alle soorten, inclusief de mens, gebruikt. Dit vvv-instinct is de automatische respons van de natuur wanneer er gevaar of denkbeeldig gevaar dreigt. De respons treedt onmiddellijk op om jou te beschermen. Het is een uiterst krachtige reactie die gepaard gaat met intense emotie om jou snel te laten handelen. Die intense emotie is noodzakelijk, want het gaat om het overleven in situaties die levensbedreigend kunnen zijn. In onze Psychologische Geest is het de Chimp die met de vvv-respons werkt en deze de Mens aanreikt.

De vvv-respons

Vechten - aanvallen
Vluchten - wegrennen
Verstijven - niet bewegen

Snel de juiste respons kiezen, is cruciaal om te overleven. Als je kiest voor vechten terwijl je had moeten wegrennen, zul je het niet overleven. **Vechten** is de dreiging het hoofd bieden; **Vluchten** is wegrennen van de dreiging; **Verstijven** is je stilhouden en hopen dat de dreiging verdwijnt en je niet wordt opgemerkt. Verstijven kan ook worden geïnterpreteerd als vermijden, partij kiezen of je overgeven aan de dreiging in de hoop dat het meevalt.

Welke respons de Chimp kiest, hangt af van hoe kwetsbaar de Chimp zich voelt. De meeste Chimps zullen daarom voor Vluchten kiezen en waar mogelijk wegrennen, of ze kiezen voor Verstijven, in de hoop een conflict te kunnen vermijden.

In de jungle is het vvv-instinct voor de chimpansee een succesvolle overlevingsrespons. Het probleem voor ons mensen is dat onze innerlijke Chimp nog steeds denkt dat hij in de jungle zit en daar in het dagelijkse leven naar probeert te handelen. Het gebruik van het vvv-mechanisme is in de moderne maatschappij niet altijd even functioneel.

Als we bijvoorbeeld een vertrek vol vreemden binnen moeten, schieten veel Chimps in de Vlucht-modus en willen ze weer weg. Sommige schieten in de Verstijf-modus en proberen niet op te vallen, terwijl andere de Vecht-modus aannemen en juist proberen nadrukkelijk aanwezig te zijn. Deze reacties ontstaan doordat onze Chimp een boodschap heeft gestuurd met als inhoud: ‘Ik voel me bedreigd en moet iets doen.’ Soms worden deze reacties intens en veroorzaken ze grote ongerustheid. Om de Chimp te kalmeren, moet de Mens hem aanspreken en logica gebruiken om hem gerust te stellen. Sommige mensen hebben een Chimp die geen enkele dreiging ziet en dan ook weinig of geen reactie vertoont.

Als jouw Chimp je probeert te vertellen dat je op een situatie moet reageren, en jij niet een van de vvv’s kiest om de Chimp mee gerust te stellen, komt er in je lichaam automatisch adrenaline vrij. Als deze adrenaline gepaard gaat met negatieve gedachten, zal jouw Chimp gestrest raken. In dit voorbeeld is ongerustheid de manier waarop de natuur je aanspoort om bij dreiging een beslissing te nemen. Ongerustheid ontstaat juist doordat je géén beslissing neemt. Het is een volkomen natuurlijke respons van je Chimp, eentje die aangeeft dat hij gezond is. Het antwoord erop is dan ook om een beslissing te nemen of de Chimp gerust te stellen!

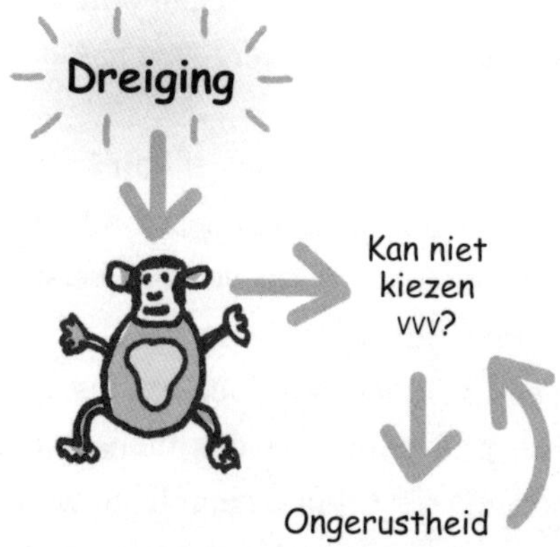

De natuur zet ongerustheid in als middel om de Chimp te dwingen te kiezen

Aangezien vvv over overleven gaat, is de intensiteit van de emotie immens en meestal totaal niet in verhouding met de gebeurtenis. Als je bijvoorbeeld een toespraak moet houden, kan dat gepaard gaan met een knoop in je maag en veel onrust als het moment nadert. Dat komt doordat de Chimp in de vvv-modus is gegaan, want hij bespeurt gevaar en zegt tegen jou dat dit een zaak van leven en dood is en dat je ervandoor moet. Aangezien hij emotioneel denkt, reageert hij heel overdreven om jou in veiligheid te brengen; in werkelijkheid gaat het helemaal niet over leven of dood, maar dat weet de Chimp niet. Dus als je op het punt staat om op te staan en het woord te nemen, zal de Chimp bij velen van ons hysterisch worden en zeggen: ‘Waar ben je mee bezig? Dit is een enorm gevaar en je gaat er recht op af. Straks wordt het je dood.’ Als jij, de Mens, probeert om de Chimp gerust te stellen, zal hij alsnog reageren met: ‘Maar als ik nou eens dom overkom? Wat als ik een fout maak? Wat als het verkeerd gaat?’ Enzovoort. De Mens daarentegen zegt: ‘Het is maar een toespraak. Ik kan wel wat kritiek hebben. Meer dan mijn best kan ik niet doen. Hou op met dat overdreven gedoe en probeer de dingen in perspectief te zien.’ Enzovoort. Deze voorbeelden geven een inzicht in de vaak met elkaar botsende denkwijzen van de Chimp en de Mens.

Driften

Behalve instincten heeft de Chimp ook sterke driften. Een drift is iets wat ons ertoe aanzet om overeind te komen en iets te doen. Als we geen driften hadden, zouden we gewoon wat rondhangen en niets doen. Driften vervullen behoeften die we hebben, zowel fysiek als emotioneel.

De Chimp heeft krachtige driften zoals de drang naar seks, dominantie, voedsel, veiligheid, ouderschap, territorium en het vinden van een groep. Het doel van deze driften is het voortbestaan van de soort. Driften zijn, net als instincten, ingebouwd, ze zijn er al vanaf de geboorte, maar ze hebben geen stimulans of prikkel nodig. Aangezien driften noodzakelijk zijn om te overleven, maakt hun dwingende aard ze moeilijk te weerstaan. De drang om te eten is bijvoorbeeld enorm krachtig en jouw Chimp zal zich waarschijnlijk volproppen als er voedsel beschikbaar is, want je weet maar nooit wanneer de volgende maaltijd zich aandient. De Mens in jou zal dan weer zeggen dat één hamburger wel genoeg is, terwijl de Chimp er zo veel mogelijk naar binnen werkt en de Mens vervolgens met een schuldgevoel opzadelt!

Vrouwelijke chimpansees hebben over het algemeen een sterkere eetdrift, mogelijk omdat ze regelmatig zwanger zijn of een jong moeten verzorgen. Ze moeten daarom stevig eten. Een zich ontwikkelend jong in de baarmoeder kan een zware aanslag betekenen op de energievoorraad van de moeder en ze moet die snel weer aanvullen. In de natuur is de normale toestand voor een vrouwtje dat ze zwanger is of jongen heeft en het is dus niet zo gek dat de eetdrift zo sterk is. Wij leven echter niet in de jungle maar in de maatschappij, en daar is die sterke drang om te eten niet functioneel. We moeten deze drift dus beteugelen en er zorgvuldig mee omgaan. Veel mensen, zowel mannen als vrouwen, worstelen enorm met het sturen van de eetgewoonten van hun Chimp, en de obsessie met gewicht kan tot veel ellende leiden. Als de Mens begrijpt wat de gevolgen zijn van te veel eten en overgewicht en daar gelukkig mee is, dan is er geen probleem tussen Mens en Chimp. Maar als de twee het niet eens zijn met elkaar, zal er veel innerlijke strijd zijn. Driften moeten krachtig zijn, wil de soort overleven en het individu in leven blijven, dus hebben ze ook krachtige neurale beloningspaden in het brein om ze af te dwingen. Deze paden scheiden chemische stofjes af die gewoonlijk een goed of dwingend gevoel oproepen, waardoor het individu het gedrag wil herhalen. Eten is dan ook een plezierige ervaring die niet alleen een kwestie van primitieve overlevingsdrang is, maar ook een verslavende gewoonte is.

Enkele typische driften

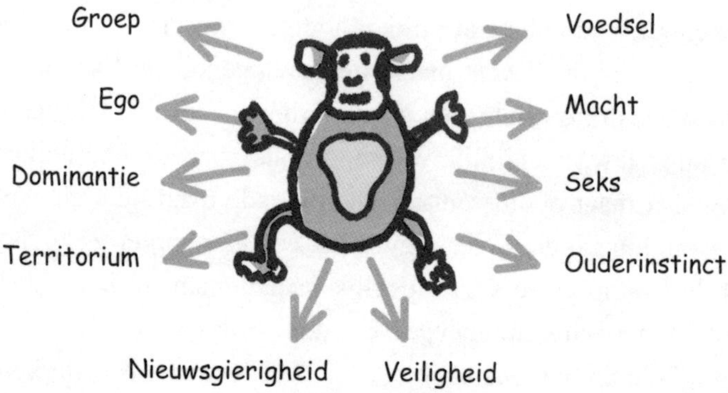

Als we kijken naar hoe driften invloed hebben op ons dagelijkse leven, kunnen we begrijpen waarom er een machtsstrijd gaande is tussen de Mens en de Chimp.

Kwetsbare houding

In de jungle staat de chimpansee niet aan de top van de voedselketen, dus moet hij constant op zijn hoede zijn: overal loeren de luipaarden. Hij is zich ervan bewust dat hij elk moment gevaar kan lopen en daarom ontspant hij zich alleen als hij er redelijk zeker van is dat hij veilig is, en dat is bijna altijd als hij zich in de groep bevindt. Aangezien hij constant naar mogelijke gevaren zoekt, is hij heel vaak gespannen, raakt hij makkelijk van streek of wordt hij agressief en is hij dus emotioneel onstabiel.

Dat helpt verklaren waarom de meeste innerlijke Chimps opgewonden raken als ze onzeker zijn of zich in een vreemde omgeving bevinden. Het is een heel natuurlijke reactie van je Chimp; hij wil je waarschuwen voor mogelijk gevaar. Het is echter meestal ook weinig toepasselijk en functioneel. Het helpt ook verklaren waarom veel mensen verborgen betekenissen zoeken achter iemands woorden, want hun Chimp zoekt naar een mogelijke dreiging. De Chimp is van nature onzeker.

Lichaamstaal

In onze dagelijkse communicatie maken we gebruik van lichaamstaal. Daar is niets geheimzinnigs aan. We maken allemaal gebruik van gezichtsuitdrukkingen of gebaren om aan te geven hoe we over bepaalde zaken denken. We nemen ook bepaalde houdingen aan om onze bedoelingen duidelijk te maken. Als we dat doen, lezen anderen deze taal en reageren daarop. Deze intuïtieve, vaak onbewuste uitdrukking van gevoelens of bedoelingen, en het vermogen die te interpreteren, is een vaardigheid die de Chimp bezit. Sommige Chimps zijn heel goed in het communiceren via lichaamstaal, andere minder. Het intuïtieve lezen en interpreteren van lichaamstaal bij anderen bepaalt vaak of we ons al dan niet op ons gemak voelen bij iemand. Het is die innerlijke stem of dat gevoel dat aangeeft wat we van die persoon moeten denken.

Kenmerken van mannelijke en vrouwelijke Chimps

We kunnen stellen dat er twee verschillende soorten Chimps zijn, mannelijke en vrouwelijke. Beide emotionele machines hebben driften en instincten. Ze dienen echter een verschillend doel in de vrouw en de man en daarom is de nadruk op de driften verschillend en functioneren ze zowel psychologisch als fysiek niet precies op dezelfde manier in ons brein. Elke Chimp is uniek, maar om de Chimp te helpen begrijpen, zullen we hieronder generaliseren wat betreft de typisch mannelijke en vrouwelijke Chimp.

Het is belangrijk om te onhouden dat hoewel mannelijke en vrouwelijke Chimps aanzienlijk van elkaar verschillen, mannelijke en vrouwelijke Mensen niet veel van elkaar verschillen. Er is ook een grote overlap tussen de eigenschappen van de mannelijke en vrouwelijke Chimps.

Deze paragraaf is niet beledigend bedoeld, maar gebaseerd op fysieke en fysiologische verschillen zoals die zijn aangetroffen in de hersenen van mannen en vrouwen. Zo heeft bij de man de rechter amygdala (een emotioneel gebied in het brein) meer verbindingen met de rechter hersenhelft. En bij vrouwen heeft de linker amygdala meer verbindingen met de linker hersenhelft. Dat helpt ons te begrijpen waar veel van onze emoties vandaan komen. Het helpt ook een aanzienlijk aantal mensen om te aanvaarden dat veel van hun minder wenselijke emotionele karaktertrekken niet van henzelf komen, maar hun worden opgedrongen door hun Chimp. Als we kijken naar de rol van de vrouw en de man in de jungle, wordt duidelijk waarom specifieke driften en instincten een verschillende nadruk behoeven.

In de natuur moet de mannelijke chimpansee gespierd en sterk zijn en hij moet het vrouwtje en de groep een gevoel van zekerheid geven. Hij zal dagelijks de grenzen langsgaan van hun territorium dat hij moet bewaken, en dat doet hij alleen met de mannetjes uit de groep.

De vrouwelijke chimpansee is de helft kleiner en is qua kracht geen partij voor hem, maar ze kan wel heel sterk en agressief worden als daar aanleiding toe is. Dat betekent dat ze op haar hoede moet zijn voor het mannetje en zijn stemming heel goed moet kunnen peilen en zijn handelingen moet kunnen inschatten. Ze kan, met andere woorden, enorm goed lichaamstaal lezen. En dat is ook hard nodig, voor haar eigen veiligheid.

De mannelijke chimpansee moet een seksuele drang hebben, want als hij onverschillig is, zal de soort niet overleven. Hij kan een goede of slechte vader zijn. Hij zal echter het vrouwtje als zijn eigendom zien en andere mannetjes wegjagen.

Het vrouwtje moet een sterk moederinstinct hebben en dicht bij het mannetje blijven om zijn genen te krijgen en haar moederinstinct te kunnen volgen. Door dicht bij het mannetje in de buurt te blijven, zal ze veiliger zijn voor roofdieren, aangezien hij fysiek sterker is. Hij zal bij haar blijven voor zijn eigen seksuele bevrediging.

De vrouwelijke chimpansee heeft een verbazend krachtig moederinstinct; anders zouden de jongen het niet overleven. Ze zal haar jongen indien nodig met haar leven beschermen. Ze heeft ook een sterke nestdrang om de jongen beschutting te bieden. Als je er goed over nadenkt, maakt een vrouwelijke chimpansee die heel onzeker is en waakzaam genoeg om haar kroost te laten overleven de grootste kans om te overleven. Een zelfverzekerde vrouwelijke chimpansee zal het waarschijnlijk niet redden!

Het lijkt dan ook logisch dat het vrouwelijke innerlijke Chimps vaak ontbreekt aan zelfvertrouwen en dat ze daarom op hun hoede zijn. Ze kunnen snel ongerust raken en daarom beslissingen uit de weg gaan uit angst dat ze het verkeerd hebben.

Sommige vrouwen beklagen zich erover dat ze het heel moeilijk vinden om besluiten te nemen, zelfs als het gaat om wat ze die dag zullen aantrekken. En vervolgens geven ze zichzelf op hun kop omdat ze dit aspect van zichzelf vervelend vinden. In werkelijkheid is dit echter helemaal geen aspect van henzelf, het is alleen maar een ongeleide Chimp die ze kunnen leren managen. De vrouw is heel goed in staat om beslissingen te nemen; haar emotionele Chimp zit haar echter in de weg.

De reden dat ik hierover begin, is dat ik in de loop der jaren heel veel gestreste vrouwen heb ontmoet die graag zouden willen begrijpen waarom het hun aan vertrouwen ontbreekt om beslissingen te nemen of waarom ze zichzelf constant omlaaghalen. Ik hoop dat ze zich door een beter begrip van hun innerlijke Chimp gaan realiseren dat deze eigenschappen niet van henzelf komen, maar van hun Chimp. Voor de Chimp in jou is het volkomen natuurlijk om onzeker te zijn, maar voor de vrouw is het heel destructief, en er zijn natuurlijk ook mannen die daar last van hebben. De Chimp moet gemanaged worden, zodat het individu zich van deze invloeden kan bevrijden.

> ***Hoofdpunt***
> *De mannelijke en vrouwelijke Mens lijken enorm veel op elkaar, maar worden beïnvloed door de innerlijke Chimp, die wat duidelijker mannelijk of vrouwelijk van karakter is.*

Hormonen versterken deze verschillende rollen door de genen en systemen in het brein een boost te geven. Mannen en vrouwen hebben allebei bepaalde oestrogeen- en testosteronniveaus. Het belangrijkste vrouwelijke hormoon, oestrogeen, heeft als functie het moederinstinct, de nestdrang en passiviteit te bevorderen. Het belangrijkste mannelijke hormoon, testosteron, zorgt voor een sterk libido, agressie en spierkracht. Vele jaren geleden, voordat deze praktijk verboden werd, kregen mannelijke gevangenen oestrogeen toegediend, wat hen kalmeerde en passiever maakte. Dat toegediende oestrogeen zal hen dan misschien hebben gekalmeerd, maar het had een aantal vreemde bijwerkingen. De meeste mannen zitten er immers niet op te wachten dat ze borsten krijgen!

Niet mannelijk en vrouwelijk, maar andere accenten leggen?

De verschillen tussen de mannelijke en vrouwelijke innerlijke Chimps zijn dus gebaseerd op de rol die ze spelen in de instandhouding van de soort en in het zorgen voor zichzelf, en op de hormonen die deze driften voeden. De driften en instincten verschillen van elkaar in die zin dat ze een andere nadruk krijgen, maar er is veel overlapping. Het zou onjuist zijn om te zeggen dat bepaalde eigenschappen mannelijk zijn en andere vrouwelijk. Het is eerder zo dat sommige eigenschappen vaker bij vrouwen dan bij mannen worden aangetroffen, en vice versa. Er zijn daarom ook geen specifieke karaktertrekken die puur mannelijk of puur vrouwelijk zijn. Dat impliceert bovendien dat er geen vrouwelijke kant aan mannen of mannelijke kant aan vrouwen zit; er zijn alleen maar karaktertrekken.

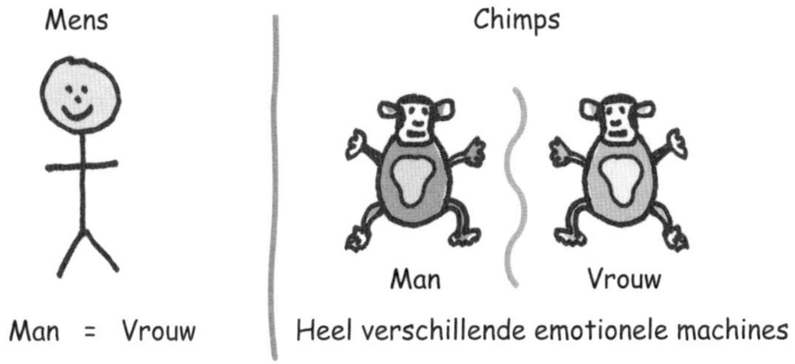

De Mens begrijpen: het Menselijkheidscentrum

Het Menselijkheidscentrum is gebaseerd op ethiek en moraal en is het deel van het brein in de Mens dat oplicht op een hersenscan als we de eigenschappen tonen die nodig zijn om in een samenleving te fungeren. Als mensen bijvoorbeeld empathie of schuld tonen, zal dit Centrum oplichten omdat er meer bloed naartoe gaat en het meer zuurstof gebruikt om te functioneren. Dat geeft aan dat het Centrum geactiveerd is. Het Centrum bevat de ongeschreven regels van Menselijkheid.

Hier volgen enkele van de operationele kenmerken van het Menselijkheidscentrum

- Eerlijkheid
- Compassie
- Geweten
- Gezagsgetrouw
- Zelfbeheersing
- Een doel hebben
- Resultaat en bevrediging

Hierbij moet gezegd dat niet alle Mensen deze eigenschappen bezitten, want sommige Mensen zijn van nature onaangenaam en oneerlijk. Maar over het algemeen heeft het Menselijkheidscentrum de potentie om deze eigenschappen naar boven te halen.

Eerlijkheid

Eerlijkheid en integriteit zijn noodzakelijk, wil een samenleving functioneren. Mensen tonen oprechtheid en eerlijkheid in verschillende mate, en dat geldt ook voor loyaliteit en betrouwbaarheid.

Compassie

De basis van een samenleving is compassie. Empathie en begrip voor wat anderen doormaken en altruïstische, onzelfzuchtige steun aan hen zijn de waarmerken van een beschaafde maatschappij. Hoe de menselijke samenleving haar meest kwetsbare leden behandelt, onderscheidt ons van de meeste dierlijke samenlevingen.

Geweten

Het hebben van een geweten is cruciaal voor een Mens. Zonder geweten kennen we geen wroeging en zullen we onszelf niet ontwikkelen. De aanwezigheid van een geweten leidt tot gevoelens van schuld en schaamte, die weer kunnen leiden tot spijt en het verlangen om te veranderen of het goed te maken. Er is veel onderzoek gedaan naar de zogeheten psychopathische persoonlijkheid en er is substantieel wetenschappelijk bewijs dat aantoont dat het psychopathische individu geen activering vertoont van het Menselijkheidscentrum, dat mogelijk zelfs niet aanwezig is. Dat individu heeft dan in wezen geen geweten.

Gezagsgetrouw

Samenlevingen hebben wetten, of die nu geschreven zijn en officieel vastgelegd of ongeschreven zijn maar wel worden toegepast. Mensen zijn gezagsgetrouw en accepteren dat ze verantwoordelijk en toerekeningsvatbaar zijn voor hun handelen, maar in verschillende mate. Je kunt de Chimp niet de schuld geven van al jouw problemen. Soms is het de Mens die rationeel besluit om de regels te overtreden en zijn geweten te sussen.

Zelfbeheersing

Zelfbeheersing is misschien wel wat ons het meeste onderscheidt van de chimpansee. De echte chimpansee handelt impulsief en heeft geen emotionele controle. Deze twee factoren zijn wat een echte chimpansee in de jungle houdt. Mensen hebben het vermogen om impulsen en emoties waarmee hun innerlijke Chimp hen opzadelt te beheersen. De innerlijke Chimp heeft weinig zelfbeheersing en eist onmiddellijke behoeftebevrediging, terwijl de Mens beloningen kan uitstellen en ervoor kan kiezen om niet impulsief en emotioneel te werk te gaan.

Dit feit wordt mooi gedemonstreerd in het Stanford Marshmallow-experiment, een experiment dat bij peuters in verschillende vormen is herhaald, met consistente resultaten. In de kern komt het erop neer dat kinderen een marshmallow krijgen aangeboden, waarna ze wordt verteld dat **als ze wachten** met het opeten ervan, ze later nog meer marshmallows zullen krijgen. De kinderen die het eten ervan uitstelden, bleken in hun latere leven succesvoller dan de kinderen die de impuls tot directe behoeftebevrediging niet konden onderdrukken.

> ***Hoofdpunt***
> *Je impulsieve, emotionele Chimp als volwassene kunnen managen is een van de belangrijkste graadmeters voor een succesvol leven.*

Een doel hebben

Mensen functioneren het beste als ze een doel hebben. Het lijkt niet uit te maken wat dat doel is, als je er maar een hebt! Zonder doel mist de Mens richting en betekenis in zijn leven.

Resultaat en bevrediging

Dit zijn twee eigenschappen waar de Mens zijn voldoening uit lijkt te halen. Resultaat en bevrediging zijn over het algemeen afhankelijk van het hebben van een doel. Ze kunnen het resultaat zijn van een carrière, werk of hobby's.

Twee verschillende persoonlijkheden

Verderop in dit boek, als we een volledig beeld hebben van de Psychologische Geest, zullen we gedetailleerder ingaan op jouw persoonlijkheid en hoe die kan worden veranderd. Ik wil je er hier vast aan herinneren dat er twee verschillende persoonlijkheden in je hoofd zitten: jij en je Chimp. Ze opereren via twee verschillende breinen, die proberen samen te werken. Ze kunnen vergelijkbare persoonlijkheden of totaal verschillende hebben. Als een van de twee wat betreft de besluitvorming de overhand krijgt, zal deze persoonlijkheid domineren en dat bepaalt hoe jij jezelf aan de buitenwereld presenteert.

Door de twee verschillende persoonlijkheden te leren herkennen, kun jij jezelf beter begrijpen en ze ook beter managen om zo het beste uit beide te halen. De meeste mensen zien in dat als ze niet emotioneel maar kalm zijn, ze zich heel anders gedragen dan wanneer ze emotioneel en gestrest zijn.

Samenvatting hoofdpunten

- Jij, de Mens, hebt een persoonlijkheid, een eigen agenda en een Menselijkheidscentrum. Je denkt logisch en werkt op basis van feiten en de waarheid.
- Je Chimp heeft een persoonlijkheid, een eigen agenda en een Jungle Centrum. Hij denkt emotioneel en gaat af op indrukken en gevoelens.
- De Chimp is een emotionele machine die jou zal gijzelen, als jij dat toelaat. Hij is niet goed of slecht: hij is een Chimp. Hij kan je beste vriend of je grootste vijand zijn. Dat is de Chimp Paradox.

Aanbevolen oefening
Leren jezelf en je Chimp te begrijpen

Kiezen voor de Chimp of de Mens

Wil je veranderingen in je leven aanbrengen, dan is het belangrijk om de verschillen tussen de Chimp en de Mens te herkennen, in termen van agenda's en manieren van denken en opereren. Denk terug aan situaties die zich tijdens je dag hebben voorgedaan, evalueer ze en bedenk op welke andere manieren de Chimp en de Mens ze hadden kunnen aanpakken.

Emotioneel of logisch denken?

Neem bijvoorbeeld een veelvoorkomend scenario waarbij iemand iets heeft gezegd dat jou van je stuk bracht of je zorgen baarde en hoe jij daarop reageerde. Als je achteraf vond dat jouw reactie zinloos was, bedenk dan hoe de Chimp reageerde en bedenk vervolgens hoe de Mens had kunnen reageren. Bedenk dat de Mens ervoor zal kiezen om te bepalen wat de feiten zijn en het in perspectief wil zien voordat hij reageert. Vergelijk de manier waarop je Chimp reageerde met typisch Chimp-gedrag en bedenk dan in hoeverre een Menselijke reactie gepaster zou zijn geweest. Gebruik dit hoofdstuk als referentie om de verschillende manieren van denken te vergelijken.

Tijd besteden aan denken

Hoe meer tijd je besteedt aan reflecteren over hoe jouw brein werkt, hoe groter de kans dat je je toekomstige functioneren verbetert.

Hoofdstuk 3

De Verdeelde Planeet

(DEEL 2)

Je Chimp managen

Nu je enigszins begrijpt wie de twee verschillende wezens in je hoofd zijn en hoe ze functioneren, kun je ermee aan de slag. Je kunt beginnen met een proces van drie stappen:

1. Herken wie de leiding heeft: de Mens of de Chimp.
2. Begrijp de regels van hoe het brein werkt en *accepteer* ze.
3. Kalmeer en manage je Chimp om zo de beste resultaten voor jezelf te krijgen.

Stap 1: Hoe herken je wie de leiding heeft?

De eerste stap is dat je kunt herkennen wie de controle heeft: de Chimp of de Mens. Je kunt jezelf daarvoor een heel simpele vraag stellen.

> ***Hoofdpunt***
> *De gulden regel is dat zodra jij gevoelens, gedachten of gedragingen hebt die je niet wilt hebben en niet leuk vindt, je gegijzeld wordt door je Chimp.*

Die heel simpele vraag zal daarom beginnen met 'Wil ik...', waarna je vervolgens de zin afmaakt. Bijvoorbeeld: 'Wil ik deze gevoelens hebben?' of 'Wil ik deze gedachten hebben?' of 'Wil ik me op deze manier gedragen?' Als het antwoord 'nee' is, zit je in de Chimp-modus en als het antwoord 'ja' is, zit je in de Mens-modus.

Enkele voorbeelden:

- Je maakt je ergens zorgen over. Je stelt jezelf de vraag: 'Wil ik me zorgen maken?' Als het antwoord 'nee' is, dan ben jij niet degene die zich zorgen maakt, maar is het je Chimp. Je hebt nu de keus om je Chimp te managen en hem ermee te laten ophouden je te gijzelen.
- Er is iets gebeurd waar je boos over bent. Je vindt misschien dat je onrecht is aangedaan en je Mens is het daarom eens met je Chimp. Je wilt er iets aan doen, maar je wilt niet boos zijn, want dat is een emotie die je van streek maakt en onaangenaam voor je is. Je stelt jezelf daarom de vraag: 'Wil ik deze boze emotie hebben?' Als het antwoord 'nee' is, dan is het je Chimp die zich zo voelt. Bedank nu de Chimp voor de emotie, maar laat hem wel weten dat je je niet zo wilt voelen. En onderneem actie om de situatie waar de Chimp boos over is aan te pakken, maar doe dat via de Mens, op een weloverwogen manier.
- Je wilt iets doen, maar je hebt gevoelens die je tegenhouden. Het kan zijn dat de Chimp gewoon weigert zich erbij te laten betrekken. Jij wilt bijvoorbeeld je e-mails afhandelen of wat werk gedaan krijgen en de Chimp geeft je negatieve gedachten of emoties die je demotiveren. Je vraagt: 'Wil ik deze onverschillige en negatieve houding hebben?' Het antwoord is 'nee' en daarmee onderken je dat die houding niet van jou, de Mens, is zodat je nu je Chimp kunt managen om je ervan te verlossen.

Iedereen is anders, dus wat goed is voor de een, hoeft dat voor de ander niet te zijn. Er zijn geen goede of foute antwoorden. Alleen jij kunt het verschil leren herkennen tussen je Chimp en jezelf. Dat onder de knie krijgen is van cruciaal belang, wil je je Chimp kunnen managen.

Enkele typische voorbeelden van Chimp-denken

Er zijn een aantal typische Chimp-zinnen om in de gaten te houden, omdat ze aangeven wanneer de Chimp voor jou denkt.

'Maar wat als...'

'Maar wat als...' is de favoriete manier van de Chimp om een vraag mee te beginnen.

'Maar wat als het fout gaat?'

'Maar wat als ik het niet kan?'

'Maar wat als de wereld vergaat?'

De Chimp ontregelt je heel vaak met deze 'wat als'-vragen. De Mens stelt af en toe ook 'wat als'-vragen, maar die zijn meestal constructief en bedoeld om te plannen in plaats van je nodeloos zorgen te maken over zaken die je niet in de hand hebt of die waarschijnlijk niet eens zullen gebeuren.

'Maar ik voel me...' of 'Maar ik voel me niet...'

'Maar ik voel me moe, dus doe ik het niet.'

'Maar ik voel me niet gemotiveerd en daarom kan ik er niet aan beginnen.'

'Maar ik ben bang dat er akelige dingen kunnen gebeuren.'

De lijst is eindeloos. De Chimp gaat in principe af op zijn gevoelens en oppert dan wat je moet doen of wat er zal gebeuren vanwege die gevoelens. Ook in dit geval kan de Mens het eens zijn met de gevoelens die de Chimp hem aanreikt, zeker als ze logisch en verstandig zijn. Als je bijvoorbeeld geveld bent door de griep, is het waarschijnlijk verstandig om te zeggen: 'Maar ik voel me zo beroerd dat ik maar beter niet de tuin kan gaan omspitten.'

> ***Hoofdpunt***
> *Bedenk dat Chimps graag afgaan op hoe ze zich voelen bij beslissingen over toekomstige acties, terwijl Mensen eerder afgaan op wat er gedaan moet worden en ook op hoe ze zich uiteindelijk zullen voelen, als ze terugkijken op wat ze met hun tijd hebben gedaan. Dat zijn twee heel verschillende benaderingen.*

Stap 2: Begrip van het onwrikbare proces van hoe het brein informatie ontvangt

Alle informatie gaat eerst naar de Chimp

Het proces verloopt altijd hetzelfde terwijl jij bezig bent met je dagelijkse beslommeringen: bij elke situatie en actie gaat alle input eerst naar de Chimp. De Chimp besluit vervolgens of er iets is om je zorgen over te maken. Als er geen gevaar dreigt, kalmeert de Chimp en laat het over aan de Mens. Als de Chimp zich zorgen maakt, blijft het bloed naar zijn deel van het brein stromen en neemt hij zijn eigen beslissingen over wat er aan de hand is.

De Mens en de Chimp denken beide in het hier en nu en interpreteren beide situaties terwijl ze zich voordoen. De Mens interpreteert dingen op een kalme en logische manier. De Chimp interpreteert dingen op een emotionele manier.

De Chimp en de Mens kunnen effectief met elkaar samenwerken. De Chimp kan ons met zijn instincten en driften beschermen en gezond houden. Hij kan ons vertellen wanneer we moeten eten en slapen en ons waarschuwen voor gevaar en hoe we daarmee om moeten gaan, of als hij zich op iets wil richten om zijn eigen wensen te vervullen. In de regel draaien de meesten van ons de hele dag op emotie en daar is niets mis mee. Problemen ontstaan pas als de Chimp ons een suggestie aan de hand doet die niet gepast is en wij vervolgens toelaten dat de Chimp ons beheerst en niet weten hoe we daar een eind aan moeten maken.

Waarom kunnen we de Chimp zijn macht niet ontnemen en zelf besluiten nemen?

Het simpele antwoord is dat de Chimp machtiger is en sneller reageert dan de Mens. Een echte chimpansee is vijf keer zo sterk als een mens. En je kunt er bij je innerlijke Chimp van uitgaan dat die ook vijf keer zo sterk is als jij. Je moet daarom leren je Chimp te managen als je de persoon wilt worden die je wilt zijn.

Het heeft geen zin om een Chimp met wilskracht proberen te beteugelen. Ik noem dit 'armpje drukken met de Chimp'. We leren allemaal al op ongeveer ons derde dat wilskracht niet echt een goede manier is om de meeste dingen gedaan te krijgen. Het werkt alleen wanneer de Chimp rustig is, onverschillig is of ermee instemt. Als de Chimp een andere agenda heeft, dan kun je je wilskracht wel vergeten. We moeten dus andere manieren leren om met de Chimp om te gaan.

Armpje drukken met de Chimp

Hoofdpunt

Wilskracht is niet de juiste manier om te proberen je Chimp te managen... begin niet aan armpje drukken met de Chimp!

Tijdens je dagelijkse routine is de Chimp dus voortdurend op zijn hoede voor gevaren en als hij een dreiging voelt of zich zorgen maakt, weigert hij de controle over jouw denken op te geven. Hij werkt nu met emotie om de situatie te hanteren. Jij, de Mens, kan dit herkennen, maar je bent toch vaak machteloos om iets te doen omdat jouw Chimp je gijzelt en je opzadelt met onprettige emoties. We kunnen dit zien gebeuren op een hersenscanner, als de bloedtoevoer wordt gebruikt door de Chimp en de Mens de controle probeert te krijgen. De innerlijke strijd tussen Chimp en Mens is losgebarsten! De Chimp is vijf keer zo sterk als de Mens, dus als het puur om een krachtmeting gaat, is de Mens kansloos.

Probeer je Chimp niet te domineren... leid hem

Hoofdpunt

Een chimpansee is vijf keer zo sterk als een mens. En je emotionele Chimp is ook vijf keer zo sterk als jij. Probeer hem niet te beteugelen, manage hem. Je hebt een managementplan nodig!

Merels agressieve verkeersgedrag

Laten we kijken naar een veelvoorkomend voorbeeld van hoe de Chimp de Mens overheerst, zelfs als de Mens bewust aanwezig is en probeert te functioneren. Dit voorbeeld gaat over agressie in het verkeer.

Merel is op weg naar haar werk als een andere automobilist haar snijdt. Haar twee denkende breinen (Mens en Chimp) komen nu in actie.

De Mens zal zeggen: ‘Wat belachelijk, ik heb te doen met mensen die zich zo gedragen. Dit heeft niets met mij te maken en ik kan het maar gewoon het beste vergeten; het is niet belangrijk voor mij.’

De Chimp in haar zal echter zeggen: 'Ik ben woedend. Die man heeft me zojuist gekleineerd en ik ben kwaad. Hij heeft een lesje nodig. Dit gaat alleen maar om ego. Ik zal dit gevecht winnen, hij komt er niet zomaar mee weg. Ik ga hem laten weten dat ik kwaad ben, ik pak hem terug.'
Als de Mens niet weet hoe hij de Chimp moet managen, zal de Chimp het overnemen. De Chimp drukt het gaspedaal in en gaat zo dicht mogelijk op de bumper van de vijandelijke Chimp zitten. De Chimp van de 'vijand' begrijpt wat er gebeurt en reageert. De Chimp-oorlog is nu in volle gang. Dit gaat een paar kilometer zo door, totdat de vijandelijke Chimp een afrit neemt en gedag 'zwaait'. Merels Chimp windt zich daarover nog extra op en komt vol irritatie op haar werk. Het kost haar enkele uren om het van zich af te zetten. De Chimp blijft maar doorzeuren over het incident en hoe kwaad en van streek hij is. Op weg terug naar huis zit de Chimp te wachten tot iemand het opnieuw doet en wee degene die dat in zijn hoofd durft te halen!
Merel heeft die avond afgesproken met een vriendin en vertelt haar wat er is gebeurd. De vriendin zegt: 'Waarom laat je het niet gewoon rusten?' Omdat de Chimp inmiddels doodmoe is, kan de Mens in Merel eindelijk wat controle over de situatie krijgen. Aangezien haar Chimp inmiddels rustig is, reageert Merel op een rationelere manier en haar Mens zegt: 'Ik weet dat het stom is; ik begrijp niet waarom ik me zo liet opnaaien. Soms heb ik een hekel aan mezelf dat ik me zo laat gaan.'

Als Merel niet begrijpt hoe haar brein werkt, zal ze zich uiteindelijk steeds voor het hoofd slaan en zich rot voelen. Als ze begrijpt hoe haar brein werkt, krijgen we een heel ander scenario en een heel andere interpretatie. Wat er werkelijk gebeurde en hoe dat accurater had kunnen worden geïnterpreteerd, volgt nu.

Merels agressieve verkeersgedrag nader bekeken

Merel en haar Chimp rijden over de snelweg. De vijandelijke Chimp snijdt haar. Merel is kalm en accepteert dat het weliswaar irritant is, maar dat het verder weinig voorstelt. Merel zegt tegen zichzelf: 'Ik ga dit negeren, want het heeft geen zin om me druk te maken over een Chimp voor me.' Maar zoals we al zagen, wordt de Chimp in Merel ogenblikkelijk wakker en schiet in de krijs-modus.

Wat Merel op dat moment had kunnen doen, was praten met haar Chimp, hem kalmeren en vervolgens rustig verder rijden. Ze wist echter niet hoe ze dat moest aanpakken. (We zullen later nog in detail ingaan op hoe je de Chimp kunt managen.) Merel had op haar werk de Chimp kunnen aanpakken, en later met haar vriendin weer, als ze had geweten hoe dat moest. Toen de Chimp zich uiteindelijk koest hield omdat hij moe was, verplaatste de bloedtoevoer naar de hersenen zich van de Chimp naar de Mens.

Op dat moment had Merel de situatie anders kunnen interpreteren en zichzelf uit kunnen leggen hoe frustrerend het is om te proberen een slechtgemanierde Chimp te managen die haar telkens gijzelt en in situaties brengt die ze niet wil. Ze had toen ook kunnen zeggen hoe irritant het is om de emoties te ondergaan die de Chimp haar die hele ochtend na het incident aanreikte. Merel had vervolgens kunnen zeggen: 'Ik moet wat meer aandacht besteden aan mijn Chimp-training.' Ze had dan kunnen glimlachen in plaats van zichzelf ermee te kwellen, ook al fluisterde de Chimp in haar oor: 'Jij hebt jezelf gewoon niet in de hand en iedereen ziet dat.' Merel had daarop kunnen antwoorden: 'Het spijt me dat mijn Chimp de overhand kreeg, maar ik blijf ermee doorgaan om te leren hoe ik hem kan managen en het zal steeds beter gaan. Ik ga mezelf beslist niet voor de kop slaan.'

De innerlijke strijd: de botsing en het gevecht om de macht tussen de Mens en de Chimp

Ofwel jij of je Chimp zal de beslissingen nemen in je leven. Als je het met elkaar eens bent, heerst er vrede. Als jij het niet eens bent met je Chimp, zal hij je aanvallen en die aanval kan emotioneel heel pijnlijk zijn. Het is cruciaal voor geluk en succes om dit gevecht te beheersen.

Je emoties werken op basisniveau als volgt: de Chimp interpreteert wat er gebeurt en reikt de Mens daarop een emotie en een suggestie aan hoe hij met de situatie kan omgaan. De Mens besluit vervolgens of hij het aanbod van de Chimp accepteert of verwerpt.

Als de Mens instemt met het aanbod van de Chimp en het accepteert, is er geen probleem en handelen we naar onze emoties. Als de Mens echter besluit om het aanbod van de Chimp af te wijzen, hebben we een probleem want de Chimp zal dan hoogstwaarschijnlijk in opstand komen en weigeren zich te gedragen. Hij zal emotionele opschudding veroorzaken tot hij ofwel zijn zin krijgt en ons gijzelt, ofwel tot we leren hoe we met de emotie kunnen omgaan zonder ernaar te handelen.
Deel van het probleem is dat de meeste mensen zich niet realiseren dat de Chimp alleen maar met een **aanbod** komt en niet met een **bevel**. Je hoeft je emoties niet te volgen; je hebt een **keuze**.

De Chimp doet een aanbod

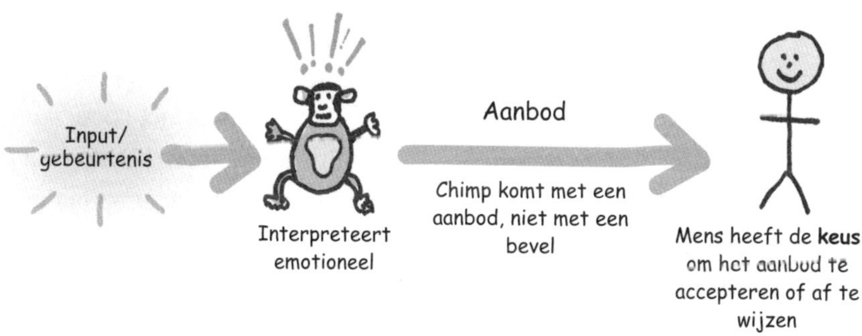

De Mens en de Chimp kunnen het oneens zijn

De taxichauffeur en de Chimp

Stel dat je te laat op weg bent gegaan naar het station en kans loopt de trein te missen. Je neemt een taxi om te proberen er toch zo snel mogelijk te komen. De taxichauffeur rijdt voorzichtig en doet er lang over om kruisingen te nemen. Jij zit achter in de taxi en kijkt het allemaal aan. De Mens in jou zal zeggen: 'De taxichauffeur rijdt verstandig. Als ik niet op tijd kom, is dat helemaal mijn fout. Ik ben zelf te laat vertrokken en moet de consequenties voor lief nemen.' De Mens ontspant zich dus en zegt: 'Het is niet het einde van de wereld.'

De Chimp echter moet daar niets van hebben. Hij wordt heel kwaad als de taxichauffeur vaart mindert bij kruisingen en begint aanmerkingen te maken. Het kan zelfs gebeuren dat hij zich zo ergert aan de chauffeur dat hij hem de schuld geeft.

In jouw hoofd vechten jullie tweeën nu om de controle. De Mens zal beslissen wie er wint, maar alleen als hij weet wat hij moet doen. Als de Mens daartoe in staat is, kan hij de Chimp kalmeren en met de situatie omgaan. Als de Mens die vaardigheid niet heeft, zal de Chimp het overnemen en raakt de Mens misschien van streek door de manier waarop de Chimp handelt.

Koffie met taart

Stel dat je ergens koffie gaat drinken met een vriend en die vriend zegt: 'Wil je ook een stuk taart bij je koffie?' Als jij probeert op je gewicht te letten, zal de Mens antwoorden: 'Nee, dank je.' Maar als je taart toevallig erg lekker vindt, zal de Chimp antwoorden: 'Ja, graag.' Wie zal er uiteindelijk antwoorden, de Mens of de Chimp?

Normaal gesproken zal de Chimp antwoorden en de Chimp zal vervolgens emotioneel denken en rationaliseren om zijn besluit te rechtvaardigen. 'Het is maar een stuk taart', en 'Ik wil toch ook genieten', en 'Het is belachelijk om niet te eten wat je lekker vindt.' Hij heeft oneindig veel excuses. Wat er gebeurt, is dat je de taart opeet en vervolgens ofwel je geweten probeert te sussen ofwel je dertig minuten later verschrikkelijk voelt en je stomverbaasd afvraagt waarom je die taart eigenlijk genomen hebt. Je Chimp heeft je gegijzeld. Jij zei niet: 'Ja, ik wil taart', dat was je Chimp. De Chimp komt ermee weg en het is de Mens die met de schuldgevoelens en frustratie blijft zitten. Het kan natuurlijk ook zo zijn dat je volmondig instemde met taart en dan zijn je Chimp en jij allebei gelukkig en is er geen probleem. Werd je echter gegijzeld, dan hebben we een probleem wat betreft je Chimp Management.

Seks en de overspelige Chimp

Soms brengen de driften van de Chimp ons in grote problemen. Een stuk taart eten is tot daaraan toe. Je in een affaire storten is iets heel anders, want daarmee kun je een heleboel mensen pijn doen.
Veel mensen hebben een Mens die vastbesloten is om trouw en monogaam te blijven. Hun Chimp heeft echter een andere agenda, met een krachtig libido dat ervoor zorgt dat hij regelmatig op zoek gaat naar ontmoetingen. Serieuze en krachtige driften zoals deze onderkennen en ermee omgaan is een vaardigheid waar je moeite voor moet doen. We zullen hier nader op ingaan bij Chimp Management.

Jouw Chimp: jouw verantwoordelijkheid en aansprakelijkheid!

Bedenk: je kunt je Chimp niet als excuus gebruiken. Als je een hond hebt en die bijt iemand, dan kun je niet zeggen: 'Sorry, maar het was de hond en niet ik.' Jij bent verantwoordelijk voor de hond en zijn daden. En zo ben je ook volledig verantwoordelijk voor jouw Chimp en zijn daden. Geen excuses dus! Je kunt niet zeggen: 'Tja, sorry, maar het was mijn Chimp, dus mij treft geen blaam.' Of: 'Ach ja, ik heb verschrikkelijke dingen gezegd en gedaan, maar dat was eigenlijk mijn Chimp, dus je moet mij niet de schuld geven.' **Jij draagt de verantwoordelijkheid om je Chimp te managen.** Je kunt eraan werken om je Chimp te managen, zodat je hem kunt laten ophouden jou een slecht gevoel te bezorgen en anderen te kwetsen. Chimp Management is een vaardigheid en het kost tijd om die onder de knie te krijgen, en misschien heb je daarbij hulp nodig van iemand die je kan helpen omgaan met je emoties en impulsen. Er is echter weinig excuus voor het niet nemen van verantwoordelijkheid; help jezelf of zoek hulp.

> ***Hoofdpunt***
> *Je kunt het karakter van je Chimp niet veranderen, maar je bent wel verantwoordelijk voor het managen ervan.*

Stap 3: De Chimp managen en de Mens ontwikkelen

De driften van de Chimp zullen niet veranderen, maar zijn daden wel

Een cruciale stap in Mind Management is dat je accepteert dat de fundamentele driften van je Chimp niet zullen veranderen. Je kunt het karakter van de Chimp waarmee jij werkt niet veranderen. Het is een emotionele machine die nooit op een andere manier geprogrammeerd zal kunnen worden. Je Chimp zal altijd handelen naar zijn driften en naar zijn karakter, met emoties en daden als agressie, neurotisch gedrag of impulsiviteit.

Wat betreft de eetdrift, bijvoorbeeld, zul je moeten accepteren dat de Chimp wil eten en dat je die drang en de daarbij behorende emoties zult blijven hebben. Je moet die drang niet proberen weg te nemen of met je wilskracht te bestrijden. Het is een kwestie van acceptatie en samenwerken met die drift. Dat kun je doen door te glimlachen, te ontspannen en Chimp Management toe te passen. Daarna kun je de drift gebruiken zoals jij wilt en niet zoals de Chimp wil.

Dus in plaats van te proberen de Chimp te veranderen, moet je zijn emoties en impulsen managen door te herkennen wat hij nodig heeft en hoe hij te werk gaat. Dat betekent dat je altijd gedachten en gevoelens van de Chimp zult ervaren die je liever niet hebt. Je Chimp zal volwassen worden en zal wat basale gedragingen aanleren, maar zijn driften blijven dezelfde.

Eerst kalmeren, dan managen

Werken met de Chimp heeft twee aspecten: **kalmeren** en **managen**, die in de genoemde volgorde aan bod moeten komen.

De volgorde bij het omgaan met je Chimp

Dit is echt een belangrijk punt, dus denk er alsjeblieft goed over na. Als je een Chimp hebt waar goed voor wordt gezorgd doordat je hem kalmeert en aan al zijn behoeften tegemoetkomt, is de kans heel groot dat dit gelukkige beestje geen enkel probleem zal veroorzaken. Dat maakt het managen ervan heel simpel. Als je niet goed voor je Chimp zorgt, is de kans groot dat hij elk moment zijn kont tegen de krib kan gooien en jou veel leed zal berokkenen. Het kalmeren en managen van de Chimp is een emotionele vaardigheid, en het kost tijd en toewijding om die te ontwikkelen en op peil te houden.

De Chimp kalmeren

Als je eerst aan de behoeften van de Chimp tegemoetkomt, krijg je de Chimp daar waar je met hem kunt praten en waar hij zal luisteren. Is je

Chimp bijvoorbeeld onzeker, dan moet je ervoor zorgen dat hij zich veilig voelt, zodat je hem daar krijgt waar hij kan worden gemanaged. Als je een agressieve en dominante Chimp hebt, dan kan iets simpels als sporten een sociaal acceptabele manier zijn om deze primitieve drang tot dominant gedrag te bevredigen.

De belangrijkste driften en behoeften van de Chimp zijn uniek voor jouw Chimp, maar bij de meeste Chimps zijn ze een combinatie van macht, territorium, ego, dominantie, seks, voedsel, de groep, veiligheid, nieuwsgierigheid en ouderinstinct. Dit zijn algemene voorbeelden, dus laten we er eens een paar onder de loep nemen.

Territoriumdrift

Chimpansees hebben graag hun eigen, duidelijk afgebakende territorium, want daardoor zijn ze verzekerd van voedsel, kennen ze hun omgeving en zijn ze daarmee vertrouwd. Door die kennis weten ze wat de plekken zijn waar roofdieren zich schuil kunnen houden, waardoor ze die gemakkelijker kunnen ontdekken en die hen niet onverhoeds zullen aanvallen. Chimpansees die hun eigen territorium hebben, zullen zich daarom veiliger en meer ontspannen voelen.

Onze innerlijke Chimp leeft niet meer in een jungle, maar zal toch naar een equivalent daarvan binnen onze samenleving zoeken. Wij kunnen territoriale instincten hebben wat betreft ons huis of onze tuin. De ruzie tussen buren over de hoogte van de heg of zelfs over twintig centimeter oprit kunnen fataal zijn. Er zijn heel wat gevallen bekend waarbij dit soort ruzies resulteerde in de dood van een van de buren. Deze drift om ons territorium te bewaken is zo meedogenloos, dat onze Chimp snel geneigd is in actie te komen om zijn territorium te verdedigen, en als we dat niet onder controle houden kan het resulteren in een ramp.

De territoriumdrift hoeft niet per se over je huis te gaan of fysiek te zijn. Hij kan ook op je werk spelen, of psychisch zijn. Chimps raken gefrustreerd als ze het gevoel hebben dat anderen een deel van hun verantwoordelijkheid wegnemen, door bijvoorbeeld aan hun functie te tornen. Experimenten hebben aangetoond dat we zelfs van streek kunnen raken of ons belaagd kunnen voelen door iemand die tegenover ons aan tafel zit. Bij een van die experimenten moesten twee mensen aan weerskanten van een tafel gaan zitten en vervolgens duwde een van de deelnemers opzettelijk zijn spullen net over de onzichtbare scheidslijn die midden over de tafel liep. De tweede persoon, die niet op de hoogte was van de opzet van het experiment, toonde dan tekenen van agitatie over het feit dat deze persoon zijn gebied binnendrong. Op de tafel zijn natuurlijk geen lijnen getekend, maar de Chimp in ons tekent die instinctief voor ons uit. De Chimp krijgt ook steun van de Mens door de regels van de etiquette, die als ongeschreven wet hanteren dat iedereen een gelijk deel van de tafel hoort te hebben. Daarom zal de Chimp, mogelijk gesteund door de Mens, geagiteerd raken en potentieel tot actie overgaan.

De territoriumdrift is zowel bij mannelijke als vrouwelijke Chimps sterk, hoewel mannelijke Chimps eerder grenzen zullen bewaken en vrouwelijke Chimps het 'nest'. Deze instincten zijn heel krachtig, want ze gaan over de instandhouding van de soort, dus is het geen verrassing dat we er dagelijks mee te maken hebben. Ze zijn misschien subtiel gemaskeerd, maar met een beetje nadenken kun je ze leren herkennen.

Het territoriuminstinct kan ook in de huidige samenleving nog van nut zijn en het is niet per se goed of slecht. Je moet leren vaststellen of je er in de betreffende situatie iets mee kunt of dat het niet toepasbaar of buiten proportie is. Als je eenmaal de behoefte van de Chimp aan een eigen territorium hebt erkend, kun je de Chimp helpen om dat territorium op een beschaafde manier te realiseren. De Chimp zal dan tevreden zijn en jij kunt verder zonder dat hij je aan je hoofd zeurt. Belangrijk is dat je de behoeften van de Chimp erkent en eraan tegemoetkomt. Een redelijk territorium voor de Chimp realiseren, dat past bij de maatschappij waarin we leven is een stap in de goede richting. Het is dan ook heel geruststellend voor de Chimp als we ons huis en onze baan veiligstellen.

Dit is de methode om veel van de driften van de Chimp te vervullen. **Erken** om te beginnen dat de drift aanwezig is en **zoek dan een oplossing** die de Chimp tevredenstelt en gelukkig maakt, en wel op een manier die acceptabel is voor de wereld waarin jij leeft.

Herken je dat jouw Chimp territoriumdrift vertoont, help hem dan door hem wat territorium en ruimte te geven. Dat kan een kamer, een flat, een huis of een baan met een duidelijk omschreven functie zijn of zelfs alleen maar wat psychologische ruimte, bijvoorbeeld een boek waarin hij zich kan verliezen. Wat je ook kiest, het moet in elk geval je Chimp bevredigen en gerealiseerd worden. Het is de Mens die de handelingen uitvoert en niet de Chimp!

Laten we als voorbeeld van hoe je met territoria moet omgaan, eens kijken naar jouw rol op je werk. Als jouw Chimp je duidelijk maakt dat hij zich onzeker voelt omdat hij niet weet wat zijn rol is, is het jouw plicht om bij je baas langs te gaan en vast te stellen wat die rol is en ervoor te zorgen dat jij er gelukkig mee bent en de Chimp tevreden is. Anders zal de Chimp onzeker worden en stampij gaan maken omdat jij niet voor hem gezorgd hebt. Als je eenmaal je territorium op je werk hebt afgebakend, zal je Chimp kalmeren en zich veilig voelen in wat hij ziet als zijn deel van de jungle.

Ouderinstinct

Ouderinstinct is een mix van driften en instincten. We kunnen het zien als de wens en de behoefte om vader of moeder te zijn en het instinct om het nageslacht te beschermen.

Hoe gaan mensen met dit ouderinstinct om als het niet vervuld wordt? De drift sublimeren kan voor vervulling zorgen. Sublimeren houdt in dat je de energie en de drift constructief op iets anders richt. Sommige mensen zullen deze drift sublimeren door een beroep te zoeken waarin ze voor anderen zorgen, en dan met name voor kinderen. Anderen kunnen het sublimeren via een huisdier; de hond is natuurlijk een klassiek substituut voor een kind. Voor sommigen representeert de hond echter een andere gesublimeerde drift en is die een statussymbool; voor weer anderen is hij een metgezel. Wat voor jou belangrijk is, is dat je de driften van je eigen Chimp herkent en ervoor zorgt dat ze worden vervuld op de manier die jij wilt en dat de sublimatie passend is zonder dat je grenzen overschrijdt.

Lof en erkenning bij het kalmeren van de Chimp

Een belangrijk punt bij het kalmeren van de Chimp is het herkennen van de manier waarop de Chimp vergeleken met de Mens denkt als het gaat om erkenning en lof. Chimps zijn wat dat betreft net kinderen: ze zoeken lof van buitenaf, terwijl Mensen meer op volwassenen lijken en innerlijke lof gebruiken en zichzelf beoordelen. Natuurlijk kunnen Mensen ook genieten van erkenning en lof, maar ze zoeken er over het algemeen niet naar.

Chimps krijgen graag lof en erkenning van de alfa-Chimp (d.w.z. mensen die zij als belangrijk zien). Daar is niets mis mee, want hoewel jij als Mens geen lof en erkenning van anderen nodig hebt, geldt dat voor je Chimp mogelijk wel, dus laat hem wat dat betreft niet vallen. Wil je goed voor je Chimp zorgen, dan moet je op zoek gaan naar lof van diegenen wier mening je respecteert of belangrijk vindt. Dat zal je Chimp tot rust brengen. Want als je niet beleefd om erkenning en lof vraagt (en die moet je natuurlijk wel waard zijn!) is de consequentie dat je Chimp zich begint te roeren en zich wrokkig en ondergewaardeerd voelt. Dat zal weer leiden tot een aantal negatieve emotionele interacties. Kalmeer je Chimp en zoek de erkenning waaraan hij behoefte heeft door te vragen om constructieve feedback van mensen wier mening jij belangrijk acht.

Je Chimp managen

Drie manieren om je Chimp te managen

Stoom af laten blazen	Naar zijn doos sturen	Banaan geven

De Chimp stoom af laten blazen

Als je Chimp opgewonden of van streek is over iets, zal hij eerst zijn emotie of mening moeten ventileren. Dat wordt het 'Stoom af laten blazen van de Chimp' genoemd. Je moet hem dat toestaan als je wilt dat hij luistert. De Chimp toestaan zijn emotie te uiten, zal hem kalmeren en daarna zal de Chimp in staat zijn te luisteren naar rede of gewoon gaan slapen.

Emoties uiten houdt in precies zeggen wat je denkt, hoe irrationeel dat misschien ook is, en dat doen zolang het nodig is. Bedenk dat de Chimp irrationeel is, dus laat hem gewoon zijn gevoelens verwoorden en als hij daarmee klaar is, kan de Mens de zinnige uitspraken er uitpikken en de nonsens negeren. De meeste Chimps zullen hoogstens tien minuten nodig hebben om angsten en emoties te uiten en zullen daarna zwijgen en luisteren. Soms zullen ze een tweede sessie nodig hebben.

Als je een echte chimpansee stoom zou moeten laten afblazen, zou je hem in een afgesloten ruimte zetten en hem vervolgens zijn gang laten gaan. Je zou hem niet meenemen naar de plaatselijke supermarkt en hem daar de vrije hand geven! Laat je Chimp geen stoom afblazen in de supermarkt!

De Chimp stoom af laten blazen

1 Zet de Chimp in een afgesloten ruimte

2 Laat hem stoom afblazen

3 Luister naar de Chimp zolang het duurt

4 Onthoud je van commentaar

Je emoties op een ongepaste manier uiten, in een openbare ruimte, op het verkeerde moment of tegenover de verkeerde persoon is net zoiets als je Chimp loslaten in de supermarkt. Je Chimp stoom af laten blazen in een afgesloten ruimte is het equivalent van het uiten van je emoties in beslotenheid en tegenover de juiste persoon. Met de juiste persoon bedoel ik iemand die begrijpt dat dit alleen maar een Chimp is die zich laat gaan, en niet jij. Je kunt daarom zeggen wat je wilt en diegene zal niet reageren, wat je ook zegt, zich geen zorgen maken en geen dingen herhalen. Diegene begrijpt dat het alleen maar je Chimp is, niet jij. De verkeerde persoon is iemand die reageert op wat je Chimp zegt en dat zou de zaken kunnen verergeren.

Als de Chimp klaar is met zijn tirade, zul je je beter voelen en kun je je Chimp toestaan te gaan uitrusten, terwijl jij kalm en als Mens een gesprek voert. Als iemand de Chimp onderbreekt tijdens zijn tirade, zal hij waarschijnlijk niet luisteren, maar alleen nog maar opgewondener raken. Dus als je luistert naar de Chimp van iemand anders, wacht dan tot hij is uitgeraasd!

Sommige mensen vinden het moeilijk om hun emoties te uiten en je kunt ze daarbij helpen door ze even alleen te laten, of misschien vinden ze het prettiger om hun gevoelens op te schrijven. Je kunt je Chimp heel succesvol in je eentje stoom af laten blazen, maar de meeste Chimps willen dat iemand hoort wat ze te zeggen hebben, iemand die ze begrijpt en hen troost of het met hen eens is. Emotie uiten hoeft niet gepaard te gaan met geschreeuw en gekrijs. Het kan ook op een heel kalme manier effectief zijn. Waar het om gaat is dat je je hart kunt luchten en daarna alles nog eens kunt overdenken en actie kunt ondernemen op de redelijke punten. Bedenk dat de Chimp heel goede redenen kan hebben om ongelukkig te zijn en dat de Mens daar iets mee moet.

De Chimp naar zijn doos sturen

Als de Chimp is uitgeraasd, heb je een kans om er op een wat beheerstere manier mee om te gaan. Als we denken dat de Chimp zijn hart voldoende heeft gelucht en in staat is om informatie te ontvangen, kunnen we zijn angsten en zorgen aanpakken door tegen hem te praten.

Via feiten, de waarheid en logica kunnen we doorgaan met het kalmeren van de Chimp en proberen hem te overtuigen. Dit wordt het 'Naar zijn doos sturen van de Chimp' genoemd. En de doos staat voor de plek waar de Chimp zich veilig en prettig voelt.

De verkeerde inschatting van Emiel

Laten we eens naar een scenario kijken waarbij het om onrechtvaardigheid draait, want dat jaagt bijna alle Chimps op de kast.

Emiel is een voorman bij wegwerkzaamheden en heeft twee man toegewezen gekregen voor deze klus. Hij ontvangt de mannen en legt duidelijk uit wat ze moeten doen en benadrukt dat ze hem ervan op de hoogte moeten stellen als er problemen zijn, want het werk moet diezelfde dag nog af. Hij moet vervolgens weg om een ander project te leiden. Als hij enkele uren later terugkeert, hebben de twee mannen hun werk niet gedaan en hebben ze zonder hem te bellen op hem zitten wachten. Emiel ergert zich hieraan, maar zegt dat hij met zijn baas zal praten om hem van het probleem op de hoogte te brengen. Als Emiel zijn baas belt, hoort hij tot zijn afgrijzen dat de baas al langs is geweest en de twee mannen heeft gesproken. Ze hebben hem verteld dat Emiel geen instructies voor hen had achtergelaten, en ook geen telefoonnummer, en dat hen daarom geen blaam treft en dat het Emiels schuld is. Emiels baas weigert naar Emiel te luisteren en ontslaat hem. Emiel ontdekt later dat een van de twee werklui het neefje van de baas is.

Als we nu kijken naar de reactie van zowel Emiel als zijn Chimp op deze situatie, kunnen we uitwerken hoe je het beste met dit scenario om kunt gaan. Emiel is duidelijk het slachtoffer van onrecht. Zijn Chimp zal de situatie ook terecht als zodanig interpreteren en we mogen verwachten dat hij met zowel woede als verdriet zal reageren. Dat zou een redelijke respons van de Chimp zijn. Emiel moet de Chimp eerst stoom af laten blazen en zijn hart laten luchten over dit onrecht. Hij heeft geprobeerd met zijn baas te praten, maar die is niet bereid te luisteren. Hij zou kunnen besluiten dit ter arbitrage voor te leggen en te vechten voor zijn baan en voor compensatie. De opties die hij tot zijn beschikking heeft, moeten worden onderzocht, maar niet door zijn Chimp! Hij moet loskomen van de emotie door zijn Chimp op een veilige plek stoom te laten afblazen. Dat kan bij vrienden of familieleden die kunnen luisteren en het onrecht begrijpen en erkennen. Dat zal de Chimp al enigszins kalmeren. De Chimp zal echter misschien wraak willen nemen op de twee mannen, plus schadeloosstelling willen. Schadeloosstelling is redelijk, maar zal hij misschien niet krijgen. De Chimp moet ingeperkt worden, dus nu is het de beurt aan de Mens om een plan te bedenken.

Emiel stuurt de Chimp naar zijn doos

De Mens in Emiel zal feiten en waarheden nodig hebben die de Chimp bevredigen, wil hij hem naar zijn doos kunnen sturen. De Mens in Emiel zal zich realiseren dat onrecht, hoe vervelend ook, nu eenmaal voorkomt en vaak niet rechtgezet wordt. Het kan zeker waardevol zijn om voor jezelf op te komen, maar op een gegeven moment moet je kunnen erkennen dat het misschien niet gaat zoals jij wilt en zul je je verlies moeten nemen. Het leven is nu eenmaal niet altijd eerlijk.

Emiel moet gaan praten met zijn Chimp en hem ervan overtuigen dat er een grens is aan de hoeveelheid energie en tijd die je in het nastreven van gerechtigheid steekt. Hij zal de Chimp confronteren met de minder aangename waarheden van het leven. De rationele plannen die Emiel maakt, zullen de Chimp helpen om de situatie te accepteren en op het juiste moment los te laten.

Als Emiel niet met een solide, betrouwbaar, op feiten gebaseerd antwoord komt, is het onwaarschijnlijk dat de Chimp zal kalmeren. Als de Chimp bijvoorbeeld wraak wil nemen op de twee mannen, kan Emiel niet tegen de Chimp zeggen: ‘Laat nou maar, ik ben niet de enige die zoiets overkomt.’ Dit antwoord zal niet veel helpen, want het is deels gebaseerd op de waarheid en deels op een bevel of wens van Emiel naar zijn Chimp toe: ‘Laat rusten.’ Een beter en logischer antwoord zou zijn: ‘Er is onrecht geschied, maar dit specifieke onrecht zal misschien nooit worden rechtgezet en we moeten een grens stellen aan de inspanningen om dat toch voor elkaar te krijgen.’ Hij kan er nog andere waarheden aan toevoegen, zoals: 'Het is niet het einde van de wereld als het recht niet zijn beloop krijgt', 'Ik ben een volwassen man en ik kan dit probleem wel aan', 'Ik hoef niet van streek te blijven als ik dat niet wil', 'Dit voorval zal al snel verleden tijd zijn en ik ga door met mijn leven'.

Emiel zal natuurlijk antwoorden moeten vinden die zijn Chimp bevredigen en misschien is geen van deze antwoorden krachtig genoeg. Maar één ding staat als een paal boven water: wil Emiel verder kunnen en de Chimp naar zijn doos kunnen sturen, dan moet hij met antwoorden komen. Anders handelt hij naar de gevoelens van zijn Chimp en zal hij merken dat dit nergens toe leidt en zal hij zichzelf alleen nog maar meer van streek maken.

Soms kun je niet winnen. Het is dan belangrijk dat je dit onderkent en accepteert. Daarna kun je je Chimp hieraan herinneren. Bedenk dat de Chimp een AANBOD doet. Jij, de Mens, hebt de KEUS. Je kunt ofwel meegaan met je emoties of je kunt ze weigeren en de Chimp laten weten dat je wilt dat hij je emoties aanreikt die bruikbaarder zijn. Dat is niet makkelijk, maar het zal nog wel vaker voorkomen dat de dingen niet gaan zoals jij wilt. De Chimp naar zijn doos sturen wil dan ook zeggen dat je hem **waarheden vertelt die hij zal accepteren** zodat hij kalmeert.

Daniëls bezoek aan de tandarts

Een ander voorbeeld kan het concept van hoe je de Chimp kunt kalmeren nog verder verduidelijken. Stel, Daniël moet naar de tandarts voor een nieuwe vulling en hij is daar heel bang voor en er ziek van. Hij weet dat het onzin is, want het is de tandarts maar, maar dat helpt totaal niet. Daniël moet zich eerst realiseren dat het zijn Chimp is die zich zorgen maakt, en niet hijzelf. Die overdreven angst van de Chimp is volkomen natuurlijk. Hij weet dat het de Chimp is, want hij geeft met een simpel 'nee' antwoord op de vraag: 'Wil ik deze bange gevoelens hebben?' We hebben dus te maken met een heel angstige Chimp. Wat wil Daniël wel? Hij zegt dat hij dit in perspectief wil zien en kalm en positief gestemd naar de tandarts wil gaan. Dus de Mens zegt: 'Ik wil kalm zijn, het is maar een vulling.' De Chimp zegt: 'Ik kan dit niet aan, ik ben doodsbang en ik wil niet naar de tandarts.'

We hebben hier te maken met een gevecht tussen de Chimp en de Mens.

Daniël laat zijn Chimp stoom afblazen

Om ervoor te zorgen dat de Mens krijgt wat hij wil, moet je de procedure op de juiste manier doorlopen. We beginnen met het stoom af laten blazen van de Chimp.

Daniëls Chimp begint zijn tirade. Hij zegt:

'Ik ben zo'n dwaas en dit is gewoon zielig. Ik kan gewoon niet geloven dat ik zo bang ben voor een tandarts. Ik weet dat ik mezelf compleet belachelijk maak. Waarom heb ik eigenlijk een gat in mijn kies? Waarom hebben we trouwens een gebit; waarom hebben we niet iets sterkers?'

Het gemekker wordt steeds onzinniger, maar ook steeds minder krachtig. Na ongeveer tien minuten houdt hij ermee op en dan horen we de Mens zeggen: 'Ik heb genoeg van dat gezeur.' De Chimp raakt vermoeid, zo niet uitgeput. Bedenk wel dat dit geweeklaag hoogstnoodzakelijk was om de Chimp af te matten. Als je zijn tirade onderbreekt, is het minder waarschijnlijk dat je in staat zult zijn om met de Chimp te praten. Dus houd jezelf niet in!

Daniël stuurt zijn Chimp naar zijn doos

Nu kan Daniël de Chimp naar zijn doos sturen door op basis van waarheid en logica met hem te praten. Hij zou het volgende tegen de Chimp kunnen zeggen:

'Als je echt niet wilt gaan, dan gaan we niet. We kunnen ook met een gat in onze kies blijven rondlopen en de onvermijdelijke gevolgen daarvan ondergaan. Als we wel gaan, kan het pijn doen. Dat ben ik met je eens.' (Soms is het goed om in te stemmen met de Chimp als hij je de waarheid vertelt. Het heeft geen zin om 'positief te denken' als je daarmee de waarheid negeert. Je moet wel de werkelijkheid onder ogen blijven zien!)

'Als we die kies laten vullen, is het binnen dertig minuten gepiept en de voordelen zijn groot. Als het achter de rug is, zijn we weer gelukkig. De behandeling en het ongemak duren niet eeuwig. Laten we het in perspectief blijven zien: we laten een kies vullen, het is niet zo dat de wereld vergaat. Ik wil trouwens graag dat het gebeurt.'

Zoals je ziet, zijn er veel antwoorden en waarheden die Daniël de Chimp kan geven. Deze waarheden zullen de Chimp alleen tot rust brengen als ze van belang zijn voor de situatie. Iedereen moet zelf de waarheden vinden die betekenisvol en krachtig zijn voor **zijn** Chimp. Sommige waarheden zullen de ene Chimp kalmeren, terwijl andere Chimps andere waarheden nodig hebben. Waar het om gaat is dat je ook nu weer de waarheden vindt die **jouw** Chimp kalmeren, waardoor hij zijn doos in duikt om te gaan uitrusten.

Als je dit op de juiste manier doet, zul je ontdekken dat je je Chimp traint om te begrijpen dat er regels zijn waarnaar hij moet leven en dat jij, de Mens, die regels opstelt. De Chimp zal daar uiteindelijk steeds vaker naar handelen. Eerst zal hij misschien weigeren om mee te werken en **het kan nodig zijn om de Chimp bij een bepaald probleem een paar keer stoom te laten afblazen** voordat je hem naar zijn doos kunt sturen. Het kan ook nodig zijn **om je Chimp bij een bepaald probleem meermalen achter elkaar naar zijn doos te sturen**, maar met oefening en vaardigheid zal de Chimp toch op de juiste manier reageren en kan de Mens eindelijk de situatie hanteren.

Het kan zijn dat Daniëls Chimp zijn doos weer verlaat en hij moet daarom geduld hebben en dezelfde procedure doorlopen om zijn Chimp weer in zijn doos te krijgen.

We beteugelen de Chimp nooit; we managen hem. Dat is een verschil. Vergeet niet dat de Chimp vijf keer zo sterk is als jij; probeer dus niet om hem met wilskracht te bedwingen. Hij zal je uiteindelijk verslaan. Probeer de Chimp in plaats daarvan te managen door hem stoom te laten afblazen en naar zijn doos te sturen.

Hoofdpunt

Het kan nodig zijn de Chimp vaker uit te laten razen bij een bepaald probleem alvorens je hem naar zijn doos kunt sturen. Het kan ook zijn dat je de Chimp bij een bepaald probleem wat vaker terug moet stoppen in zijn doos.

Moet ik mijn Chimp altijd stoom af laten blazen?

Soms hoeft de Chimp geen stoom af te blazen en zal hij rechtstreeks zijn doos in gaan met behulp van waarheid en logica. Daag de Chimp dus niet onnodig uit door hem te dwingen stoom af te blazen. Bedenk ook dat de Chimp irrationeel is, wat betekent dat hij onvoorspelbaar kan zijn en soms zonder duidelijke reden heel opgewonden raakt, terwijl hij bij andere gelegenheden juist heel kalm blijft, opnieuw zonder duidelijke reden. Probeer niet te begrijpen waarom dit zo is, want de Chimp is niet rationeel en in veel gevallen ook onbegrijpelijk. Accepteer de emotie gewoon, zonder die alsmaar proberen te begrijpen.

Omgaan met emotioneel denken door de Chimp

De Chimp maakt gebruik van emotioneel denken, wat gekenmerkt wordt door overhaast conclusies trekken, zwart-witdenken en met paranoïde ideeën komen. Het is belangrijk dat je een manier hebt om te herkennen wanneer je de Chimp voor jou laat denken en dan een middel hebt om daarmee om te gaan.

De eenvoudigste manier om te herkennen dat de Chimp voor jou denkt, is als je emotioneel wordt of wel kalm bent, maar je toch ongemakkelijk voelt. Bedenk dat de Chimp je zijn gevoelens aanreikt en dat jij vervolgens moet besluiten wat je ermee doet. Als je kunt herkennen dat de Chimp emotioneel denken gebruikt, dan kun je dat te lijf gaan met een paar specifieke technieken. Als de Chimp bijvoorbeeld zwart-wit denkt, vraag jezelf dan af wat de alternatieven zijn en of er misschien een middenweg is. Stel, je zit in een moeilijke relatie en dat maakt je behoorlijk van streek, want je weet niet of je de relatie moet voortzetten of niet. Dat is een nare situatie, die emotioneel slopend kan zijn. De Chimp zal proberen de situatie op te lossen door te denken dat hij een keuze moet maken en dat die keuze duidelijk is: of hij verlaat deze persoon en dan is het allemaal voorbij, of hij blijft en probeert er wat van te maken. Dit dilemma en het onvermogen om te beslissen, worden de Mens aangereikt, die moet herkennen dat dit zwart-witdenken is. De Mens kan nu op zoek naar een middenweg. Vraag jezelf af of er een alternatief is. Eén mogelijkheid is om de situatie niet te zien als iets waar direct een definitief antwoord op moet worden gegeven. Dat zou betekenen dat je bijvoorbeeld de tijd hebt om even afstand van elkaar te nemen, zodat jij je gedachten kunt ordenen en een wat duidelijker beeld van de situatie kunt krijgen. Een time-out is een compromis dat de Mens in jou de kans geeft om met de Chimp te praten en hem te kalmeren. Het geeft de Chimp ook tijd om zich te uiten en uit te razen zodat hij zich beter gaat voelen.

Paranoïde gedachten kunnen worden aangepakt door je eerst te realiseren dat je Chimp misschien wat overdreven reageert en je ideeën aanreikt die te emotioneel of denkbeeldig zijn. Dat gebeurt vaak doordat de Chimp zich onzeker voelt en niet over de feiten beschikt, waardoor hijzelf gaat invullen. Als eerste stap kun je de Chimp zijn paranoïde gedachten laten spuien en dan kijken of ze nog steeds reëel voelen. Als dat zo is, kan de Mens feiten en bewijzen verzamelen die dat idee ondersteunen (waar de Chimp het mee eens zal zijn), maar ook die het ontkrachten. Het kan verhelderend werken om dit bewijsmateriaal aan een vriend voor te leggen. Vaak wordt het plaatje duidelijker door er met iemand over te praten. Het belangrijkste is dat je de feiten vaststelt en dat betekent gewoonlijk dat je de betrokken persoon of personen benadert om op een constructieve manier duidelijk te maken wat er aan de hand is. Maar al te vaak verdwijnen gevoelens van paranoia of achterdocht heel snel als we op een neutrale manier de juiste vragen stellen en naar de antwoorden luisteren.

Banaan geven

Een derde manier om de Chimp te managen is door hem bananen te geven. Daarmee bedoel ik dingen die de Chimp wil en die hem worden gegeven ofwel om hem af te leiden ofwel om hem te belonen. Er zijn dus twee soorten bananen: afleiding en beloning. De Chimp bananen geven is niet echt een krachtige manier om problemen op te lossen, maar in sommige omstandigheden kan het een heel effectieve manier zijn om de Chimp te managen.

De banaan als afleiding

Hier volgt een voorbeeld van een afleidingsbanaan. Stel dat je het moeilijk vindt om 's ochtends je bed uit te komen. Zodra je wakker wordt, begint je Chimp onmiddellijk op je in te praten: 'Ik kan niet opstaan, het is zo lekker warm hier, ik ben nog moe, mijn lichaam is zwaar, nog vijf minuutjes...'

Het probleem in dit soort situaties is dat je je Chimp toestaat om te denken en dat dat niet helpt. Om hem af te leiden, kun je hem de mond snoeren door te zeggen: 'Wij denken niet voordat we zijn opgestaan.' Dus als de wekker afgaat, zeg dan onmiddellijk ferm tegen de Chimp: 'We denken niet na, we staan gewoon na vijf tellen op. Vijf, vier, drie, twee, één en hup, de voetjes op de vloer.' Als je jezelf daar de avond ervoor op voorbereidt en direct snel begint te tellen, sta je naast je bed voordat je Chimp de kans krijgt om met jou in discussie te gaan. Om ervoor te zorgen dat dit lukt, moet je voorkomen dat de Chimp gaat denken. De afleiding zit hem dus in het tegelijkertijd tellen en in beweging komen. Bij vijf gooi je bijvoorbeeld onmiddellijk (zonder nadenken) de dekens van je af, bij vier zit je op de rand van je bed (ook weer zonder gedachten toe te staan), bij drie sta je op, bij twee loop je naar de badkamer en bij één feliciteer je jezelf omdat je gedaan hebt wat je wilde en je Chimp hebt beziggehouden. Deze banaan (een razendsnel patroon van acties die voorkomen dat je nadenkt) voorkomt dat de Chimp nadenkt, maar het moet wel snel gebeuren. Veel mensen hebben deze banaan met succes gebruikt om 's ochtends uit bed te komen. Redetwisten met

de Chimp over opstaan werkt meestal niet. Voorkomen dat de Chimp nadenkt kan in veel verschillende scenario's heel goed werken.
De afleidingsbanaan kan ook een manier zijn om een geagiteerde of ongeduldige Chimp bezig te houden als je ergens op moet wachten. Simpele afleiding zoals het lezen van een boek of luisteren naar muziek werkt vaak het best.

De banaan als beloning

Je eigen Chimp een beloning geven kan een verrassend krachtig instrument zijn. Stel bijvoorbeeld dat je tien e-mails moet schrijven, maar dat je niet op gang komt en eerst koffie wilt. Als je tegen je Chimp zegt: 'Als je vijf mailtjes geschreven hebt, krijg je je koffie', is het niet ongebruikelijk dat je Chimp je plotseling de prikkel geeft om aan de e-mails te beginnen. Deze 'banaan' waarbij hij na vijf e-mails een kop koffie krijgt zal de Chimp ertoe aansporen jou die mailtjes te laten schrijven. De Chimp zal zorgen dat je je focust op je taak en zal je helpen en niet hinderen. Dat komt misschien bizar irrationeel over, maar de Chimp is nu eenmaal irrationeel en meestal werkt deze techniek.
Gebruikelijke bananen voor de meeste Chimps zijn lof of goedkeuring door anderen. De meeste Chimps zijn op zoek naar erkenning en goedkeuring van anderen; het kan dan ook een heel krachtig instrument zijn om dit als beloning in te zetten. Stel bijvoorbeeld dat je kamer thuis geschilderd moet worden en dat je weet dat je wilt dat dit gebeurt, maar moeite hebt om eraan te beginnen. Je kunt je Chimp belonen door een

vriend op te bellen en hem of haar uit te nodigen om je nieuw geschilderde kamer te komen bewonderen. Het zal geen verrassing zijn dat de Chimp op zal springen en ervoor zorgt dat jij de kamer schildert, want hij wil de lof (en hij wil bovendien niet afgaan ten overstaan van de vriend).

Bananen kunnen een nuttige manier zijn om je Chimp op de korte termijn over te halen om dingen te doen, of je af te leiden als je je zorgen maakt, of ervoor te zorgen dat je een time-out krijgt. Ze zijn over het algemeen niet zo krachtig als de Chimp naar zijn doos sturen, want ze pakken meestal de oorzaak van het probleem niet aan.

De Mens ontwikkelen

In de strijd om de macht tussen de Mens en de Chimp op de Verdeelde Planeet, moet je jezelf niet vergeten. Jij en je Chimp zijn twee aparte entiteiten. Jij als Mens hebt behoeften, net zoals de Chimp in jou zijn behoeften heeft. De Menselijke behoeften worden duidelijk door te kijken naar de eigenschappen van de innerlijke Mens. Dus verwachten we bij de Mens vervulling door constructieve bezigheden, zoals hobby's en interesses die niet cruciaal zijn voor het overleven, maar ons bevredigen en ons leven verrijken.

Hoofdpunt

Chimps willen overleven; Mensen willen een doel hebben.

Als we een doel in ons leven hebben, geeft ons dat het gevoel dat het leven zin heeft, wat weer leidt tot prestaties, bevrediging en welbevinden. We zullen later in dit boek dieper ingaan op succes en geluk, maar hier is de boodschap voorlopig dat als je goed voor je machine wilt zorgen, je zowel naar de behoeften van de Chimp als naar die van de Mens moet luisteren. Maar al te vaak stoppen we bij de Chimp omdat die onze tijd in beslag neemt en het hardst schreeuwt.

Samenvatting hoofdpunten

- 'Wil ik...?' is de vraag die je moet stellen om te kijken of je Chimp je gijzelt. Als het antwoord 'nee' is, word je gegijzeld.
- Jij bent altijd verantwoordelijk voor je Chimp.
- De Chimp is vijf keer zo sterk als jij.
- Kalmeer je Chimp voordat je hem probeert te managen.
- Je moet je Chimp managen, niet bedwingen.
- Er zijn drie bruikbare manieren om je Chimp te managen: stoom af laten blazen, naar zijn doos sturen en een banaan geven.

Aanbevolen oefening
De 'NEAR'-oefening

- Normaal
- Ervan uitgaan
- Accepteer
- Reageer op de juiste manier

Het is heel **Normaal** dat je Chimp uitbarstingen en gedragingen heeft waar je niet goed mee kunt omgaan. Je kunt **Er** daarom maar beter **van uitgaan** dat dit van tijd tot tijd gebeurt. **Accepteer** dat je niet perfect bent en dat dit dier heel sterk is. **Reageer op de juiste manier** op de uitbarsting of gedraging; verontschuldig je bijvoorbeeld als je anderen hebt gekwetst of vergeef jezelf als je het gevoel hebt dat je jezelf hebt teleurgesteld.

Handelen volgens de regels van 'NEAR' betekent redelijk zijn naar jezelf. Zodra je enige vorm van Chimp-activiteit ervaart die je niet goed kunt managen, stop dan en denk NEAR. Accepteer dat dit de manier is waarop de machine werkt en ga aan de slag met de situatie zonder dat je je uit het veld laat slaan. Schuldgevoelens, schaamte, frustratie en andere negatieve emoties zijn er om ons te helpen dingen te herstellen, niet om ons kapot te maken. Niemand heeft het altijd bij het juiste eind en velen van ons hebben het behoorlijk vaak mis.

Oefen in NEAR-denken als een manier om slecht Chimp Management aan te pakken. Als je negatieve emoties hebt, onderzoek ze dan en gebruik ze om verder te komen. Bedenk manieren om op een bruikbare manier om te gaan met negatieve emoties in plaats van je erdoor te laten meesleuren.

Hoofdstuk 4

De Gidsende Maan

(DEEL 1)

De Computer in je geest begrijpen

De Gidsende Maan is de computer in je brein. In het Universum fungeren de manen allemaal als stabilisators voor de planeten waar ze omheen draaien; de Gidsende Maan stabiliseert de Verdeelde Planeet. Dat betekent dat als je ervoor zorgt dat de computer in je brein goed werkt, dit je geest stabiel maakt en het managen van je Chimp een stuk makkelijker.

De Computer: enkele feiten

Wat is de functie van de Computer?

Je Computer heeft twee functies:

- Hij kan, door gebruik te maken van geprogrammeerde gedachten en gedragingen, automatisch voor jou denken en handelen.
- Hij is een bron die je kunt raadplegen voor informatie, overtuigingen en waarden.

Hoe komt er informatie in de Computer?

Als je wordt geboren, is de Computer in wezen nog een lege harde schijf. Hij is slechts een opslagplaats voor gedragingen en overtuigingen die de Mens of de Chimp erin stopt. Hij kan niet zelfstandig denken of interpreteren, maar zal handelen op basis van de opgeslagen informatie. Vaak zijn de Mens en de Chimp het zich niet eens bewust dat ze deze bewuste en onbewuste gedachten of gedragingen in de Computer hebben gestopt. Hoe succesvol hij functioneert hangt af van hoe nuttig en waarheidsgetrouw de input was.

In potentie is de Computer krachtiger dan de Chimp en de Mens, want het is het naslagwerk waar beide hulp en sturing zoeken.

Het is dan ook raadzaam om te leren begrijpen hoe hij werkt en hoe je hem kunt onderhouden, zodat het advies dat hij geeft tot succes en geluk leidt.

Zijn de Computers bij mannen en vrouwen hetzelfde?

Het korte antwoord is ja. Ze functioneren in grote lijnen hetzelfde, maar er zijn enkele verschillen. De doorsnee vrouwelijke Computer kan op een hoger niveau met taal werken dan de doorsnee mannelijke Computer. Vrouwelijke hersenen hebben veel meer gebieden, associatiecentra genaamd, om met taal te werken dan mannelijke hersenen. Het mannelijke brein daarentegen heeft een gebied om met wiskunde en kaartlezen te werken dat ongeveer vier keer zo groot is als dat in het vrouwelijke brein (of het ook beter werkt, is een tweede!). Het betekent wel dat, aangezien de twee breinen duidelijk fysieke en fysiologische verschillen hebben, ze waarschijnlijk ook verschillend werken en beter zijn uitgerust voor specifieke taken of leerdoelen.

Dit soort discussies lijkt altijd sterke emoties op te roepen bij mensen die zich veroordeeld of in een hokje gestopt voelen. En dat is jammer, want het enige wat wetenschappers proberen te doen, is ons helpen onszelf beter te begrijpen. Er zijn natuurlijk altijd uitzonderingen op de regel, bij beide seksen, en door onderzoek wordt daar steeds meer licht op geworpen. Er zijn dus anatomische en fysiologische verschillen tussen de mannelijke en de vrouwelijke Computer. Er zijn ook verschillende responsen op bepaalde neurotransmitters (chemische stofjes die boodschappen versturen) in verschillende delen van het brein.

Hoe snel is de Computer?

We kunnen stellen dat de Computer ongeveer vier keer zo snel is als de Chimp en twintig keer zo snel als de Mens. Als de Computer dus goed functioneert, kan hij opdrachten uitvoeren met verbazingwekkende snelheid en accuratesse, en dat voordat de Chimp of de Mens ook maar de kans heeft om zijn gedachten te ordenen.

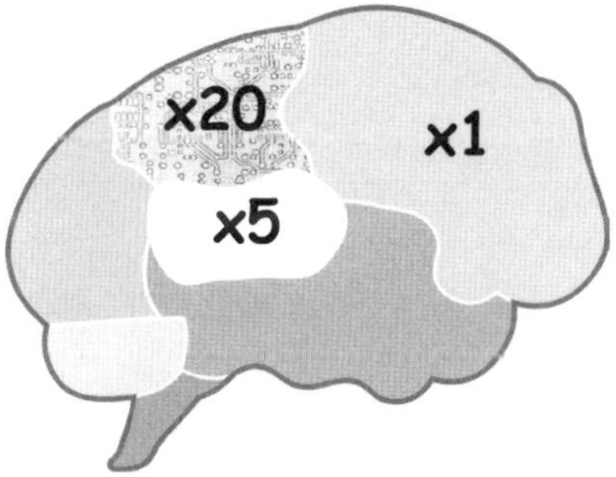

Reactiesnelheid

Deze waarden geven de snelheid weer van wat er precies gebeurt in het menselijke brein, waar sommige gebieden echt veel sneller functioneren dan andere.

Wat zit er in de Computer?

Automatische Piloot   Boeman   Kwelgeest   Steen des Levens

- De Automatische Piloot is een constructieve of nuttige overtuiging of gedraging.
- De Boeman is een niet-behulpzame of destructieve overtuiging of gedraging die je kunt verwijderen.
- De Kwelgeest is een niet-behulpzame of destructieve overtuiging of gedraging die stevig verankerd is en extreem moeilijk te verwijderen.
- De Steen des Levens bevat de waarden en normen waarnaar jij leeft.

De functies van de Computer in detail

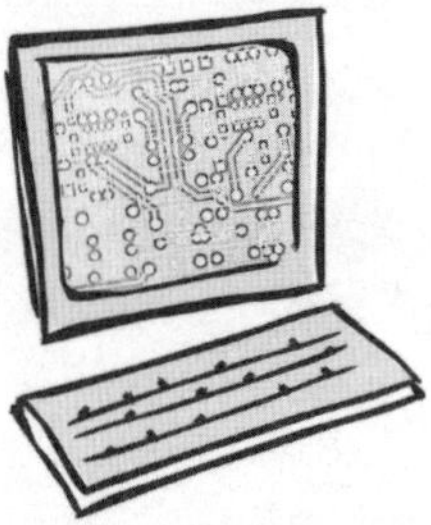

- Automatisch functioneren
- Functioneren als naslagwerk

Automatisch functioneren

Automatisch functioneren, het woord zegt het al, is gebaseerd op aangeleerde gedragingen en overtuigingen en automatische programma's. Er is sprake van als we handelen naar gedragingen of gedachten die we al hebben doorgrond en die we bijna kunnen dromen. Wij als Mens hoeven nauwelijks moeite te doen om na te denken. Door handelingen te combineren, kunnen we gecompliceerde programma's ontwikkelen zoals koffiezetten of fietsen, wat we uiteindelijk automatisch en zonder nadenken doen.

De Chimp en de Mens stoppen beide input in de Computer en programmeren hem daar dus mee. Als de Computer eenmaal programma's heeft om op te draaien, neemt hij het over en geeft hij de Chimp en de Mens de gelegenheid om even op te houden met denken en interpreteren. De Computer is geprogrammeerd om voor ons te denken en te handelen, maar alleen met informatie die wij hem hebben opgedragen te gebruiken. Deze opgeslagen overtuigingen en gedragingen zijn dus aangeleerd door de Mens en de Chimp en in de Computer gestopt. Dit in tegenstelling tot de instincten van de Chimp, die worden doorgegeven in zijn genen en die tot impulsieve reacties van de Chimp leiden.

De meeste tijd van de Computer gaat erin zitten om ons door de dag heen te loodsen. Hoe goed hem dat lukt, zal afhangen van wat erin gestopt is. We kunnen natuurlijk dingen toevoegen en verwijderen, maar dan moeten we wel de tijd nemen om hem te onderhouden. Het probleem is dat de meesten van ons dat niet doen.

Automatische Piloot

Automatische Piloot

Automatische Piloten zijn alle positieve, constructieve overtuigingen, gedragingen en automatisch functioneren die ons helpen succesvol en gelukkig te zijn in het leven. Ze kunnen op elke leeftijd in de Computer worden gestopt. Een Automatische Piloot kan bijvoorbeeld zijn: fietsen; kalm blijven als er iets fout gaat; een veter strikken; gestructureerd en gedisciplineerd zijn uit gewoonte; een positief zelfbeeld hebben.

Kwelgeesten en Boemannen

Boeman Kwelgeest

Boemannen en Kwelgeesten zijn min of meer de tegenhangers van de Automatische Piloot. Het zijn niet-bruikbare en destructieve gedragingen, overtuigingen of automatische programma's die in de Computer zijn opgeslagen.

Een Kwelgeest wordt meestal in de Computer gestopt als je nog heel jong bent. Al op jonge leeftijd heeft de Computer de neiging alle informatie die hij binnenkrijgt op de harde schijf op te slaan. Kwelgeesten zijn daarom ook heel moeilijk weer te verwijderen, dus moet je leren ze in toom te houden. Kwelgeesten verschijnen in de regel voor het achtste levensjaar en Boemannen meestal daarna. Aangezien Boemannen een soort losse bestanden zijn, kun je ze als je ze vindt, verwijderen. Het onderscheid tussen Kwelgeesten en Boemannen wordt alleen gemaakt omdat het belangrijk is om te weten wat kan worden verwijderd en wat waarschijnlijk niet. Daarmee voorkomen we dat je probeert het onmogelijke te doen. Als je deze onbruikbare schepselen eenmaal hebt opgespoord, kun je met beide aan de slag.

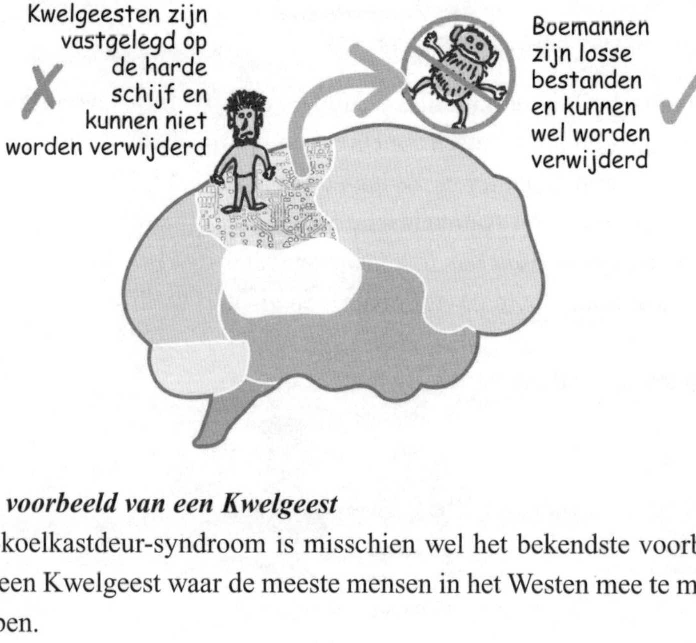

Een voorbeeld van een Kwelgeest

Het koelkastdeur-syndroom is misschien wel het bekendste voorbeeld van een Kwelgeest waar de meeste mensen in het Westen mee te maken hebben.

Het is de eerste schooldag en het kind zit vol emoties. De onderwijzer zegt tegen het kind: 'Laten we een tekening voor je moeder maken.' Als de tekening af is, rent het kind naar huis om het aan zijn moeder te laten zien. Terwijl het kind op zijn moeder afrent, zegt die: 'Wat heb je daar bij je?' Het kind overhandigt de tekening. De moeder reageert met: 'Wat een prachtige tekening, jij bent heel knap, ik ben zo trots op je, ik wil iedereen laten weten hoe goed jij bent', om vervolgens de tekening op de deur van de koelkast te plakken, zodat iedereen kan zien hoe knap het kind wel niet is.

Nu heeft het kind een grote, immense Kwelgeest in zijn leven gekregen! Laten we hetzelfde scenario nog eens bekijken, maar nu vanuit een iets andere invalshoek. Het kind komt terug van school met de tekening en rent op de moeder af. De moeder reageert met: 'Wacht even', en schuift de tekening opzij om het kind te knuffelen. Dan zegt ze: 'Ik ben heel trots op je en je bent heel knap en ik wil iedereen laten weten hoe trots ik op je ben. Maar wat heb je daar eigenlijk bij je?' De moeder en het kind hebben nu een discussie over de tekening en zij complimenteert het kind met de tekening en vraagt het kind of die het leuk vindt om de tekening op de deur van de koelkast te hangen omdat deze zo mooi is.

Wat de moeder in het eerste scenario deed, was het kind vertellen dat het knap is en dat zij trots op hem is **vanwege zijn prestaties**. Met andere woorden suggereerde zij dat de waarde van het kind afhangt van de tekening. Daarna vertelde de moeder aan het kind dat ze dat aan iedereen moesten laten weten door de tekening op de koelkast te plakken. De boodschap naar het kind was: '**Of je waardevol bent, hangt af van wat je presteert in het leven**. Wat jij doet, zorgt ervoor dat anderen jou zullen waarderen.'

De boodschap aan het tweede kind was dat je **waardevol bent gewoon zoals je bent. Jijzelf bent het die wordt gewaardeerd en gerespecteerd en je hoeft niets te presteren om dat voor elkaar te krijgen.** De moeder zei vervolgens dat iets presteren goed is, maar dat dit niet moet worden verward met eigenwaarde. Het is natuurlijk altijd goed om een kind te prijzen als het zijn best heeft gedaan, welke prestatie er ook geleverd is.

Natuurlijk heb ik in deze twee scenario's een extreem standpunt ingenomen om mijn punt te maken, maar het komt maar al te vaak voor dat we ons zorgen maken over of we het wel goed doen en wat anderen van ons zullen denken.

Veel studenten raken tijdens examens heel gespannen en vrezen de resultaten. Als je ze vraagt hoe ze zich zouden voelen als het resultaat geheim was en alleen bij hen bekend en zegt dat als het niet goed was, ze het weer over mochten doen, in het geheim, totdat ze slagen, zeggen ze meestal: 'Dan zou ik me helemaal geen zorgen maken.' Het examen is dus duidelijk niet het probleem voor deze studenten, het is de angst dat anderen het resultaat kennen en de consequentie daarvan.

Als we zouden weten dat niemand ons zou veroordelen, zouden we weinig angst hebben. Zakken zou hoogstens lastig zijn en we zouden daarna de gevolgen onder ogen zien. We zouden onze eigenwaarde ook niet afmeten aan het examenresultaat. Dit is de koelkastdeur-Kwelgeest op zijn best.

Dit syndroom komt heel veel voor en de meerderheid van de bevolking lijkt eronder te lijden. We kunnen het echter hanteren en omzeilen en ons er niet door laten overheersen. Deel van het probleem is dat de Chimp de Kwelgeest helpt. De Chimp heeft een heel sterke groepsdrang die ons voortbestaan veiligstelt door deel uit te maken van de groep. Om deel uit te maken van de groep, moeten we worden geaccepteerd. Geaccepteerd worden betekent dat we sterk en nuttig moeten zijn. Vanwege dit primitieve instinct van de Chimp willen we indruk op anderen maken. Als we deze drang koppelen aan de Kwelgeest, zal hij natuurlijk extra krachtig worden. Veel mensen lijden daarom emotioneel, omdat ze zich constant zorgen maken over wat anderen van hen denken. Ze zouden maar wat graag een onbekommerd leven willen leiden, maar de Chimp en de Kwelgeest laten dat niet toe.

Een voorbeeld van een Boeman

Een voorbeeld van twee algemeen voorkomende Boemannen die de meeste mensen in hun Computer hebben en waar ze van tijd tot tijd mee te maken krijgen: de tweeling van de Onrealistische verwachting en Onbruikbare verwachting.

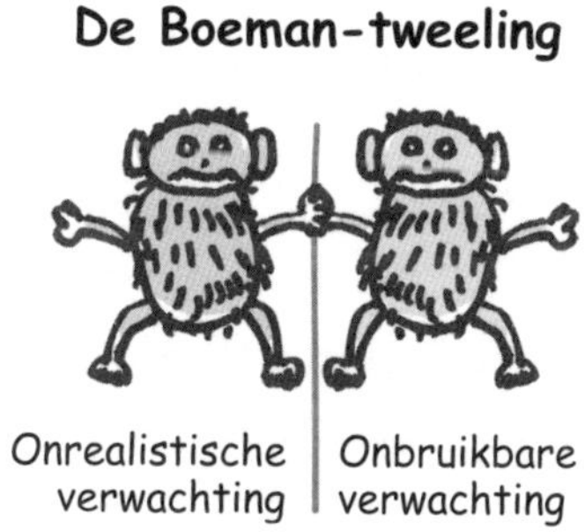

Nagaan of je realistisch en redelijk bent wat betreft een bepaalde verwachting, is altijd de moeite waard. Als je verwachtingen onrealistisch en weinig bruikbaar zijn, leidt dat bijna gegarandeerd tot sterke negatieve emoties. We hebben het dan met name over emoties als frustratie, woede of teleurstelling.

Denk aan een Boeman die zegt: 'Ik vind dat ik altijd op tijd moet zijn.' Als je om wat voor reden dan ook te laat bent, zul je waarschijnlijk gestrest raken, want je laat je leiden door de overtuiging dat je altijd op tijd moet zijn. Je zou de Boeman kunnen vervangen door een Automatische Piloot die zegt: 'Als het even kan kom ik graag op tijd, maar soms lukt dat niet en dat is niet het einde van de wereld en ik kan ermee dealen.' Dit is een veel realistischer overtuiging, eentje die je helpt te ontspannen en je meer als een volwassene te gedragen dan als een kind als iets niet volgens plan verloopt!

Een ander voorbeeld van een onrealistische verwachting is dat je altijd moet winnen om jezelf te bewijzen. Tennissen kan heel leuk zijn als je de overtuiging hebt dat het maar een spelletje is en dat het resultaat er niet echt toe doet. Dat betekent niet dat je het niet zult proberen, maar dat je het in perspectief ziet. Heb je echter de overtuiging dat je moet winnen omdat dit zijn weerslag heeft op jouw waarde als persoon, dan zal het waarschijnlijk een intense en onplezierige wedstrijd worden. De overtuiging die jij eropna houdt, beïnvloedt hoe jij met de uitslag omgaat of erop reageert, wat die uitslag ook is. Het is beter realistische verwachtingen te hebben of, in sommige gevallen, helemaal geen verwachtingen.

Voorbeelden van andere Boemannen zijn:

- Overdreven reageren op situaties
- Eten als je daar zin in hebt, zonder dat het noodzakelijk is
- Jezelf uitfoeteren
- Je zorgen maken over beslissingen en ze niet nemen
- Kwaad worden als je dat eigenlijk niet wilt

De Computer als naslagwerk

De Computer als referentiebron kent drie aspecten:

- Algemene referentie met Automatische Piloten en Boemannen
- De Steen des Levens met de ‘Levenswaarheden’, ‘Waarden’ en de ‘Levenskracht’
- De Mindset

Algemene referentie met Automatische Piloten en Boemannen

Zowel de Mens als de Chimp gebruikt de Computer als databank bij de besluitvorming. Als zich een gebeurtenis voordoet, interpreteren de Mens en de Chimp wat er gebeurt en kijken vervolgens in de Computer wat daar aan opgeslagen voorgaande ervaringen, overtuigingen of herinneringen in zitten. Een besluit of handelwijze kan worden beïnvloed door deze opgeslagen informatie.

Hier volgt een voorbeeld van hoe dit werkt. Tim werkt voor een heel strenge baas die hem alleen bij zich roept om hem te bekritiseren en hem te waarschuwen dat zijn baan op de tocht staat. De Mens in Tim is van streek door het gedrag van zijn baas en voert in de Computer in dat 'als je deze baas ziet, je kritiek kunt verwachten en daar emotioneel op voorbereid moet zijn'. Dit is een reële overtuiging die lijkt te worden gestaafd met ervaring. Het is een nuttige interpretatie om in de Computer te stoppen en het zou daarom een Automatische Piloot zijn (een betrouwbare en nuttige overtuiging waarop je je toekomstige gedrag kunt baseren).

Het is niet zo gek dat de Chimp in Tim nogal gespannen is bij een ontmoeting met de baas en de Chimp zou in de Computer de overtuiging in kunnen voeren dat 'als je iemand ontmoet die de baas is, je dan stress en slecht nieuws kunt verwachten'. Dit is een generalisatie, want niet iedere baas zal hetzelfde zijn en zelfs een en dezelfde baas kan in bepaalde situaties anders reageren. Dus de Chimp voert in de Computer een niet zo bruikbare overtuiging in dat 'ALLE bazen kritisch zijn en je een slecht gevoel geven'.

Deze interpretatie van de Chimp is niet nuttig en kan in de toekomst zelfs heel destructief zijn. Het is niet de waarheid en is daarom een Boeman (een niet-bruikbare overtuiging die waarschijnlijk zal leiden tot gedrag waar je niets aan hebt in de toekomst).

We hebben nu dus twee verschillende boodschappen in de Computer. Die zullen voortaan als referentie worden gebruikt.

De Mens en de Chimp kunnen kiezen uit een Automatische Piloot of een Boeman. Wat er gebeurt, hangt af van wat er wordt gekozen.

Als Tim in dienst blijft bij dezelfde baas, zullen beide boodschappen functioneel zijn als hij bij zijn baas geroepen wordt, aangezien de baas hoogstwaarschijnlijk opnieuw onredelijk zal zijn. Laten we er echter van uitgaan dat Tim een andere baan neemt, met een nieuwe baas. De nieuwe baas werkt niet zoals de oude; hij staat achter zijn personeel en maakt ze graag complimentjes. Tim krijgt een telefoontje dat zijn nieuwe baas hem graag zou ontmoeten. De Chimp in Tim ziet onmiddellijk potentieel gevaar en kijkt in de Computer om te zien of er referentiemateriaal is om zich op te baseren. De Chimp praat met de Boeman en de Boeman zegt: 'ALLE bazen zijn kritisch en geven je een slecht gevoel.' De Chimp zegt daarop: 'Dit is slecht nieuws, want iedere baas zal kritisch zijn en je een slecht gevoel geven en je wordt misschien ontslagen.' De Mens krijgt geen kans omdat de Chimp en de Boeman veel sterker zijn. Dus Tim komt vol angst het vertrek binnen en de kans is klein dat hij een goed gesprek met de baas zal voeren, omdat hij te gespannen is en de uitkomst al denkt te weten. De alternatieve uitkomst is dat Tims Mens de Automatische Piloot raadpleegt en vervolgens de Chimp geruststelt met de woorden: 'Ik geef deze nieuwe baas een kans, want misschien is hij anders dan de vorige.'

Dit is één manier (via ervaring) waarop Boemannen en Automatische Piloten zich manifesteren. Ofwel de Chimp ofwel de Mens heeft ze in de Computer gestopt om later te raadplegen en te gebruiken. Het toont ook aan hoe nauw de Chimp samenwerkt met de Boeman. Boemannen en Automatische Piloten kunnen zich ook op andere manieren gaan manifesteren, bijvoorbeeld door de opvoeding of door discussie met anderen over hun ervaringen.

De Chimp en de Mens gebruiken dus in de Computer opgeslagen overtuigingen als referentiepunt om hen te helpen besluiten te nemen. Als de Computer veel Automatische Piloten heeft, zal hij de Chimp afremmen of tegenhouden en hem kalmeren. Dat geeft de Mens de kans om zelf Automatische Piloten te zoeken en te gebruiken en zo het hele systeem te stabiliseren en de persoon een rustig gevoel te geven. Dit systeem kun je aan het werk zien bij een hersenscan, waarbij het bloed naar verschillende delen van het brein vloeit, al naargelang ze gebruikt worden. Als er veel Boemannen in de Computer zitten, is dat heel ontwrichtend voor zowel de Mens als de Chimp.

De Steen des Levens met de 'Levenswaarheden', 'Waarden' en de 'Levenskracht'

De Steen des Levens is je ultieme referentiepunt. Hier zijn je 'Levenswaarheden', je 'Waarden en Normen' en je 'Levenskracht' in gegraveerd. De Chimp en de Mens wegen alles af tegen de Steen, dus laten we eens wat nader ingaan op de drie aspecten.

De Levenswaarheden

De Levenswaarheden zijn hoe jij denkt dat de wereld in elkaar zit en via voorbeelden en ervaring kun je 'bewijzen' dat ze waar zijn. Je hebt ze ofwel zelf opgesteld ofwel van een andere bron geaccepteerd (ouders, onderwijs, ervaring enzovoort).

Iedereen heeft zijn eigen waarheden, maar velen van ons delen een paar dezelfde waarheden. De waarheden kunnen hetzelfde zijn als sommige Automatische Piloten of zelfs sommige Boemannen, maar het zijn wel de waarheden die jij hebt uitgekozen om naar te leven. Ze vormen een complex van overtuigingen die jij als waar ziet.

Stel bijvoorbeeld dat je de regel hebt dat 'het leven niet eerlijk is'. Dat lijkt voor de meesten van ons een redelijke 'Fundamentele Waarheid', want we weten dat het 'waar' is. Als we vervolgens zeggen dat het waar is en ernaar leven, zullen we niet al te erg van streek raken of zelfs helemaal niet van streek raken als iets oneerlijk is, want wij denken dat het leven zo in elkaar zit. Dat betekent niet dat we niet proberen om eerlijk te leven, maar wel dat als het leven oneerlijk is, wij dat accepteren en ermee dealen.

Als iemand als waarheid heeft dat 'het leven eerlijk is' en probeert naar deze 'waarheid' te leven, ligt het voor de hand dat deze persoon grote kans loopt om behoorlijk vaak geërgerd en van streek te raken als het leven toch niet zo eerlijk blijkt. Als diegene bijvoorbeeld een spel kaarten in een winkel koopt en bij thuiskomst merkt dat er eentje ontbreekt, zal hij uitroepen: 'Dat is niet eerlijk.' Hij zal teruggaan naar de winkel en het uitleggen en verwachten dat hij een nieuw spel kaarten krijgt. Dat is een redelijke verwachting. De verkoopster zegt echter dat het haar spijt, maar dat hij niets vergoed krijgt omdat hij het had moeten controleren voordat hij de winkel verliet. Je kunt je wel voorstellen tot welke protesten dat weer leidt. Maar uiteindelijk zal het niets uithalen en diegene alleen nog maar kwader maken. Soms is het gewoon maar het beste om te zuchten en te zeggen: 'Het leven is niet eerlijk, en in dit geval ook niet, dus ik accepteer het omdat ik er verder niets meer aan kan doen.' Jij hebt de keus: je kunt de zaak aanvechten en misschien winnen of je kunt het zien als een ervaring en je de waarschijnlijk weinig verheffende en vruchteloze ruzie besparen.

Mijn eigen eerste drie Levenswaarheden zijn:

1. Het leven is niet eerlijk.
2. De spelregels veranderen.
3. Er zijn geen garanties.

Als ik erin slaag naar deze 'waarheden' of regels te leven, dan zal nog maar heel weinig mij van mijn stuk brengen. Als ik niet naar deze 'waarheden' leef en er dagen zijn waarop ik zeg 'Maar het leven is wel eerlijk', dan loop ik vast en moet ik mezelf met de neus op de feiten drukken. Natuurlijk betekenen deze waarheden niet dat ik alles maar over me heen laat komen, verre van dat, maar het betekent uiteindelijk wel dat als ik onrechtvaardigheid moet accepteren, ik dat dan ook inderdaad kan en zonder kleerscheuren verder kan.

Waar komt de idee dat het leven eerlijk is of eerlijk HOORT te zijn, eigenlijk vandaan? Het stamt hoogstwaarschijnlijk uit je kindertijd, omdat je toen werd gehersenspoeld! Als kind werden je sprookjes voorgelezen, of je keek ernaar op tv. De prins trouwde altijd met de prinses en de gemene heks stierf en iedereen leefde nog lang en gelukkig (behalve de heks natuurlijk, maar die kreeg haar verdiende loon). Met andere woorden: het goede overwint uiteindelijk altijd. Maar dat waren sprookjes en je bent zo gehersenspoeld dat je gelooft dat het ook echt zo gaat. Dat is niet zo. We zouden onze kinderen in feite een dienst bewijzen als we het eind van sprookjes zouden veranderen en de heks de prinses zouden laten doden, waarna zij met de prins trouwt. En dan, na een aantal afschuwelijke jaren, gaan ze scheiden en rouwt de prins de rest van zijn leven, terwijl de heks het zelfgenoegzaam grijnzend aanziet. Dat is meer uit het leven gegrepen. Maar wees gewaarschuwd: als je dit vertelt aan kinderen die er al heel erg van overtuigd zijn dat het goede altijd overwint, zouden ze je kunnen aanvliegen. Houd dus enige afstand!

In werkelijkheid loopt niet altijd alles zoals je wilt. Ik denk dat het de moeite waard is om te proberen het goede te laten overwinnen en eerlijk te zijn, maar het is onverstandig om te geloven dat het ZOU MOETEN gebeuren, en dat er iets goed fout zit als dat niet zo is. Daarom is mijn eigen belangrijkste Levenswaarheid: 'Het leven is niet eerlijk.'

Waarden

In de Computer zitten ongeschreven waarden die jij belangrijk voor jezelf vindt. Net als bij de Levenswaarheden is het nuttig om uit te zoeken wat je waarden exact zijn, omdat ze samen de leidraad vormen waar de Mens en de Chimp naar handelen. De waarden dienen als een constante herinnering aan waar je hart en ziel liggen en ze kunnen in tijden van stress zowel de Mens als de Chimp tot bedaren brengen. Waarden zijn oordelen die jij je hebt gevormd en die een weerspiegeling zijn van de morele en ethische principes die jij huldigt. Zo kun je bijvoorbeeld de waarde koesteren dat 'liegen verkeerd is'. Dit is geen Levenswaarheid, want je kunt het niet bewijzen, maar het is een waardeoordeel. Waarden die veel mensen koesteren, zijn:

- Ontrouw zijn is verkeerd.
- Familie is belangrijker dan werk.
- Onbaatzuchtigheid is een deugd.

Het verschil tussen 'Levenswaarheden' en 'Waarden' is dus dat 'Levenswaarheden' op feiten berusten, terwijl 'Waarden' persoonlijke waardeoordelen zijn.

De Levenskracht

Om de Levenskracht op je Steen des Levens te ontdekken, kun je je inbeelden dat je honderd bent en op je sterfbed ligt, met nog één minuut te leven. Je achterachterkleinkind vraagt: 'Kunt u me, voordat u sterft, vertellen wat ik met mijn leven moet?'

Denk even na en probeer de vraag dan eerlijk en binnen een minuut te beantwoorden. Je hebt slechts die ene minuut. Als de tijd voorbij is en je hebt bepaald wat je tegen het kind zou zeggen, ga dan verder met lezen.

Het beantwoorden van deze vraag zal duidelijk maken wat voor jou belangrijk is, wat de essentie is van de Zon binnen jouw Universum. Het is waar het leven om draait volgens jou. Het is je 'Levenskracht'.
Velen zullen antwoorden met uitspraken als 'het maakt niet uit wat je doet', 'zorg dat je gelukkig bent', 'maak je geen zorgen' en 'maak er het beste van'.
Welk advies je ook aan je achterachterkleinkind gaf, het is in wezen het advies aan jezelf. Als je niet naar dat advies leeft, dat toch de essentie is van je bestaan, dan leid je een huichelachtig bestaan. Leid geen huichelachtig bestaan, daar word je onzekerder van dan van wat ook.

Samenvatting van de Steen des Levens

- De Levenswaarheden zijn uitspraken waarvan jij denkt dat ze waar zijn wat betreft de manier waarop de wereld in elkaar zit.
- De Waarden zijn principes en idealen waar jij in gelooft.
- De Levenskracht is waar jij denkt dat het in het leven om draait en hoe het geleefd moet worden.

De Mindset

Het laatste aspect van de Computer als naslagwerk is de Mindset. Om te begrijpen wat een Mindset is, kun je jezelf drie specifieke vragen stellen.

- Hoe zie je jezelf?
- Hoe zie je anderen?
- Hoe zie je de wereld?

De manier waarop we het leven benaderen, wordt voor een groot deel beïnvloed door de manier waarop we onszelf, anderen en de wereld waarin we leven zien. Deze drie aspecten vertegenwoordigen onze Mindset. Een Mindset is dus de basis van waaruit we werken als we met onszelf, anderen en de wereld te maken hebben.

Mindset is gebaseerd op de perceptie van jezelf, anderen en de wereld

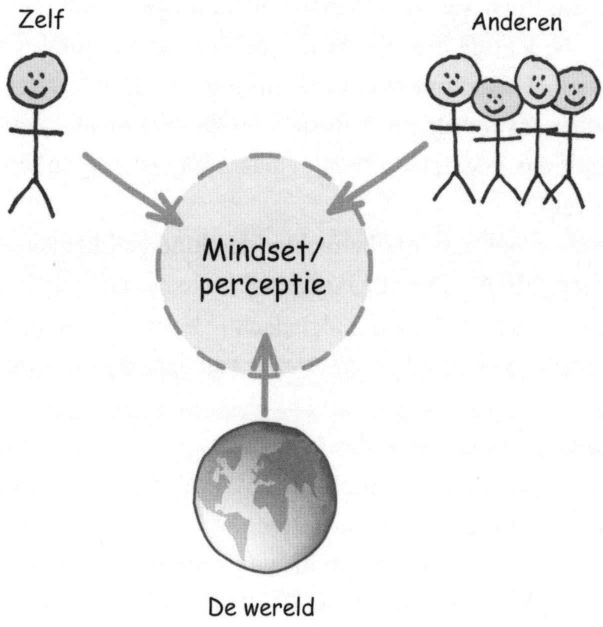

Deze overtuigingen neigen ernaar in clusters te verschijnen, van Automatische Piloten en Boemannen, die zich groeperen om tot een karakteristiek geheel te komen. Het is belangrijk hier te vermelden dat dat niet je persoonlijkheid is, hoewel die er wel door beïnvloed zal worden. Het is een soort netwerk in de Computer dat gebaseerd is op overtuigingen die veranderen.

Stel bijvoorbeeld dat je jezelf als een heel intelligent, door iedereen geliefd persoon ziet en dat je de wereld ziet als een plek vol lol en mogelijkheden. Met die Mindset is er een grote kans dat je elke ochtend met een goed gevoel opstaat en uitkijkt naar nieuwe ervaringen. Het betekent ook dat als je iemand ontmoet die jou niet aardig vindt, jij waarschijnlijk zult denken dat diegene een probleem heeft en dat als dat is opgelost, hij jou weer aardig zal vinden. Deze specifieke Mindset zal ongetwijfeld in de meeste gevallen een enorm voordeel zijn en je zult er slechts heel zelden door in de problemen raken. Het is in elk geval heel waarschijnlijk dat jij een gelukkig persoon bent.

Laten we nu de situatie eens omdraaien. Stel dat jij denkt dat je niet intelligent bent en dat je moet proberen dit te verbergen zodat anderen er niet achter komen. Je denkt ook dat anderen beter zijn dan jij en dat ze normaal gesproken zullen proberen jouw tekortkomingen bloot te leggen. Ten slotte ben je er ook van overtuigd dat dit een vijandige wereld is en dat je elke dag weer moet zien te overleven. Je hebt er niet veel fantasie voor nodig om in te zien hoe destructief deze Mindset voor jou zal zijn. Je zult nooit iets nieuws willen proberen, uit angst belachelijk over te komen en door de mand te vallen, wat weer bevestigt dat je een idioot bent. Je zult heel erg op je hoede zijn bij andere mensen en vaak kritiek op hen hebben, omdat je het gevoel hebt dat ze neerbuigend tegen je doen. Waarschijnlijk zul je maar weinig vrienden hebben en je ofwel terugtrekken omdat je je een speelbal voelt van een wereld waarin jij niet thuishoort, ofwel heel agressief worden en altijd het gevoel hebben dat je je moet bewijzen of jezelf tegenover anderen moet verdedigen.

Deze twee Mindsets zijn heel extreem, maar ze vertegenwoordigen twee uiteinden van een spectrum waarbinnen we uiteindelijk allemaal vallen. Het is de moeite waard om stil te staan bij de Mindset die jij hebt, want die heeft invloed op je Chimp, de Mens en wat er in de Computer wordt gestopt doordat hij je perceptie van wat er in het dagelijkse leven gebeurt vervormt.

Laten we ter verduidelijking nog een ander extreem voorbeeld bekijken. Stel dat jij gelooft dat je Miss World of Mr Universe bent en een nachtclub binnengaat. Je loopt dan waarschijnlijk met een positief gevoel en vol zelfvertrouwen naar binnen, met opgeheven hoofd en op zoek naar contact met anderen. Stel nu dat je denkt dat je op de klokkenluider van de Notre Dame lijkt. Dan heb je waarschijnlijk niet veel zelfvertrouwen en krimp je ineen en probeer je andere mensen te ontlopen. Je Mindset beïnvloedt heel sterk de manier waarop jij handelt en hoe je jezelf aan de wereld toont.

Samenvatting hoofdpunten

- De Computer heeft twee hoofdfuncties: automatische programma's draaien en dienen als referentiebron voor de Mens en de Chimp.
- De Computer zal zo'n twintig keer sneller handelen dan de Mens, en vier keer sneller dan de Chimp.
- Automatische Piloten zijn constructieve en nuttige automatische gedragingen en overtuigingen.
- Boemannen zijn destructieve en niet-bruikbare automatische gedragingen en overtuigingen die je kunt verwijderen.
- Kwelgeesten zijn destructieve en niet-bruikbare gedragingen en overtuigingen die stevig verankerd zitten.
- De Steen des Levens bevat jouw Levenswaarheden, Waarden en Levenskracht.
- De Mindset die jij eropna houdt, is gebaseerd op jouw perceptie van hoe de dingen zijn en beïnvloedt daarom de manier waarop jij het leven benadert.

Aanbevolen oefening
Je Computer en Steen des Levens nog eens onder de loep nemen

In je Computer naar Boemannen zoeken

Aangezien de Computer een stabiliserende invloed heeft op zowel de Mens als de Chimp, is het belangrijk regelmatig kritisch te kijken naar wat erin zit. Ga op zoek naar de Boeman-tweeling van de onrealistische verwachting en de onbruikbare verwachting in je dagelijkse leven. Je zult verbaasd zijn te ontdekken hoe vaak ze de basis zijn van veel emotioneel onplezierige gevoelens. Als je door iets van streek bent geraakt, laat dat dan een stimulans zijn om te controleren of jouw verwachtingen realistisch en bruikbaar zijn met betrekking tot de situatie of andere betrokkenen. Je Chimp zal naar alle waarschijnlijkheid hoge verwachtingen van anderen hebben. Onderken dit en vervang ze door Menselijke verwachtingen. Verwachten dat vrienden het altijd met je eens zijn, is Chimp. Mens daarentegen is dat je van vrienden verwacht dat ze een eigen mening hebben en hoopt dat die overeenkomt met die van jou.

De Steen des Levens zichtbaar maken

Kijk naar je Steen des Levens en neem er de tijd voor om heel duidelijk vast te stellen wat erop geschreven staat. Zorg dat je specifieke Levenswaarheden en Waarden hebt om mee te werken. Noteer jouw Levenskracht-motto. Als je dat gedaan hebt, teken dan de Steen des Levens op een groot vel papier en hang dat ergens goed zichtbaar op om je eraan te herinneren wat de overtuigingen zijn waarnaar jij wilt leven.

Hoofdstuk 5
De Gidsende Maan
(DEEL 2)
Je Computer managen

Je Computer managen is voornamelijk een kwestie van constructieve gedachten en gedragingen formuleren. We zullen het managen van de Computer behandelen aan de hand van de volgende vier thema's:

- Boemannen opsporen en vervangen door Automatische Piloten.
- Zorgen dat er geen nieuwe Boemannen in de Computer terechtkomen.
- De Steen des Levens perfectioneren.
- Je Mindset vaststellen en ernaar leven.

Boemannen opsporen en vervangen door Automatische Piloten

Automatisch functioneren is afhankelijk van opgeslagen overtuigingen en gedragingen. Wil je dat jij en je Chimp kunnen gaan uitrusten en dat de Computer het overneemt, dan zul je hem op de juiste manier moeten programmeren. Als hij niet soepel draait of niet weet wat hij moet doen, zullen jij en je Chimp alert blijven en je ermee bemoeien.

Nuttige, constructieve gedragingen en overtuigingen zijn de Automatische Piloten. Nutteloze, destructieve gedragingen of overtuigingen zijn de Boemannen. Dus je zult eerst de Boemannen in je Computer moeten opsporen en ze daarna moeten verwijderen door ze te vervangen door Automatische Piloten. Bedenk dat dit heel belangrijk is omdat steeds als de Mens of de Chimp informatie ontvangt, hij eerst in de Computer op zoek gaat naar of er iets is wat hij zou moeten weten of zich zou moeten herinneren voordat hij tot actie overgaat. Als hij constructieve en nuttige tips krijgt van een Automatische Piloot, zal hij tot rust komen en correct handelen; als hij informatie krijgt van een destructieve Boeman, zal hij daar waarschijnlijk naar handelen. Er is dan grote kans dat de Boeman de Chimp in een onwelkome emotionele toestand brengt en hem mogelijk ook aanzet tot gedrag waar hij spijt van krijgt.

De Chimp en de Mens kijken altijd eerst in de Computer voordat ze in actie komen

Boemannen zitten vaak verborgen, dus je moet ernaar op zoek. Als je bijvoorbeeld een heimelijke overtuiging hebt dat je minder bent dan andere mensen, zal dat voor jezelf misschien niet direct duidelijk zijn, dus moet je ernaar op zoek. Stel dat je in de rij staat voor een kop koffie en iemand dringt voor. Jij, de Mens, wil misschien beleefd zeggen: 'Sorry, maar u moet achteraan aansluiten.' Je Chimp wil misschien wel hetzelfde zeggen, maar dan op een veel agressievere manier! Voordat een van jullie twee echter de kans krijgt iets te zeggen, raadplegen jij

en de Chimp de Computer. Daar tref je de Boeman die zegt: 'Jij bent minder dan andere mensen.' Dit is de referentie waarnaar de Mens en de Chimp zullen handelen. De Boeman voorkomt dus dat je je uitspreekt, omdat je vindt dat je daar het recht niet toe hebt of omdat je bang bent voor de reactie van de ander.
Deze Boeman is heel destructief en dwarsboomt jouw vermogen om je als volwassene te gedragen. Stel dat je een Boeman hebt die zegt: 'Jij bent beter dan wie dan ook.' Deze Boeman zal je waarschijnlijk een hoop zelfvertrouwen geven, maar je loopt wel kans om over te komen als arrogant en dominant, waardoor hij op de lange duur even onbruikbaar is als de eerste Boeman.

Boemannen moeten worden vervangen door Automatische Piloten

Als je deze Boemannen kunt herkennen, kun je ze ook verwijderen. Om een Boeman te vervangen, moet je een Automatische Piloot introduceren. Heb je, met andere woorden, een overtuiging die je niet helpt, dan moet je die vervangen door een overtuiging die wel bruikbaar is. In dit geval zal die bruikbare overtuiging waarschijnlijk iets zijn als 'alle mensen zijn gelijk en we verdienen allemaal respect'. Had in bovenstaand voorbeeld deze Automatische Piloot in je hoofd gezeten, dan hadden de Mens en de Chimp bij raadpleging van de Computer een Automatische Piloot gezien die zegt 'We verdienen allemaal respect' en had de Chimp of de Mens zich kunnen uitspreken. (Hopelijk had de Mens de Chimp dan het zwijgen opgelegd en gezegd: 'Laat mij dit maar beleefd afhandelen.')

Je Boemannen vinden

Als er een Boeman aan het werk is, zal hij je opzadelen met een negatieve ervaring in de vorm van ofwel een onwelkome emotie ofwel een negatieve uitkomst. Dit betekent vaak dat de Boeman je ervan weerhoudt iets te doen wat je wilt of je iets laat doen wat je niet wilt. Alleen jij kunt bepalen of een overtuiging die jij hebt nuttig is of niet, afhankelijk van wat je gelukkig maakt en hoe jij je leven wilt leiden.

Denk bij het zoeken naar je Boemannen aan een moment dat je een emotie had die je niet wilde hebben. Dat is meestal een negatieve emotie: mensen klagen er zelden over dat ze te gelukkig of blij waren! Een dergelijke emotie kan zijn: woede, frustratie, ergernis of teleurstelling. Probeer je vervolgens de situatie nog eens voor de geest te halen. Wat gebeurde er? Wat deed jij? Wat deden anderen? Wat dacht je? Focus je op wat je dacht en stel jezelf de vraag of dat een nuttige gedachte was of niet. Was het ook een waarheidsgetrouwe gedachte? Als ze je opzadelt met een negatieve emotie, is het waarschijnlijk een nutteloze Boeman en kan ze worden gewist. Boemannen en de Chimp zijn soms moeilijk van elkaar te onderscheiden als ze allebei hetzelfde zeggen. Dat is niet zo vreemd, want de Chimp heeft de Boeman immers ook in de Computer gestopt! De Chimp denkt in het hier en nu. De Boeman herinnert zich slechts wat de Chimp eerder in de vorm van een overtuiging heeft gezegd. Stel bijvoorbeeld dat iemand je vraagt om hem of haar te helpen met een klus. Je Chimp kan ter plekke reageren met een negatief gevoel of een Boeman kan zich herinneren dat elke keer dat jou gevraagd werd een klus te klaren, dat hard werken betekende, en de Boeman geeft je vanwege deze negatieve overtuiging daarom automatisch een negatief gevoel.

Je Boemannen verwijderen

Laten we aan de hand van een veelvoorkomende situatie eens kijken hoe je een Boeman verwijdert en verandert in een Automatische Piloot. Jouw klacht is bijvoorbeeld dat je gewoon geen 'nee' kunt zeggen en dat frustreert je uiteindelijk omdat je te veel hooi op je vork neemt, of het maakt je kwaad omdat je het steeds drukker krijgt. De Boeman zal in dit geval te pas en te onpas 'ja' zeggen zodra je gevraagd wordt iets te doen. Achter deze Boeman zitten weer andere Boemannen, oftewel destructieve overtuigingen, en die moeten we zien op te sporen.

Om de Boemannen te vinden die ervoor zorgen dat jij 'ja' zegt, moet je elke keer dat jou wordt gevraagd om iets te doen, jezelf proberen twee vragen te stellen:

- Wat denk jij dat 'nee' zeggen tegen iemand over jou zegt?
- Wat zijn de gevolgen als jij 'nee' zegt tegen iemand?

Als jouw antwoorden iets zijn in de trant van: 'Als ik "nee" zeg, dan betekent dat dat ik egoïstisch ben met als gevolg dat ik als lui word gezien', dan zorgen deze twee Boemannen ervoor dat de Mens in jou slechte beslissingen neemt.
Probeer deze Boemannen te vervangen door een paar waarheden. Bijvoorbeeld:

- 'Nee' zeggen is de adequate reactie van een volwassene die zijn of haar grenzen kent.
- 'Nee' zeggen is bij een evenwichtig persoon een machtig instrument.
- Mensen die realistisch zijn, zullen accepteren dat jij iets weigert en hebben er begrip voor dat jij 'nee' zegt.
- Mensen respecteren mensen die 'nee' kunnen zeggen.

Een nuttige stap voorwaarts bij het niet op alles 'ja' zeggen, is om de cyclus al vroeg te doorbreken. Als jou dus wordt gevraagd om iets te doen, geef dan je Mens een kans om na te denken door eerst met een automatisch antwoord te komen zoals bijvoorbeeld 'Ik moet even nadenken of ik dit kan inpassen' of 'Ik moet kijken of het voor mij reëel is om dit te doen'. Als je eenmaal gewend bent aan een dergelijke reactie – even pas op de plaats maken en mensen laten weten dat je tijd nodig hebt – zullen ze dit respecteren en krijg jij de kans om verstandige beslissingen te nemen.
Het kan enige tijd en een aantal pogingen kosten om Boemannen te verwijderen, maar als je doorzet, zullen ze verdwijnen. Belangrijk hierbij is het aantal 'waarheden', of Automatische Piloten, die je tot je beschikking hebt. Om het te laten slagen, moet je deze waarheden zien te vinden en ze vervolgens continu bekrachtigen, totdat ze stevig verankerd zitten in de Computer en tot je tweede natuur zijn geworden.
Terug naar bovenstaand voorbeeld: de meeste mensen zullen het begrij-

pen en accepteren als jij zegt dat je hen niet kunt helpen. Voortdurend 'ja' zeggen en er vervolgens door van streek raken helpt je niet verder. Het feit dat jij inziet dat je problemen hebt met 'nee' zeggen, betekent dat het tijd is voor een verandering.

Jij moet bepalen wat jouw 'waarheid' is

Laten we eens kijken naar een moeder die zich herhaaldelijk kwaad maakt omdat haar tienerdochter haar kamer niet opruimt, maar die deze emotie niet wil hebben. Deze woede en de troep beïnvloeden hun relatie. De moeder zou zichzelf kunnen afvragen: wat zijn de overtuigingen die ik koester die veroorzaken dat ik kwaad word?
Deze overtuigingen kunnen zijn:

- Mijn dochter is lui als ze haar kamer niet opruimt.
- Er komen bacteriën in de kamer als er rommel ligt en bacteriën zijn slecht.
- Het is mijn huis en dit zijn de regels.

Ze zou deze overtuigingen dan eens onder de loep kunnen nemen om te kijken of ze ook echt waar zijn. Zelfs als ze zelf nog steeds denkt dat ze waar zijn, kan ze zichzelf afvragen:

- Wat is belangrijker: ruzie over haar kamer of een goede relatie met mijn dochter?
- Is er een andere manier om dit probleem aan te pakken?

De moeder kan moeilijk verwachten dat haar kwaadheid géén reactie oproept bij haar dochter, en dat zal misschien niet de reactie zijn die ze wil krijgen. De moeder kan de bovenstaande overtuigingen veranderen en ze vervangen door meer bruikbare, zoals:

- Een niet-opgeruimde kamer hebben is niet hetzelfde als lui zijn; ze is gewoon slordig, en bovendien een puber.

- Mijn dochter moet leren om volwassen te worden en dat leert ze het beste door dingen zelf te ontdekken.
- Als ik uitleg dat een niet-opgeruimde kamer me ergert, ruimt ze hem misschien voor mij op.
- Het mag dan mijn huis zijn, maar het is mijn dochters kamer.

Natuurlijk kan de moeder er nog steeds voor kiezen om kwaad te worden en haar wil op te leggen en dat zou ook best goed kunnen uitpakken. Maar als de relatie met haar dochter verslechtert omdat ze de regels boven de relatie stelt, moet ze daarna niet zeuren.

Dit voorbeeld laat zien dat we voor onszelf moeten bepalen wat we willen en hoe we ons willen gedragen en wat we willen geloven.

Dat is een keuze en elke keuze heeft gevolgen. Alleen jij kunt besluiten hoe je wilt handelen in jouw wereld. Als je wilt dat er iets verandert, moet je anders tegen de zaken aan kijken. Als je niet bereid bent je overtuigingen kritisch te bekijken, zal de Boeman aanwezig blijven en moet je de gevolgen accepteren.

Bedenk dat als je de overtuiging hebt opgespoord die achter je negatieve emoties zit, je die door iets moet vervangen. Je probeert een nieuwe automatische gedachte — een Automatische Piloot, een pad — in het brein te creëren. Je moet de Boeman vervangen door een positieve Automatische Piloot-uitspraak en je moet daar regelmatig aan denken en mee oefenen totdat het een automatische reactie wordt.

Moeders hebben ook hun eigen leven

Een veelvoorkomende Boeman, ingevoerd door sommige vrouwelijke Chimps, komt voort uit het moederinstinct. Dit is de overtuiging dat haar enige rol is om voor haar kinderen en gezin te zorgen. De Chimp kan de Computer zo hebben geprogrammeerd dat er een Boeman is die zegt: 'Je gezin komt altijd op de eerste plaats, anders ben je een slechte moeder.' Het gevolg is dat de moeder alleen maar achter haar gezin aan rent en geen tijd voor zichzelf heeft. Alles wat ze voor zichzelf doet, geeft haar een schuldgevoel. Dit is geen bruikbare of gezonde overtuiging, die bovendien de volgende vraag oproept: welk rolmodel biedt ze hiermee haar dochter aan als die zelf moeder wordt?

Je Boemannen vervangen

Stel dat je op weg bent naar je werk en de stad in rijdt. Je bent ruim op tijd vertrokken en alles gaat voorspoedig. Plotseling stuit je op een man die zijn auto vanaf de oprit achteruit de weg op heeft gereden. De motor is afgeslagen en de auto blokkeert de straat. Je staat nu in een file en er zit geen enkele beweging in. De tijd verstrijkt en de man krijgt zijn auto, om wat voor reden dan ook, niet aan de praat. Het tegemoetkomende verkeer laat je er ook niet tussen, dus je zit vast. Er zijn tien minuten verstreken en je beseft dat je nu te laat zult komen op je werk. Je weet ook dat jouw baas het niet zo heeft op mensen die te laat komen. Hoe zou jij reageren?

Een normale reactie zou iets zijn als dit:

Eerst begint de Chimp een beetje te piepen. 'Waar is die idioot mee bezig?', 'Waarom rijdt hij niet door?', 'Hij begrijpt toch ook wel dat we nu allemaal te laat komen?', 'O fantastisch, net wat ik nodig heb' enzovoort. De Mens probeert de Chimp te kalmeren met gedachten als: hij kan het ook niet helpen; hij doet dit niet met opzet; zo meteen rijden we weer.

Terwijl de tijd verstrijkt, windt de Chimp zich steeds meer op en verliest de Mens de controle. Ze raadplegen nu allebei de Computer om te kijken wat de overtuigingen zijn. Zijn het Boemannen of Automatische Piloten?

De Boemannen zijn overtuigingen als:

- Ik verwacht naar mijn werk te gaan zonder obstakels.
- Ik vertrek op tijd en daarom is dit onacceptabel.
- In mijn wereld hoort niets verkeerd te gaan.
- Als iets in mijn wereld fout loopt dankzij iemand anders, dan moet ik wel kwaad worden.

- Ik hoor controle te hebben over de reis naar mijn werk.
- Als er iets gebeurt waar iemand geen controle over heeft dan is het toch de schuld van diegene.

Dit zijn stuk voor stuk best belachelijke overtuigingen, als je er goed over nadenkt. Maar als ze in je hoofd verscholen zitten, is het geen wonder dat de Chimp steeds kwader wordt als hij spreekt met deze Boemannen die hem absurde dingen vertellen.
Laten we deze overtuigingen omzetten in een aantal waarheidsgetrouwe Automatische Piloten en daarmee deze Boemannen verwijderen. De aangepaste overtuigingen zijn:

- Ik hoop dat ik zonder oponthoud op mijn werk kom, maar je weet het nooit.
- Ik vertrek vroeg, maar dat betekent niet dat ik er op tijd ben.
- Ik kan nu eenmaal niet verwachten dat in mijn wereld altijd alles goed gaat.
- Als iemand iets doet in mijn wereld dat lastig is voor mij, hoef ik niet boos te worden, maar kan ik er op een kalme manier mee omgaan.
- Ik heb geen controle over de reis naar mijn werk.
- Als er iets gebeurt waar ik geen controle over heb, heb ik daar geen schuld aan.
- Als mijn baas kwaad wordt omdat ik te laat ben, kan ik dat aan.

Als deze Automatische Piloten in de Computer zouden zitten, zou de Chimp als hij kwaad werd of zich ergerde en in de Computer keek, begrijpen dat dit een inadequate reactie is en kalmeren. Deze nieuwe overtuigingen moeten echter door oefening bekrachtigd worden, zodat de nieuwe paden in de Computer de eerdere, onbruikbare paden opheffen en verwijderen.

Een gigantische Boeman genaamd 'moet'

Een veelvoorkomende en destructieve Boeman is de Boeman die in het leven wordt geroepen door het woord 'moet'. Boemannen zijn vaak uitspraken die rigide termen bevatten als 'moeten' (en 'horen'). Denk goed na over het gebruik van deze woorden, want ze zijn vaak onbruikbaar en kunnen schadelijk zijn.

'Anderen ***moeten*** aardig tegen me zijn als ik aardig tegen hen ben.'

Als deze overtuiging aanwezig is in de Computer en de Chimp raadpleegt de Computer als iemand niet aardig tegen je is, dan zal hij je naar alle waarschijnlijkheid een kwaad, gefrustreerd of gekwetst gevoel geven. De realiteit is dat mensen niet per se dezelfde waarden hebben als jij of leven volgens jouw overtuigingen. Als je dit als feit accepteert, wil je je Boeman misschien vervangen door een Automatische Piloot. Door het woord 'moet' te vervangen door 'kan', krijg je een waarheid waar je makkelijker mee zult kunnen leven. De Automatische Piloot wordt dan: 'Als ik aardig ben tegen anderen, kunnen ze ook aardig zijn tegen mij.' En als dat niet gebeurt, ben je niet langer teleurgesteld of verrast.

Hier volgen wat voorbeelden om over na te denken. Kijk naar het verschil in gevoelens die de twee uitspraken teweegbrengen door het ene woordje te vervangen door het andere.

MOET	KAN
Ik moet altijd gezond eten.	Ik kan altijd gezond eten.
Ik moet efficiënter zijn.	Ik kan efficiënter zijn.
Ik moet mijn Chimp beter managen.	Ik kan mijn Chimp beter managen.

Het verschil tussen de twee uitspraken is dat het woord 'moet' vaak iets van een oordeel, een bevel, een schuldgevoel of een gevoel van mislukking in zich heeft, terwijl het woord 'kan' gewoonlijk mogelijkheden, hoop, opties, keuzes, bekrachtiging en potentiële verandering impliceert.

Het is redelijk om bepaalde verwachtingen te hebben over wat er **zou kunnen** gebeuren, maar het is misschien minder redelijk om te eisen dat het ook **moet** gebeuren. Er zijn natuurlijk best gevallen waarin de woorden 'moeten' en 'horen' op hun plek zijn, dus ik suggereer hier niet dat ze maar uit het woordenboek geschrapt moeten worden!

Dansen met de Boemannen

Als een aantal Boemannen samenkomt, kan het moeilijk zijn om ze van elkaar te scheiden. Elke Boeman lijkt de volgende te versterken. En terwijl je van de ene valse of onbruikbare overtuiging naar een volgende springt, dans je ten slotte mee met de Boemannen.

Stel bijvoorbeeld dat je op het punt staat familieleden van je partner te ontmoeten. Je Computer bevat een paar Boemannen die nu wakker worden en tegen je beginnen te praten. Dit zal de Chimp onrustig maken. Het kan om de volgende Boemannen gaan:

- Ik moet een goede indruk maken.
- Ik word zo dadelijk beoordeeld.
- We hebben waarschijnlijk weinig gemeen.
- Als ik mezelf belachelijk maak, denken ze vast dat ik dom ben.

Dit kunnen allemaal ware, zij het onbruikbare overtuigingen zijn die samen een rondedans maken.

De manier om elke Boeman te herkennen en te begrijpen hoe ze met elkaar samenwerken, is door ze op te schrijven zodra je ze tegenkomt. Ze op papier zetten betekent dat je eraan kunt gaan werken om elk ervan afzonderlijk te verwijderen. Proberen ze allemaal tegelijk aan te pakken zal hoogstwaarschijnlijk niet werken, aangezien ze elk hun eigen, op waarheid en logica gebaseerde antwoord moeten krijgen wil je ze kunnen verwijderen en vervangen door een Automatische Piloot (de aannemelijke waarheid).

Aan de slag dus!

De antwoorden die je geeft, moeten op jouzelf als waar overkomen, anders zullen ze de Boemannen niet verwijderen. Je moet bij elke Boeman dus goed nadenken over een antwoord dat krachtig genoeg is en dat gebaseerd is op de waarheid waar jij in gelooft. Als je je antwoorden hebt gevonden, moet je ze opschrijven en jezelf eraan blijven herinneren tot ze in jouw manier van denken zijn ingebakken. Wat je ook doet, probeer niet jezelf te hersenspoelen of jezelf iets aan te praten waar je niet echt in gelooft, want dan zal het niet lukken om de Boemannen te stoppen.

Het kan weken, zo niet maanden duren om een Automatische Piloot te bekrachtigen en een Boeman te verwijderen. Boemannen hebben de akelige gewoonte om opnieuw op te duiken, dus blijf op je hoede. Wees waakzaam en probeer ze elke keer dat je ze herkent aan te pakken.

BOEMAN

Ik moet een goede indruk maken.
Ik word zo dadelijk beoordeeld.
We hebben waarschijnlijk weinig gemeen.
Als ik mezelf belachelijk maak, denken ze vast dat ik dom ben.

VERVANGEN DOOR AUTOMATISCHE PILOOT

Ik kan niet meer dan mezelf zijn en wat zij daarvan vinden, dat moeten zij weten.

Ze zullen me hoe dan ook ontmoeten en ik heb geen controle over hun eventuele oordeel, dus kan ik maar beter gewoon mezelf zijn.
Het maakt niet uit of we iets gemeen hebben, ik kan altijd met ze praten en naar ze luisteren.
Als ik mezelf belachelijk maak, dan doe ik dat niet met opzet. Ik kan alleen maar mijn best doen en wat zij daarvan vinden, is hun zaak.

Voorkomen dat er nieuwe Boemannen in de Computer terechtkomen

Automatische Piloten of Boemannen komen in de Computer via ervaring, en daaronder vallen ook discussies en alle kennis die je opdoet. Dus als je een bepaalde ervaring in je leven hebt, zul je die interpreteren. Als je haar als negatief en onbruikbaar interpreteert, zullen er Boemannen in je Computer verschijnen als toekomstige referentie. Als je het voorval of de ervaring als positief of constructief interpreteert, worden er Automatische Piloten in de Computer gestopt. **Het is daarom belangrijk om nog eens zorgvuldig na te denken over de ervaring die je hebt gehad en die juist te interpreteren voordat je haar in de Computer stopt.**

Als je bijvoorbeeld naar je werk gaat en iemand is kortaf en nogal koel tegen je, dan zal de Chimp dat heel makkelijk emotioneel interpreteren en tot overhaaste conclusies komen als: 'Deze persoon mag me niet', 'Er is iets mis met hem of haar', 'Er is iets mis met mij' en 'Ik wist al dat ik bij niemand populair was'. Er zijn oneindig veel mogelijkheden wat betreft de interpretatie.

De Mens, rationeel als hij is, zal waarschijnlijk anders denken, meer in de trant van: 'Ik begrijp niet goed waarom deze persoon zo koeltjes doet, ik moet dat uitzoeken', of: 'Het maakt me eigenlijk niet uit, zolang ikzelf maar aardig blijf', of: 'Misschien is er iets aan de hand en voelt hij zich niet goed of maakt hij zich ergens zorgen over', of: 'Misschien heb ik hem van streek gemaakt en moet ik me verontschuldigen'. De lijst is opnieuw eindeloos.

Waar het hier om gaat, is dat als we naar de Chimp luisteren, er onvermijdelijk nieuwe Boemannen in de Computer zullen worden gestopt en dat al bestaande zullen worden versterkt. Gaan we echter met de Mens mee en leggen we de Chimp het zwijgen op, dan proberen we eerst de waarheid te achterhalen, om vervolgens Automatische Piloten in de Computer toe te laten. De sleutel ligt hier in naar de Mens luisteren en niet naar de Chimp, en eerst de feiten op een rijtje te zetten. Daardoor worden er Automatische Piloten in de Computer ingevoerd voor toekomstige referentie.

Nog even voortbordurend op bovenstaand voorbeeld: als je met de betreffende persoon praat, kan blijken dat die migraine had en dat hij zich verontschuldigt voor het feit dat hij koel overkwam. Je kunt nu een gezonde Automatische Piloot in je Computer invoeren die zegt: als iemand koeltjes overkomt, kijk dan eerst naar de feiten voordat je overhaaste conclusies trekt.

Maar stel dat het andere uiterste gebeurt, namelijk dat diegene zich tegen je keert en zegt dat hij je niet mag en expres onbeschoft tegen je doet? Dan kun je in elk geval een nieuwe Automatische Piloot in de Computer stoppen die zegt: niet iedereen zal me aardig vinden en daar moet ik mee leven en soms valt er geen eer te behalen, wat ik ook doe.

Waar het in beide gevallen om draait is dat je de interpretaties en manier van denken van de Chimp en van de Mens herkent.

> ***Hoofdpunt***
> *Mensen hebben het niet altijd bij het rechte eind en Chimps zien het niet altijd verkeerd.*

Bruikbare en onbruikbare informatie wordt zowel door de Chimp als door de Mens in de Computer gestopt. De Mens stopt er over het algemeen Automatische Piloten in en de Chimp Boemannen, maar er zijn uitzonderingen. Als de Mens informatie krijgt die hij niet begrijpt of niet kan begrijpen, kan hij deze informatie door logisch nadenken onjuist analyseren en zo onbedoeld een Boeman in de Computer stoppen. Stel bijvoorbeeld dat je bij je huisarts langsgaat, die geïrriteerd raakt en je vertelt dat je zijn tijd verdoet. Later in het jaar bezoek je een andere huisarts, die ook geïrriteerd raakt en je eveneens vertelt dat je zijn tijd verdoet. De Menselijke logica interpreteert dit als volgt: ik verdoe de tijd van mijn huisartsen, want als twee dat zeggen, zal het wel waar zijn. Het kan echter ook zo zijn dat je toevallig twee niet erg behulpzame artsen hebt getroffen en je hun tijd helemaal niet verdeed. De Mens heeft echter logica gebruikt om verkeerd te interpreteren wat er is gebeurd en heeft zo een Boeman in de Computer gestopt, namelijk dat als ik naar de dokter ga, ik zijn tijd verdoe.
Andersom kan het emotionele denken van de Chimp ook correct zijn en een Automatische Piloot invoeren. Stel bijvoorbeeld dat je iemand ontmoet die je Chimp via lichaamstaal inschat als onbetrouwbaar. Je Chimp kan daar best eens gelijk in hebben en voert in de Computer in: 'Deze persoon is niet betrouwbaar, wees voorzichtig.' Als de interpretatie van de Chimp inderdaad klopt, is dit in feite een Automatische Piloot en doe je er verstandig aan ernaar te luisteren.

De Steen des Levens perfectioneren

Het doel van je Universum op orde krijgen, is uiteindelijk dat je de Zon, die het centrum van jouw Universum vormt, het middelpunt van alles laat zijn. Deze Zon is waar volgens jou het leven om draait en heeft te maken met zelfontplooiing. Veel mensen zijn gelovig en hun geloof staat centraal in hun leven en de meeste, zo niet al hun waarden zijn daarop gebaseerd. Toch is het ook als jij zulke sterke religieuze overtuigingen hebt de moeite waard om voor jezelf duidelijk te maken wat exact je overtuigingen zijn en je er vervolgens van te vergewissen of je het daarmee ook eens bent en ernaar leeft.

Heb je geen sterke religieuze overtuigingen, dan moet je bepalen wat jij vindt dat het ultieme doel is waar jij in je leven naar streeft, want dat bepaalt je Levenskracht. Veel mensen zullen er, ongeacht hun geloof, mee instemmen dat het leven draait om zelfontplooiing en gelukkig zijn. Alleen jij kunt bepalen wat belangrijk is voor jou.

> ***Hoofdpunt***
> *De Steen des Levens is de sleutel tot het stabiliseren van je hele Universum.*

Je Mindset bepalen en ernaar leven

Het is de moeite waard om je Mindset door een paar experimentjes nader onder de loep te nemen. Toen we met een groep geneeskundestudenten bezig waren in een ziekenhuissetting, besloten we een experiment uit te voeren. Aan een aantal studenten werd gevraagd zich in te beelden dat ze de Medisch Directeur van het ziekenhuis waren. Vervolgens werd gekeken hoe ze zich gedroegen. De meesten liepen in het midden van de gang en begroetten personeel en patiënten met een beleefd 'Goedemorgen' en leken de interactie te initiëren.
Vervolgens vroegen we hun om opnieuw door de gang te lopen, maar deze keer alsof ze een schoonmaker waren die een tijdelijk contract had en waarschijnlijk binnenkort zijn of haar baan zou verliezen. De studenten wisten niet dat hun gedrag in de gang werd geobserveerd. Toen ze te zien kregen hoe hun gedrag op basis van hun perceptie van zichzelf veranderd was, waren ze verbaasd.
Een goede manier om te zien hoe je echt overkomt, is kijken naar het effect dat je op anderen hebt. Vinden anderen je prettig gezelschap? Worden anderen enthousiast van een ontmoeting met jou? Bekijk welke gedachten over jezelf constructief zijn en welke destructief. Zorg er wel voor dat je realistische verwachtingen van jezelf hebt.
Bedenk: de waarden die je koestert zijn over het algemeen veel belangrijker dan hoe je eruitziet of wat je presteert.

> ***Hoofdpunt***
> *Echte vrienden mogen ons vanwege onze waarden en persoonlijkheid, niet vanwege onze prestaties, positie en bezittingen.*

Als jij vindt dat waarden en opvattingen de belangrijke dingen in je leven zijn, maak die dan duidelijk voor jezelf en werk eraan als je een beeld van jezelf wilt ontwikkelen. Zij zijn namelijk belangrijk voor jou en kenmerken jou. Ik zeg niet dat we niet moeten proberen om dingen te bereiken of geen bezittingen mogen hebben en ons daar niet goed over mogen voelen; wat ik zeg is dat deze aspecten moeten stroken met je waarden en normen. Als jouw waarden zijn gebaseerd op het hebben van bepaalde persoonlijkheidskenmerken en het koesteren van bepaalde opvattingen, zorg er dan voor dat je er tijd voor uittrekt om die te ontwikkelen.

Je kunt altijd controleren hoe je overkomt door het aan een aantal vrienden te vragen, maar wees voorbereid op een paar ongemakkelijke waarheden. Als je opmerkingen krijgt die nogal kritisch lijken, heb je in elk geval een beginpunt om vanuit te werken en deze percepties te veranderen.

De Mindset gaat niet alleen over hoe jij jezelf ziet, maar ook over hoe jij anderen en de wereld ziet. Ik zal dit met twee extreme voorbeelden proberen duidelijk te maken.

Laten we beginnen met het individu dat denkt dat de wereld waarin hij leeft van hem is. Hij zal zelfverzekerd en assertief zijn, want het is zijn wereld. Natuurlijk bezit niemand Planeet Aarde, maar we hebben allemaal wel onze eigen wereld. Wij besluiten in grote mate hoe die wordt bestuurd en wie er naar binnen mag.

Laten we nu kijken naar het individu dat denkt dat hij in de wereld van iemand anders zit en daar niet thuishoort. Het zal dit individu aan assertiviteit ontbreken en hij zal het gevoel hebben dat hij het recht niet heeft om daar te zijn. Dat zal er waarschijnlijk toe leiden dat hij ongelukkig en defensief wordt en de wereld als gevaarlijk en bedreigend ziet. Het kan nog verder gaan, namelijk dat hij het gevoel krijgt dat hij zijn eigen plek moet bevechten omdat anderen tegen hem zijn. Je kunt je nog vele andere overtuigingen voorstellen die kunnen voortvloeien uit het feit dat iemand de wereld ziet als toebehorend aan iemand anders. De meesten van ons zitten tussen deze twee uitersten in, maar als we niet voorzichtig zijn, kunnen we naar een van beide kanten afglijden.

Samenvatting hoofdpunten

- Het is van essentieel belang om ervoor te zorgen dat de Computer op de juiste manier functioneert.
- Je kunt Boemannen opsporen en ze vervangen door Automatische Piloten.
- De Steen des Levens is het machtigste deel van je brein.
- De Steen des Levens is iets waar je aan kunt werken.
- De Steen des Levens bekrachtigen door hem elke dag zichtbaar te maken, is heel belangrijk om je tot rust te brengen.
- Je kunt de juiste Mindset kiezen om het leven mee te benaderen.

Aanbevolen oefening
Je Computer managen

Vervang 'moet'-Boemannen door 'kan'-Automatische Piloten
Als je een vorm van druk of stress voelt, probeer dan na te gaan of de 'moet'-Boeman erachter zit en of dat misplaatst is. Vervang deze door de 'kan'-Automatische Piloot en denk na over de verschillen in emotie die dat jou geeft. Deze oefening moet regelmatig herhaald worden, wil je de Automatische Piloot in je Computer inbedden zodat hij functioneert zonder jouw input.

De ultieme stabilisator
Ik kan niet genoeg benadrukken dat je constant moet terugkeren naar je Steen des Levens en die indien nodig perfectioneert. Heb je hem eenmaal helder voor de geest, dan zal die de meest kalmerende invloed op je Chimp, je Mens en je hele bestaan zijn. Bedenk dat de **Steen des Levens verreweg de krachtigste stabilisator is voor je Psychologische Geest en trouwens ook voor je hele Universum.**

Hoofdstuk 6
Persoonlijkheid en de Geest

Hoe je geest werkt en je persoonlijkheid beïnvloedt

Je weet nu iets over de drie breinen in je hoofd: de Mens, de Chimp en de Computer. We kunnen nu gaan kijken naar de manier waarop de Gidsende Maan (Computer) de Verdeelde Planeet (de worsteling tussen Mens en Chimp) stabiliseert. Om het systeem te optimaliseren, kun je leren om de bloedtoevoer in je hoofd te verplaatsen en die te laten gebruiken door de Chimp, de Mens of de Computer, afhankelijk van wie het meest geschikt is voor de taak. We kunnen ook naar je persoonlijkheid kijken en proberen te begrijpen hoe die is gevormd, om haar vervolgens te ontwikkelen.

Hoe de Computer samenwerkt met de Chimp en de Mens

Als de Chimp en de Mens ontspannen zijn en zich geen zorgen maken, zul je automatisch werken met de Computer. Dit betekent dat je je dagelijkse routinetaken kunt uitvoeren zonder bewuste inspanning, want je Computer werkt volgens een automatisch programma. Als er echter gevaar dreigt of zich iets ongewoons voordoet, zal de Chimp of de Mens alert worden en het overnemen.

Hoe de Chimp, de Mens en de Computer omgaan met input

De schematische voorstelling laat zien dat het proces wordt aangezwengeld doordat de Chimp al dan niet reëel bestaand gevaar waarneemt. Welk deel van het brein de situatie afhandelt, hangt af van twee factoren:

- Of de Chimp gevaar of een dreiging bespeurt
- Of de Mens vertrouwd is met de situatie of niet

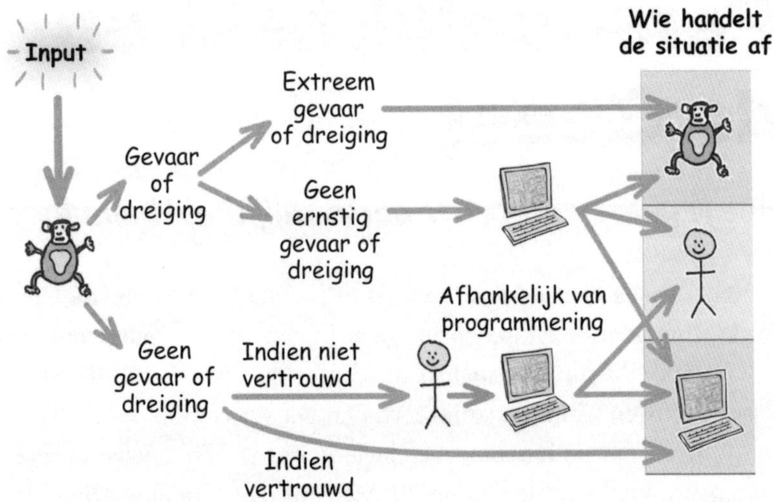

Het eindresultaat toont aan dat bij extreem gevaar de Chimp het overneemt. Als er een minder ernstige dreiging is, zal de Chimp eerst kijken wat er in de Computer is opgeslagen. Als de Computer de Chimp niet geruststelt, neemt de Chimp het over. Als de Chimp gerustgesteld is, komt de Mens of de Computer in actie. Ziet de Chimp helemaal geen dreiging, dan zal hij het verder overlaten aan de Mens of de Computer. Hieronder volgt een simpel voorbeeld van de interactie tussen de drie breinen, aan de hand van iemand die pianospeelt.

De pianist

Laten we ervan uitgaan dat de pianist zijn favoriete stuk speelt, dat goed kent en het al heel vaak zonder moeite heeft gespeeld. Deze taak zit stevig in de Computer geprogrammeerd en de Computer kan de vingers laten spelen zonder dat daarover hoeft worden nagedacht. Hij staat in de automatische stand. Laten we er verder van uitgaan dat de Mens ontspannen is, dat de Chimp een overgevoelig dier is en dat de Computer gewoon zijn werk doet. We kunnen nu drie scenario's bekijken.

Het eerste scenario

Ik loop de kamer binnen en vorm geen bedreiging voor de persoon, die gewoon door blijft spelen. Ik vraag of de pianist een kop koffie wil en de Mens in hem antwoordt met ja of nee. De Computer blijft gewoon foutloos doorspelen. De Chimp is rustig omdat er geen dreiging is. De Mens is ontspannen en laat de Computer het werk doen.

Het tweede scenario

Ik loop de kamer in en zeg tegen de persoon: 'Kun je me uitleggen hoe je je vingers over de toetsen laat glijden?' Ook deze keer vorm ik geen bedreiging, dus de Chimp houdt zich koest, maar ik heb de Mens gevraagd om na te denken. De Mens is dus wakker geschrokken en de bloedtoevoer in de hersenen gaat nu naar de Mens. De Mens denkt echter heel langzaam (twintig keer langzamer dan de Computer). De Mens moet ook eerst weer helemaal vanaf nul beginnen en begint fouten te maken. De pianospeler stopt nu en zegt: 'Ik kan niet zo snel nadenken maar als je alleen maar kijkt, kan ik moeiteloos spelen.' Zijn vingers pakken het op waar ze waren gebleven en spelen onmiddellijk weer foutloos. (De Mens is niet de juiste plek om je bloed naartoe te sturen als je snel moet denken of een vertrouwde taak moet uitvoeren!)

Het derde scenario

Ik loop de kamer binnen met een groep beroemde pianisten en zeg tegen degene die pianospeelt: 'Wij komen eens kijken hoe goed jij kunt spelen', en vervolgens leun ik op de piano en volg heel geconcentreerd zijn spel. Deze keer ontwaakt de Chimp in de pianist en raakt in paniek omdat hij gevaar bespeurt. De bloedtoevoer gaat dus richting de Chimp. De Chimp is nu emotioneel en onvoorspelbaar. Hij zal het gesprek starten en zich hoogstwaarschijnlijk willen verdedigen en neemt het dus over van de Mens in de pianist. 'Ik ben vandaag niet op mijn best', is bijvoorbeeld een typische reactie van de Chimp, waarna ofwel het pianospelen stopt ofwel de Chimp probeert zelf piano te spelen, wat geen succes is!

De rekensom

Hier volgt nog een voorbeeld en deze keer zullen we laten zien hoe de drie breinen proberen samen te werken. De Computer denkt het snelst omdat daar alles al op de juiste plek is opgeslagen. Als iemand je vraagt om een simpele vermenigvuldiging te doen, bijvoorbeeld drie maal drie, dan zul je onmiddellijk antwoorden, want het antwoord is al opgeslagen in je Computer. De Chimp zal zich niet bedreigd hebben gevoeld, want het is een simpel sommetje.

Is de opgave echter dertien maal zeventien, waarbij we ervan uitgaan dat je het antwoord niet direct weet, dan zul je eerst even moeten nadenken en zal je Mens de hulp van je Computer inroepen. Als je die som elke dag zou maken, zou je al snel de uitkomst weten en zou het een automatisme worden. Hoe meer je dingen oefent, hoe meer ze een automatisme worden en hoe makkelijker en sneller je ze kunt doen.

Als we je nu vragen om de volgende, nog wat ingewikkelder som te maken ten overstaan van een groep vreemden, dan is de kans groot dat de bloedtoevoer in je hersenen linea recta naar de Chimp gaat omdat die zich bedreigd voelt. En wie weet hoe de Chimp dan reageert! Hij kan gaan krijsen, lachen of gewoon weigeren zich ermee te bemoeien. Wat we wel weten, is dat als jij je bedreigd voelt, de bloedtoevoer eerst naar de Chimp zal gaan en pas daarna naar de Mens of de Computer. Wil je dus goed presteren – in dit geval op het gebied van vermenigvuldigingen – dan zul je eerst je Chimp moeten managen, daarna de Mens de juiste antwoorden in de Computer moeten laten stoppen en er vervolgens voor moeten zorgen dat de Computer die goed opslaat.

Hoe kun je deze standaardprogrammering veranderen?

Nu we enigszins begrijpen hoe de machine werkt, kunnen we leren hoe we kunnen ingrijpen en haar voor ons kunnen laten werken.

Er zijn globaal genomen drie manieren om de wijze waarop de machine met informatie omgaat aan te passen. De eerste is door tussenkomst van de Mens, die de Chimp zo weet te sturen dat hij niet meer impulsief handelt. De tweede is door de hulp van anderen in te roepen en de derde is door de Computer te gebruiken om de Chimp te managen.

De Mens grijpt in

Hieronder zie je de schematische voorstelling die we ook al in het hoofdstuk over Mens en Chimp zagen. Deze keer hebben we er een interventiebalk aan toegevoegd. **Je kunt niet voorkomen dat de Chimp reageert als er iets gebeurt (de eerste stap in beide opties)**. Je kunt echter wel voorkomen dat de Chimp naar deze reactie handelt.

Dus nadat de Chimp heeft gereageerd op een ervaring en op het punt staat om met behulp van emotioneel denken de situatie te duiden, moet de Mens ingrijpen. De Mens moet 'feiten' en 'waarheid' gebruiken om de persoon tot logisch denken te bewegen en te zorgen dat de Chimp stopt met emotioneel denken.

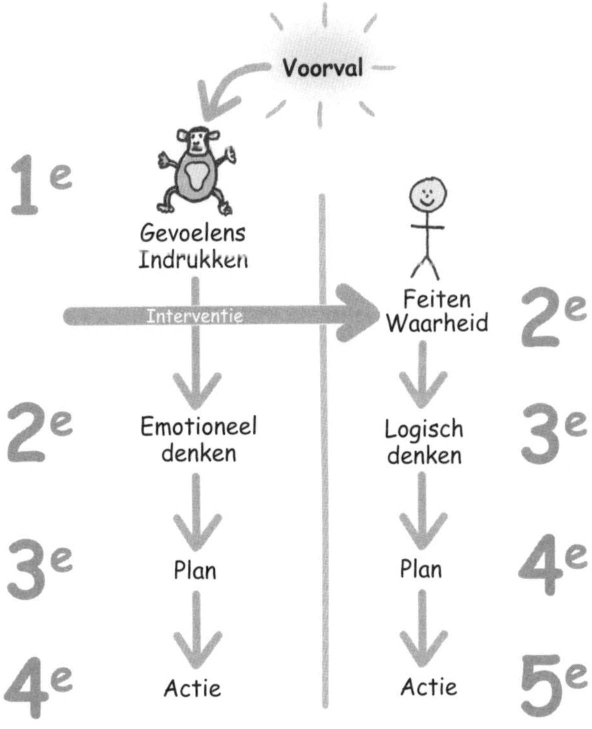

Twee mogelijke trajecten

Het gebroken been en de mislukte vakantie

Hier een praktijkvoorbeeld. Ernst heeft samen met een paar vrienden een vakantie in het buitenland geboekt. Een week voor vertrek valt hij en breekt hij zijn been.

Deze informatie gaat eerst naar zijn Chimp. Hij kan niet voorkomen dat de Chimp de informatie als eerste ontvangt en erop reageert, dus moet hij dit gewoon accepteren. Zijn Chimp zál ook reageren. Hij zal krijsen 'Dit is niet eerlijk', 'Ik kan gewoon niet geloven dat mij dit overkomt', 'Dit kan ik nu niet gebruiken' enzovoort.

Op dit punt aanbeland, heeft Ernst een keus. Hij kan het verder aan de Chimp en zijn emotionele denken overlaten, wat zal leiden tot nog meer geklaag en woede en meestal zonder enig constructief plan van aanpak. Of hij kan zijn Mens laten ingrijpen en de Chimp wat feiten en waarheden geven om hem te laten stoppen met reageren. Dat zal zijn Mens de kans geven het met logisch denken over te nemen en met constructieve plannen te komen. Zijn feiten voor de Chimp kunnen zijn: 'Je kunt er toch niets meer aan veranderen', 'Ik kan ofwel proberen er het beste van te maken en van de komende paar weken te genieten ofwel ik kan blijven zeuren en me ellendig blijven voelen', 'Hoewel dit niet ideaal is, kan ik toch nog wel iets leuks bedenken om de komende weken te doen'.

Ernst zal vervolgens moeten komen met een paar constructieve plannen, met iets om naar uit te kijken.

Meestal is het zo dat de Chimp gewoon zijn gang mag gaan en de zaken nog verder uit perspectief trekt, waarna Ernst in een zeer negatieve toestand komt, met nauwelijks iets om naar uit te kijken. Als de Mens van Ernst er niet in slaagt om de Chimp te managen, kan hij altijd iemand om hulp vragen. Een vriend die er niet zo emotioneel bij betrokken is als hij zal misschien wel in staat zijn om naar zijn Chimp te luisteren en dan met feiten en waarheden te komen die helpen de logica terug te brengen, zodat een constructieve oplossing mogelijk wordt.

Als de Mens continu in gesprek is met de Chimp om hem te kalmeren, dan is dat emotioneel slopend. Het is nuttig en een krachtig instrument, maar het is ook heel vermoeiend. Er bestaat een minder uitputtende manier om met de Chimp om te gaan en hem te kalmeren, en dat is door de Computer te gebruiken.

De Computer als krachtige geheugensteun en naslagwerk

Probleem bij het inzetten van de Mens om te voorkomen dat de Chimp impulsief reageert, is dat de Mens nogal traag in actie komt. Het kost ook veel energie om in te grijpen met feiten en waarheden, en als de Chimp reageert zijn wij mogelijk niet in staat om feiten te bedenken die hem kunnen kalmeren. Als we bedenken dat de Chimp snel denkt en vijf keer zo snel is als de Mens, dan loopt de Mens dus constant achter de feiten aan.

Maar er is een eenvoudiger manier om de emotionele reactie van de Chimp in een willekeurige situatie te managen, een manier waarbij de Mens niet betrokken is. Zoals we hebben gezien, denkt de Computer twintig keer zo snel als de Mens en vier keer zo snel als de Chimp. Dus als we de Computer in actie kunnen laten komen voordat de Chimp denkt, zullen we de strijd tussen de Mens en de Chimp vermijden. Om dit te laten lukken, moet je goed hebben overdacht welke situaties zich kunnen voordoen en moet je een respons in de Computer hebben geprogrammeerd waar hij direct op kan terugvallen.

Laten we opnieuw agressie in het verkeer als voorbeeld nemen. Iemand wordt gesneden door een andere auto.

De Chimp zegt: 'Dit is opzettelijk binnendringen van mijn territorium en een uitdaging. Ik moet terugvechten en winnen.'

De Mens zegt: 'Dit is een botterik of iemand die de situatie verkeerd heeft ingeschat. Hoe dan ook, ik heb geen zin om me druk te maken over dit soort futiliteiten. Het is totaal onbelangrijk.'

Als de Computer deze input ontvangt, zal hij voor de Chimp kiezen, want die is het sterkst. De persoon zal dus de strijd aangaan. Die strijd is meestal volkomen zinloos en laat de persoon uiteindelijk gefrustreerd achter. De Computer registreert dit.

De volgende keer dat het gebeurt, herinnert de Computer de Chimp eraan dat een gevecht niet erg zinvol is, maar de Chimp luistert nog steeds niet en herhaalt hetzelfde gedrag van agressief reageren. Als het gevecht eindigt in een agressieve confrontatie waarbij de Chimp letsel oploopt, registreert de Computer dat. De volgende keer zal de Chimp misschien nog steeds kwaad worden, maar als hij de Computer raadpleegt, herinnert die hem eraan dat het geen goed idee is om terug te vechten, dus houdt de Chimp ermee op. Maar hij blijft wel kwaad en gefrustreerd.

Nu is er een alternatief mogelijk. Ditmaal neemt de Mens er de tijd voor om eens goed na te denken over wat agressie in het verkeer eigenlijk inhoudt en komt vervolgens tot de rationele conclusie dat hij niet wil reageren als een Chimp en zich niet wil laten verleiden tot een Chimp-mentaliteit. Hij gedraagt zich liever als een beschaafd persoon die accepteert dat we onze beschaafde wereld moeten delen met wat minder aangenaam volk en dat het de moeite niet waard is om met hen over onbenulligheden te ruziën.

De Mens stopt deze Automatische Piloot vervolgens in de Computer en de Computer kan nu zowel de Mens als de Chimp daaraan herinneren. De volgende keer dat zich een incident voordoet, reageert de Chimp weer direct, maar als hij ditmaal de Computer raadpleegt, hoort hij de Automatische Piloot zeggen dat het niet helpt om naar primitieve instincten te handelen omdat je het toch niet kunt winnen en ze niet adequaat zijn. De Chimp neemt het advies van de Automatische Piloot ter harte en stopt ermee, of hij neemt een korte pauze, wat de Mens voldoende tijd geeft om deze boodschap te bekrachtigen en het denken over te nemen. De Chimp ontspant zich nu en de Mens neemt het stuur over.

In het geval van Ernst ging het om een gebroken been waarop hij reageerde. Stel echter dat hij zijn Steen des Levens binnen handbereik heeft en een paar waarheden heeft waarnaar hij heeft besloten te leven. Daaronder vallen de volgende Levenswaarheden:

- Ik ben een volwassen man en kan met elke situatie omgaan.
- Het leven is niet eerlijk.
- De dingen gaan zoals ze gaan.

- Teleurstellingen zijn heel zwaar, maar je moet ze wel in perspectief blijven zien.
- Geluk kan op allerlei manieren gevonden worden.
- De manier waarop je met iets omgaat, niet wat er gebeurt, geeft je gemoedsrust.
- Elke dag is kostbaar.

Als hij echt in deze waarheden gelooft, zal de Chimp als hij het slechte nieuws krijgt direct de Computer raadplegen en ze daar aantreffen. Bedenk dat de Chimp en de Mens dit, elke keer dat ze informatie ontvangen doen. Ze raadplegen eerst de Computer en reageren dan pas. Dat gaat zo snel dat Ernst zich er zelf misschien niet eens van bewust is dat het gebeurt. Hij ervaart waarschijnlijk alleen maar kalmte bij het omgaan met de situatie. Op een hersenscanner wordt de snelheid van deze reacties geschat op minder dan 0,02 seconde! Als we regelmatig onze overtuigingen en waarheden voor onszelf herhalen, zal de Computer de Chimp weerhouden van een reactie. Dat kost weinig tot geen energie en is de beste manier om met de Chimp om te gaan. De Steen des Levens is de ultieme krachtbron in onze Psychologische Geest.

De Chimp raadpleegt de Computer

Je persoonlijkheid

Het is niet eenvoudig om te bepalen wat je persoonlijkheid is. We hebben er allemaal een redelijk idee van, maar toch is het moeilijk die in woorden uit te drukken. Persoonlijkheid wordt globaal gedefinieerd als ingesleten gedragingen en reacties die voor een bepaalde persoon voorspelbaar zijn. Als iemand dus elke keer dat hij met iets nieuws geconfronteerd wordt gespannen raakt, dan zeggen we dat hij een angstige persoonlijkheid heeft, want dat is wat hij de wereld laat zien. Als iemand in elke situatie kalm lijkt te blijven, zeggen we dat die persoon van nature kalm is. Maar wat gebeurt er nu echt bij die mensen? Hiervoor zijn heel veel verklaringen en er wordt veel over gediscussieerd, maar wij gebruiken ons model om het te begrijpen.

De persoonlijkheid die jij aan de wereld toont, is in wezen een mix van de Mens, de Chimp en de Computer. Mensen en Chimps hebben ieder een eigen persoonlijkheid en die kan constructief of destructief, plezierig of onplezierig zijn. Mensen zijn niet per se goed of Chimps fout, maar over het algemeen heb je minder aan de Chimp! Je hebt empathische Chimps en heel kille Mensen. Ze zijn allebei een mix van een heleboel eigenschappen en zowel de Mens als de Chimp kan constructief of destructief zijn, en ze kunnen allebei van dag tot dag een andere persoonlijkheid tonen.

Het is van cruciaal belang om te begrijpen dat de persoonlijkheid van jouw Chimp niets te maken heeft met jouzelf; het is een machine die jij hebt gekregen om mee te werken. Jij kunt een volkomen andere persoonlijkheid hebben dan je Chimp. De Computer verwerkt slechts wat de Mens en de Chimp aanbieden, en afhankelijk van hoe jij hem hebt geprogrammeerd, kan hij een nuttige of onbruikbare invloed hebben.

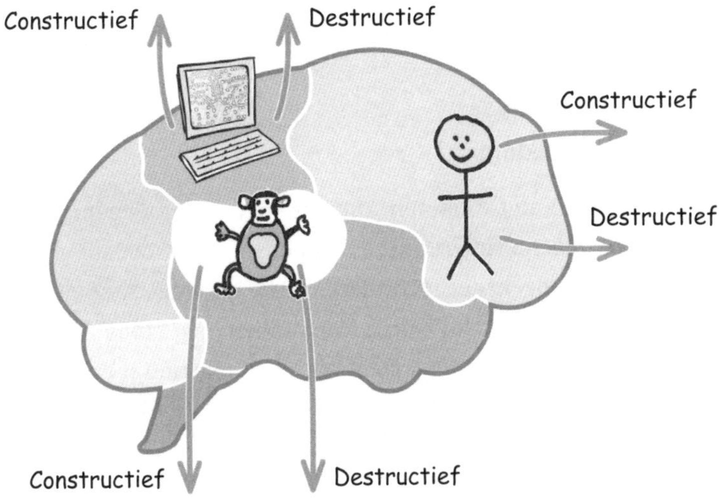

Alle drie zijn onafhankelijke invloeden,
die constructief of destructief kunnen zijn

Persoonlijkheidsontwikkeling door de jaren heen

Terwijl jij opgroeide en je hormoonspiegels varieerden, vonden er veel veranderingen en ontwikkelingen in je brein plaats. Verschillende hormonen zorgen ervoor dat verschillende delen van je machine op verschillende momenten in je leven beginnen met functioneren en opereren. De Chimp en de Mens gaan dan veranderen en gaan dingen anders bekijken. Misschien wel het meest herkenbare voorbeeld hiervan is het verschil tussen een kind dat ideeën van de ouders accepteert, en een puber, wiens brein deze ideeën in twijfel begint te trekken.

Sociale factoren spelen duidelijk ook een grote rol bij de ontwikkeling van de persoonlijkheid. Zo kun je je bijvoorbeeld door het krijgen van verantwoordelijkheid of onafhankelijkheid anders aan de wereld gaan presenteren; je persoonlijkheid kan ogenschijnlijk plotseling veranderen als je wordt gevraagd om ergens de verantwoordelijkheid voor te nemen. Dankzij de diverse factoren die ons leven beïnvloeden, inclusief ons voortdurend ouder wordende brein, blijven onze persoonlijkheden veranderen, terwijl ons DNA meestal redelijk onaangetast blijft. De Chimp en de Mens groeien allebei op en zijn voortdurend in ontwikkeling.

Aanleg en opvoeding

Chimps, Mensen en Computers zijn een mix van aanleg en opvoeding. We kunnen aanleg definiëren als het genetische pakket dat ieder van ons bij de geboorte meekrijgt, geërfd van onze ouders, dat zich ontvouwt zolang het niet belemmerd wordt. We kunnen opvoeding definiëren als de ervaring die het leven ons geeft, en onze reactie op en interpretatie van die ervaring, en hoe dat ons vervolgens in de toekomst beïnvloedt.

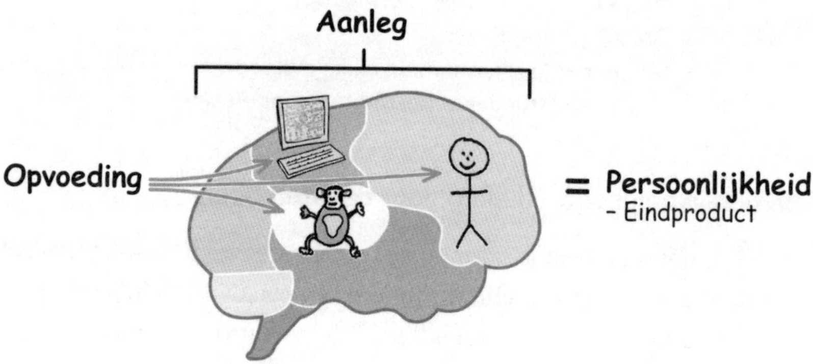

De Chimp, de Mens en de Computer, met aanleg en opvoeding, die op elkaar inwerken om tot het eindproduct te komen

Aanleg

De Mens, de Chimp en de Computer hebben allemaal eigenschappen aangereikt gekregen via overerving. De Chimp erft bijvoorbeeld diverse emotionele kenmerken, de Mens erft het vermogen om logisch of creatief te denken en de Computer erft het vermogen om programma's voor taal of muziek te maken. Deze kenmerken zijn niet bij ieder mens even sterk vertegenwoordigd, dus wie angstkenmerken erft, zal het moeilijker vinden om kalm te blijven dan wie wat meer relaxte kenmerken erft.

Opvoeding

De ervaringen die wij in het leven opdoen en de manier waarop we worden opgevoed en reageren op deze ervaringen, is een leerproces. Onze ouders en de maatschappij hebben hierop duidelijk een grote invloed. De ervaringen die we hebben, kunnen heel heftig zijn en een grote invloed op ons hebben, of we leiden een rustig leven dat daardoor weinig invloed op ons heeft. Vaak is de manier waarop wij onze ervaringen interpreteren belangrijker dan de ervaringen zelf.
Over het algemeen worden Chimps meer geleid door emoties die ze door aanleg al hebben en kunnen ze nauwelijks worden opgevoed. Terwijl Mensen juist eerder geleid zullen worden door emoties die ze door hun opvoeding hebben gekregen, met een kleine input van aanleg. Je Computer is een goede mix van de twee. Ze zijn alle drie verschillend en als ze op elkaar inwerken, ontstaat de definitieve persoonlijkheid die aan de wereld wordt gepresenteerd. Dus soms laat je je Chimp zien en soms je Mens. Geen wonder dat het af en toe voelt alsof je een gespleten persoonlijkheid hebt! De echte persoonlijkheid, je ware ik, is de Mens. De Chimp gijzelt je alleen maar en presenteert iets wat je vaak niet wilt en wie je ook niet echt bent.

Andere factoren die bijdragen aan je persoonlijkheid

Behalve je genen en de ervaringen die je opdoet, zijn er nog andere belangrijke factoren in de Mens en de Chimp die van invloed zijn op de manier waarop jij je gedraagt. Zo is bijvoorbeeld de **vasthoudendheid** die jij aan de dag legt bij het vervullen van je driften en ambities een heel belangrijke factor voor succes, die deel uitmaakt van jouw persoonlijkheid. Hoe **flexibel** en **soepel** jij bent in allerlei situaties zal eveneens bepalen hoe succesvol jij bent in wat je onderneemt. Herhaaldelijk ingeprente gedragingen, of **gewoontes**, worden meestal gezien als de manier waarop jouw persoonlijkheid zich presenteert, dus kan het de moeite waard zijn om gedrag te veranderen waar je niets aan hebt!
In het hoofdstuk over de Computer hebben we het over de **Mindset** gehad. De Mindset die jij eropna houdt, die geconstrueerd is in de

Computer, zal ook bijdragen aan de persoonlijkheid die jij hebt en van invloed zijn op de manier van denken en handelen van de Mens en de Chimp. Mensen die een positief beeld van zichzelf en anderen hebben, en die leven in een wereld die ze als aangenaam ervaren, zullen veel vaker eenzelfde soort persoonlijkheid hebben.

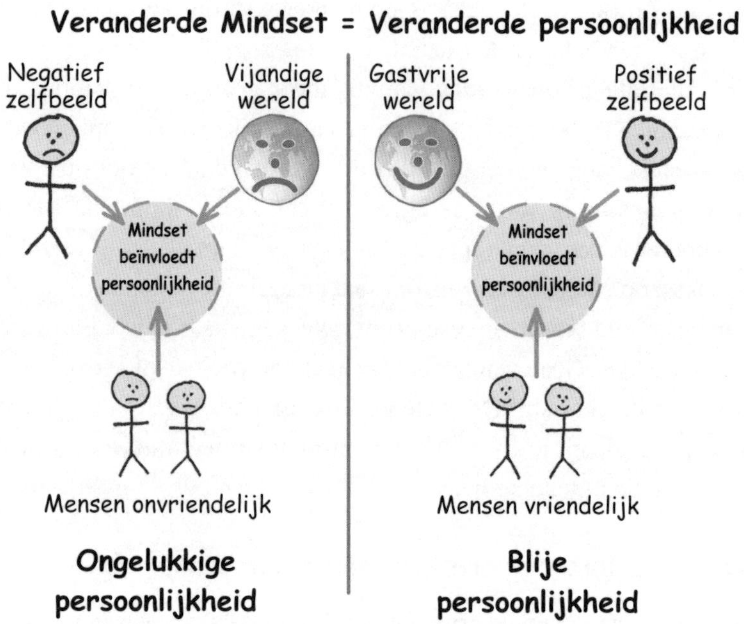

Je Mindset is van invloed op hoe jij je persoonlijkheid presenteert

Dus wie ben je nu eigenlijk?

Hoe kun je nu, met al deze factoren die allemaal meer of minder invloed hebben op je uiteindelijke persoonlijkheid, bepalen wie je echt bent? Erachter komen wat voor persoon je echt bent, is niet moeilijk. Als je een lijstje zou opstellen van alles wat je zou willen zijn, schrijf je misschien dingen op als kalm, empathisch, redelijk, positief, zelfverzekerd en gelukkig, en **dan is dat wie je echt bent**. Elke afwijking daarvan betekent een gijzeling door je Chimp. Dit is een heel belangrijk punt.

Hoofdpunt

Bedenk: de persoon die je wilt zijn, is de persoon die je ook echt bent.

Het is van cruciaal belang dat je beseft dat je gewoon gegijzeld wordt en dat je daar dus een eind aan moet maken. Wat er gebeurt, is dat terwijl jij probeert jij te zijn, de Chimp zich ermee bemoeit of je gijzelt met emoties of emotionele gedachten en ervoor zorgt dat jij je aan de wereld laat zien op een manier die je niet wilt. Als er in de Computer Boemannen zitten, dan kan zelfs de Computer je beïnvloeden en je veranderen in iemand die je niet wilt zijn. Ben je je niet bewust van deze gijzeling, dan kun je gedesillusioneerd raken over jezelf en het gevoel krijgen dat je voortdurend faalt. Dat kan er vervolgens weer toe leiden dat je jezelf constant verwijten maakt, en dat is zinloos. Jezelf verwijten maken over vermeend falen, of zelfhaat, is een destructieve en nutteloze verspilling van tijd en emotie.

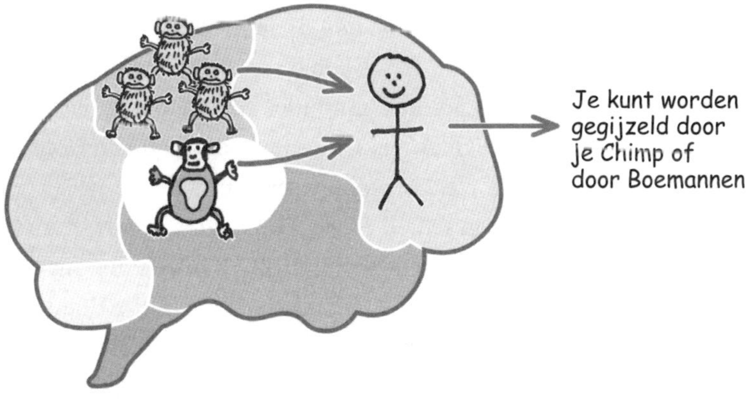

Je wilt jezelf graag zien als de persoon die je wilt zijn, maar de Chimp en sommige Boemannen weerhouden je daarvan. Met dit besef kun je verder, want je raakt nu gefrustreerd door de Chimp en de Boemannen en niet door jezelf, en je kunt vervolgens gaan werken aan het managen van de Chimp en het wissen van de Boemannen. Dat is veel constructiever.

Laten we dat gijzelen van de Chimp even tijdelijk vergeten en in plaats daarvan naar jou kijken. Stel dat jij eerlijk, gelukkig, zelfverzekerd, betrouwbaar, vriendelijk enzovoort op je lijstje hebt staan. De kans dat je gelukkig, kalm of wat dan ook bent, is zelfs zonder Chimp-inmenging klein, tenzij je eraan werkt. De meesten van ons hebben het vermogen om gelukkig en kalm te zijn, maar hebben deze kant van hun persoonlijkheid nog niet ontwikkeld. Jezelf ontwikkelen tot wie je echt bent kost tijd en moeite. Er is een actieplan nodig om de eigenschappen die jij in jezelf wilt laten opbloeien, naar boven te halen. Ze zijn er wel, maar manifesteren zich slechts af en toe, bij bepaalde gelegenheden. Het wordt tijd om ervoor te zorgen dat ze zich vrijwel altijd manifesteren. We zullen nu wat dieper ingaan op hoe je dit doet.

Je persoonlijkheid veranderen en ontwikkelen

De vraag die de meeste mensen zullen willen stellen, is: ‘Kan ik mijn persoonlijkheid veranderen, of anderen die van hen?’

Ik kreeg ooit een vraag van een collega die zei: ‘Hoe verander je mensen?’ Het antwoord is dat ik dat niet kan. Ik help mensen hun Chimp te managen en hun Computer bij te werken en te onderhouden. Ik heb de Chimp niet veranderd, ik kán de Chimp niet veranderen en ik probeer het ook niet eens. Als zij echter hun Chimp managen en hun Computer up-to-date houden, zal de ware persoon verrijzen.

Stel dat er een wonder is geschied en de Chimp zich niet langer roert, wat je ook doet. Hij is permanent rustig of komt alleen nog maar met bruikbare emoties. Laten we er ook van uitgaan dat we alle Boemannen uit de Computer verwijderd hebben. Je zou dan een veel relaxter individu zijn, met Menselijke eigenschappen. Maar wil je gelukkig zijn, dan betekent dat dat je deze stemming moet cultiveren en daarvoor is nodig dat je vaststelt hoe jij jezelf gelukkig maakt. Als je kalm wilt zijn, moet je dus plannen maken om met stress om te gaan en die ook uitvoeren. Welk aspect van je persoonlijkheid je ook wilt ontwikkelen, je zult er tijd aan moeten besteden. Het makkelijkste is om steeds maar één aspect tegelijk aan te pakken en je vorderingen bij te houden.

De Mens ontwikkelen en het beste in jezelf naar boven halen gaat over:

- Jezelf ontwikkelen
- Je Chimp managen en Boemannen verwijderen
- Effectief communiceren
- De juiste mensen om je heen hebben
- Een eigen wereld scheppen om in te leven
- Voor jezelf zorgen
- Je leven kwaliteit geven

Als je deze punten goed bekijkt, zul je zien dat ze overeenkomen met de planeten in het Psychologische Universum. Wil je je ware persoonlijkheid ontwikkelen en naar boven halen, dan zul je dus al deze planeten af moeten gaan en ervoor moeten zorgen dat ze naar behoren functioneren. Dat is ook de reden dat het Psychologische Universum er is, want het vertegenwoordigt de aspecten in jouw leven die jij kunt aanpakken om zelfontplooiing te realiseren en de Mens van binnenuit te bevrijden.

Samenvatting hoofdpunten

- De Chimp interpreteert altijd als eerste, vóór de Mens.
- De Chimp laat het alleen aan de Mens over als er geen gevaar of vermeende dreiging is.
- De Mens kan met feiten en waarheden ingrijpen om de Chimp te laten stoppen met reageren.
- De Computer kan worden geprogrammeerd om de Chimp te kalmeren voordat hij in actie komt.
- Persoonlijkheid is een mix van Mens, Chimp en Computer.
- Aanleg en opvoeding zijn beide van invloed op je persoonlijkheid.
- Je Mindset beïnvloedt de manier waarop je overkomt.
- Je kunt aan Mens, Chimp en Computer werken om je persoonlijkheid aan te passen.
- Je bent de persoon die je wilt zijn, maar je wordt door je Chimp gegijzeld waardoor je iemand anders bent.

Aanbevolen oefening
Je ware ik leren kennen

Schrijf de kenmerken op van de persoon die je idealiter zou willen zijn. Schrijf vervolgens op hoe jij in werkelijkheid denkt te zijn. Laat een vriend die jou goed kent ook opschrijven wat hij of zij denkt dat jouw persoonlijkheid is. Vergelijk nu de drie lijstjes. Kijk welke Boemannen je kunt gaan verwijderen en welk Chimp-gedrag je kunt gaan managen zodat je hun inmenging stopt en jij je ideale ik kunt zijn.

Deel 2

Het dagelijkse functioneren

Hoofdstuk 7

De Planeet van de Anderen

Andere mensen begrijpen en ermee omgaan

Maan van de groep

Planeet van de Anderen

Anderen begrijpen:

- Het brein en de persoonlijkheid van anderen begrijpen
- Verschillende fysieke breinen
- Verschillende Mindsets
- Anderen ontmoeten
- Eerste indrukken
- Waarom wil je anderen begrijpen?
- Realistische verwachtingen hebben

Dit hoofdstuk gaat over de relaties en interacties die we in diverse situaties met andere mensen hebben. We verkennen een aantal fundamentele eigenschappen van mensen waardoor we hen beter gaan begrijpen, en we kijken hoe we betekenisvolle en nuttige relaties met anderen kunnen aangaan.

Ik werkte eens met een man die het Chimp-model begreep, maar nog steeds problemen met zijn vrouw had. Hij zei dat ze af en toe moeilijk tegen hem deed en onaardige dingen zei, om zich vervolgens te verontschuldigen. Op een dag begon het hem te dagen dat zijn vrouw ook een Chimp had die zonder haar toestemming uit de bocht vloog. Haar Chimp nam het af en toe plotseling over en maakte opmerkingen waar ze later spijt van had omdat ze de controle over de Chimp was verloren. Hij reageerde dan dus op de opmerkingen van haar Chimp en raakte zelf ook in de Chimp-modus. Het waren hun twee Chimps die met elkaar praatten, niet de twee Mensen. Toen ze dat eenmaal beseften, waren ze in staat elkaar te helpen hun Chimps te managen, zodat de twee Mensen konden samenwerken.

De geest en de persoonlijkheid van anderen in jouw wereld begrijpen

Het is aan jou of je wilt proberen anderen te begrijpen, maar het zou uiteindelijk wel in je voordeel zijn als je het probeerde. Ga maar na. Als jij een kat hebt, ga je geen stokjes weggooien om haar te laten apporteren, om vervolgens gefrustreerd te raken als ze niet reageert. Want wie is hier nu dom bezig? En als je een hond hebt, ga je er niet van uit dat hij de hele dag slaapt en niet met je wil gaan wandelen. Je moet de behoeften van de hond begrijpen. Als je de persoon tegenover je begrijpt en realistische verwachtingen hebt, helpt dat je dus om diegene te helpen en raak je niet gefrustreerd.

Ik wil hier niet suggereren dat we iedereen van elke verantwoordelijkheid moeten ontslaan, maar we moeten wel reëel blijven. Wij kunnen de manier waarop mensen zich aan ons presenteren niet veranderen – dat moeten ze zelf willen – maar we kunnen er wel voor kiezen of we willen uitzoeken hoe we het beste uit hen kunnen halen en hun beperkingen kunnen accepteren. Natuurlijk is het alternatief dat we het voor gezien houden als we hun gedrag niet tolereren of als we ons best hebben gedaan maar nog steeds niet met ze kunnen opschieten. Onrealistische verwachtingen van anderen hebben en gaan schreeuwen, gefrustreerd raken, kwaad worden of van streek raken, leidt meestal nergens toe, waardoor je onnozel overkomt. Er zijn momenten dat we met mensen moeten samenwerken en er niet onderuit kunnen, dus hier volgen enkele ideeën over hoe je daarmee om kunt gaan. Heel simpel gezegd moet je ontdekken wie de persoon tegenover jou is. Je kunt ervoor kiezen diegene te helpen met het managen van zijn Chimp en het herkennen van Boemannen; je kunt diegene ook veroordelen vanwege de manier waarop hij overkomt. De keus is aan jou.

Verschillende fysieke breinen

We gaan er vaak van uit dat de persoon tegenover ons een brein heeft dat op dezelfde manier in elkaar zit als dat van ons. De meesten van ons hebben hetzelfde soort fysieke brein, maar er zijn mensen waarbij het anders is. Ik wil als voorbeeld twee van deze verschillend functionerende breinen nemen. Het eerste type is het brein van iemand met de diagnose Autisme Spectrum Stoornis (ASS). Bij autisme functioneren sommige delen van de hersenen slecht, terwijl andere gebieden juist zeer gevoelig zijn. Een kind of volwassene met ASS heeft bijvoorbeeld grote moeite met het lezen van gezichtsuitdrukkingen of van lichaamstaal. Ze hebben moeite emoties bij anderen te begrijpen en zeggen of doen daarom soms dingen die voor de meesten van ons niet gepast zijn. Als we begrijpen dat het niet beledigend bedoeld is, kunnen we beginnen met aan zo iemand te werken. We kunnen diegene helpen het beste uit zichzelf te halen, zodat we een vruchtbare relatie met hem kunnen aangaan. Er is een heel scala van autistische aandoeningen, en de ernstigste vormen zijn eenvoudig te herkennen, terwijl de mildere vormen nauwelijks opvallen.

De gefrustreerde vader

Toen ik enkele jaren geleden in een ziekenhuis werkte, kwam er een vader binnen met zijn achttienjarige zoon. De vader vertelde hoe gefrustreerd hij was over zijn zoon en zei dat hij diens vreemde gedrag niet langer kon tolereren, hoeveel hij verder ook van hem hield. Zijn zoon gebruikte zijn gezonde verstand niet en maakte bij het douchen zomaar een hele fles shampoo op. Hoe vaak de vader ook uitlegde dat dit niet de bedoeling was, zijn zoon bleef er gewoon mee doorgaan.

De vader vertelde verder dat als hij thuiskwam van zijn werk, zijn zoon hem bestookte met vragen. Hij probeerde ze in eerste instantie zo goed en zo kwaad als het ging te beantwoorden, maar raakte op een gegeven moment toch flink geïrriteerd en verhief dan zijn stem en zei dat hij ermee moest ophouden.

Hoe meer we praatten, hoe duidelijker het werd dat de zoon een vorm van autisme had. Ik legde de vader uit dat de manier waarop de hersenen van zijn zoon in elkaar zaten, ervoor zorgde dat de zoon niet altijd in staat was om te bepalen wanneer hij moest ophouden. Voor hem was het heel normaal om door te gaan met zijn gedrag, zoals zijn haar wassen tot alle shampoo op was, of onophoudelijk vragen stellen. Nadat ik dit aspect van het gedrag van zijn zoon had uitgelegd, kwamen we een eenvoudig en praktisch plan overeen waar zowel de zoon als de vader baat bij had. We spraken af dat de vader precies genoeg shampoo in de fles zou stoppen voor één keertje wassen. We spraken verder af dat als de vader thuiskwam, de zoon slechts drie vragen mocht stellen. Daarna moest hij naar zijn kamer om een computerspelletje te gaan doen. Dit werkte perfect omdat de jongen regels accepteerde mits die heel duidelijk waren, en de vader niet meer gefrustreerd raakte.

De belangrijke les hieruit is dat we moeten begrijpen wie we tegenover ons hebben en hoe diegene denkt en functioneert. Als we dat accepteren, kunnen we succesvol met diegene samenwerken, maar dan moeten we wel bereid zijn om onbevooroordeeld naar mensen te kijken. Onze relaties met anderen worden namelijk vaak gedicteerd door onze verwachtingen van hen en door onze reacties op hen. Autisme is een extreem voorbeeld, maar wel een voorbeeld dat dit punt duidelijk maakt.

Een gevaar om voor op je hoede te zijn

Het tweede voorbeeld van een heel ander soort brein is dat van de psychopaat (soms sociopaat genoemd of iemand met een antisociale persoonlijkheidsstoornis). Laten we eerst even een bekende mythe ontzenuwen: niet alle psychopaten zijn gewelddadig en moordzuchtig. Psychopaten kunnen gewelddadig en moordzuchtig wórden, maar dat is een uitzondering. De meeste psychopaten functioneren gewoon in de maatschappij en doen het vaak ook nog behoorlijk goed, maar ze berokkenen daarbij de mensen in hun omgeving dikwijls wel veel schade. Omdat ze geen geweten hebben, zijn ze vaak, maar niet altijd, betrokken bij criminele activiteiten. Er komen trouwens psychopaten voor in elke beroepsgroep – artsen, advocaten, verpleegkundigen, docenten – maar ze leren zich te beheersen en te werken met het brein dat ze hebben gekregen en houden zich aan de wet. De schattingen lopen uiteen, maar men gaat ervan uit dat dit soort brein bij ongeveer één op de honderdvijftig mensen voorkomt.

Het komt er simpel gezegd op neer dat in het brein van een psychopaat het Menselijkheidscentrum ontbreekt dat de rest van ons wel bezit en dat in het Menselijk deel van ons hoofd huist. Het Menselijkheidscentrum regelt zaken als schuld, wroeging, compassie, empathie en geweten. Psychopaten zijn daarentegen kille en berekenende individuen, die anderen in hun voordeel gebruiken. Is een psychopaat ook echt verantwoordelijk voor zijn of haar daden? Daar is veel discussie over, maar wat we ook geloven, er zijn veel aanwijzingen dat dit centrum in het brein ofwel afwezig ofwel inactief is. Het is nuttig de psychopaat te herkennen, want hij heeft het meestal niet goed met ons voor. Leren omgaan met hem betekent dat we een ontmoeting met hem zonder kleerscheuren doorstaan, zonder dat we gekwetst of beschadigd zijn.

Mocht je betrokken raken bij iemand van wie je vermoedt dat die psychopathisch is, ga dan altijd op zoek naar informatie – vraag naar de mening van anderen en kijk naar het verleden van de persoon. Als jij het slachtoffer van zijn daden bent, verwijt jezelf dan niets, neem je verlies en deel je ervaringen met een vriend die je vertrouwt. Je bent niet de enige die misleid of misbruikt is. Verwacht niet dat de psychopaat verandert: zijn brein heeft afwijkingen die niet veranderd kunnen worden.

Wat bedoelen we met een persoonlijkheidsstoornis?

Als we in de psychiatrie bij iemand de diagnose persoonlijkheidsstoornis stellen, bedoelen we daar in feite mee dat zo iemand vaste, ingebakken gedragingen en overtuigingen heeft. Deze kenmerken kunnen niet worden veranderd en zijn schadelijk of nadelig voor de persoon met de stoornis of voor anderen die met hem in contact komen. Het is dus eigenlijk een extreme vorm van normaal gedrag die niet zal veranderen. Er zijn ontelbare soorten persoonlijkheidsstoornissen. Deze mensen zijn beslist niet ziek, maar ze hebben trekjes, zoals dwangmatig of impulsief gedrag, die extremer zijn dan bij de meesten van ons. Onderzoek suggereert dat ze een ander soort brein of een anders functionerend brein hebben dan het doorsnee menselijke brein.

Verschillende Mindsets

We hebben het al eerder over Mindsets gehad en hier zijn twee voorbeelden die niet ongebruikelijk zijn. Ze laten zien hoe mensen vast kunnen komen te zitten in hun gedragingen en overtuigingen vanwege de Mindset die ze eropna houden. Het helpt om specifieke Mindsets te herkennen (en daar zijn er veel van). Veel mensen bezitten wel enkele kenmerken van een van deze Mindsets, zonder volledig aan het beeld te voldoen.

Sneeuwwitje

Deze Mindset zien we vaker bij vrouwen dan bij mannen. Als je je Sneeuwwitje voorstelt als een onschuldig, passief slachtoffer dat is overgeleverd aan anderen of aan de omstandigheden, iemand die volkomen gespeend is van enige verantwoordelijkheid of aansprakelijkheid en niet bij machte is om dingen te veranderen, dan begrijp je welke Mindset we hier bedoelen.

Er spannen hier een aantal Boemannen samen die het brein van de persoon zodanig blokkeren, dat hij of zij nog maar één vaste benadering van het leven en zichzelf kent.

Laten we de samenwerkende Boemannen een naam geven, vervolgens naar de Mindset kijken, en dan een uitweg zoeken. De Boemannen zijn een mix van gedragingen en overtuigingen. Hieronder volgen er een aantal.

- Ik ben niet verantwoordelijk voor mijn eigen beslissingen.
- Ik ben niet verantwoordelijk voor mijn eigen geluk.
- Het leven is niet makkelijk en is dat ook nooit geweest.
- Ik ben slachtoffer van de omstandigheden.
- Er is niets wat ik kan doen om de zaken te veranderen; 'Zo is het nu eenmaal', is een gebruikelijke uitspraak.
- Anderen helpen me niet.
- Anderen zouden me moeten begrijpen.
- Instorten en hulpeloos zijn is onderdeel van mijn leven.
- Dit is een wrede wereld.

'Sneeuwwitjes' zorgen er vaak via subtiele zuchtjes en gebaren voor dat jij je bewust wordt van bovenstaande Boemannen. Ze proberen je over het algemeen het gevoel te geven dat je hun behoorlijk wat schuldig bent en dat ze zich er, hoe moeilijk ze het ook hebben, toch doorheen slaan, ondanks jouw gebrek aan begrip en, natuurlijk, jouw egoïsme. Ze zorgen er ook voor dat jij beseft dat ze op een heroïsche manier omgaan met datgene wat voor hen vrijwel ondraaglijk is. Als je ertegenin gaat, worden ze ofwel agressief en beschuldigend ofwel zielig, depressief en huilerig – en in het laatste geval gedragen ze zich passief-agressief tegen jou (want ze zeggen natuurlijk dat het jouw schuld is dat ze depressief en huilerig zijn).
Sneeuwwitjes vertonen hun kenmerkende gedrag vooral als ze hun zin niet krijgen bij dingen waar ze het waarschijnlijk nog nooit over gehad hebben. Als de partner dan vraagt 'Wat is er?', is het antwoord meestal 'Niets', of 'Ik zou jou niet moeten hoeven vertellen waarom ik van streek ben'. Sneeuwwitjes storten vaak snel in en huilen en pruilen gauw, terwijl ze zichzelf tegelijkertijd ontheffen van enige verantwoor-

delijkheid of controle over hun eigen leven. Dit gevoel van altijd maar de klappen krijgen en dat anderen hun heel wat schuldig zijn, wordt meestal gevolgd door passief-agressief gedrag, zoals zwijgen of weigeren te communiceren.

Hoe kan deze Sneeuwwitje-Mindset omgebogen worden tot een gezondere levenshouding? Mensen die op deze manier in het leven staan hebben het heel zwaar (en hun omgeving nog zwaarder!), want om eruit te komen moet je het leven echt op een heel andere manier gaan benaderen. En toch zal dit moeten gebeuren, wil je aan deze Mindset ontsnappen.

Wat er moet gebeuren, is dat de mensen die onder deze Mindset gebukt gaan, met hulp gaan inzien hoe ze precies functioneren en hoe ze zich presenteren aan anderen. Wil je het beste uit het leven halen, dan moet je proactief zijn en zorgen dat het werkt. Je moet leven met de realiteit en leven in de wereld die jij tot je beschikking hebt, wat niet betekent dat je berust in je lijden. Het betekent dat je ervoor zorgt dat je alles hebt veranderd wat maar veranderd kan worden. En ook dat je hulp hebt GEZOCHT en GEACCEPTEERD, bij de juiste mensen, die jou kunnen steunen bij de veranderingen die JIJ in gang hebt gezet. Je kunt je als slachtoffer gedragen, maar je kunt ook met een OPRECHT GEVOELDE glimlach het leven tegemoet treden. Die keus is aan jou, en aan niemand anders. Velen van ons hebben af en toe wel iets van de Sneeuwwitje-Mindset, als we toelaten dat de Boemannen hun intrede doen; wees dus waakzaam!

Een aantal gedachten die kunnen helpen voorkomen dat de Sneeuwwitje-Mindset zich ontwikkelt, zijn:

- Niemand houdt van slachtoffers.
- Niemand is jou iets schuldig.
- Iedereen houdt van mensen die zich zelfverzekerd gedragen.
- Geluk is niet iets om je schuldig over te voelen.
- Gelukkig zijn is een keuze.
- Je geluk zoeken is niet egoïstisch.
- Het leven is wat jij ervan maakt, niet wat het jou toewerpt.

- Iedereen is verantwoordelijk voor zijn of haar eigen daden en opvattingen.
- Het is normaal om assertief te zijn, zeker voor volwassenen.

Het is belangrijk om therapie te overwegen of hulp te zoeken als je de Sneeuwwitje-Mindset hebt, want vaak liggen er andere problemen aan ten grondslag die aangepakt moeten worden. Tenzij je heel goed weet wat je doet, is het riskant om te proberen om de Mindset van een vriend of partner te veranderen. Ben je echter goed in het kiezen van de juiste woorden en het tonen van begrip, dan kan dit ertoe leiden dat je diens Mindset ontsluiert en dat de boemannen een voor een kunnen worden aangepakt.

De Alfawolf

De Alfawolf is een dominante Mindset, die vaker bij mannen dan bij vrouwen voorkomt.

De kenmerken die deze Mindset vertoont, zijn een mix van de hieronder volgende:

- De wereld is van hen. Anderen bevinden zich in hún wereld.
- De waarde die ze aan anderen toekennen is afhankelijk van hoe ze hen kunnen gebruiken om hun eigen ambities te vervullen.
- Ze spelen de baas over anderen vanuit de overtuiging dat het beste uit een situatie halen betekent dat je geen enkele tolerantie toont jegens anderen.

- Compassie wordt gezien als zwakte.
- De mening van anderen doet in de meeste gevallen niet ter zake, want ze geloven dat hun mening de juiste is.
- Als iemand als van weinig waarde wordt beschouwd, wordt die genegeerd.
- Alle kritiek wordt beantwoord met agressie en vijandigheid.
- Toegeven dat ze zich hebben vergist of fout zaten, is iets wat maar heel kort wordt overwogen en dan snel weer wordt weggewuifd.

Alfawolven zijn in meerdere of mindere mate dictators of controlfreaks en geloven oprecht dat dit de beste manier is om verder te komen, want zij zijn nou eenmaal het beste in besluiten nemen en dingen doen. De mensen die zij daarbij kwetsen, zien zij als zwakkelingen. Populariteit is nooit een issue, want het belangrijkst zijn hun succes en ego.
Deze Mindset vind je vaak terug in het zakenleven, bij types die behoorlijk hoog in de organisatiestructuur kunnen zitten. Terwijl sommige managers met lof anderen helpen hun capaciteiten te benutten (zodat het bedrijf het ook goed doet), lusten Alfawolven de roedel rauw, en gebruiken ze agressie om hun positie te bewijzen en te gebruiken. Goede managers zullen hun personeel adequaat inzetten, terwijl de Wolf juist niet delegeert en geïrriteerd raakt als deadlines niet gehaald worden (meestal deadlines die ze zelf, zonder overleg, hebben vastgesteld).
In de natuur wordt de macht van de Alfawolf gerespecteerd en gevreesd, maar de Alfawolf zelf wordt niet gerespecteerd. Zo is ook de Alfawolf-Mindset niet populair en ligt er altijd een andere Wolf op de loer om de toppositie over te nemen. Wees op je hoede voor de Mindset van de Alfawolf: hij maakt de mensen om zich heen uiterst ongelukkig en het is slechts een kwestie van tijd voor hij door een aanval onderuit wordt gehaald.
De kans dat je deze Mindset kunt veranderen is niet zo groot! De Alfawolf zal ofwel moeten erkennen dat hij een probleem heeft ofwel zich moeten realiseren dat hij problemen met anderen heeft, iets wat met deze Mindset niet meevalt. Kijk er nuchter tegenaan: of je accepteert hun manier van doen of je zorgt dat je uit hun buurt blijft.

Hun manier van doen accepteren betekent niet dat je je moet onderwerpen. Het betekent dat je moet leren hun aanvallen niet persoonlijk op te vatten, dat je moet beseffen dat de kans heel klein is dat ze zullen veranderen, dat je assertief moet zijn (wat ze meestal zullen respecteren), de confrontatie moet vermijden (want dat levert meestal niet veel goeds op), je innerlijke kalmte moet bewaren en, ten slotte, moet weten wanneer je er maar beter vandoor kunt gaan.

Er zijn heel veel verschillende Mindsets en dit zijn slechts twee voorbeelden die demonstreren hoe mensen verstrikt kunnen raken in een dans met de Boemannen. Een Mindset begrijpen helpt ons om anderen te begrijpen, en hoe je met hen om moet gaan.

Anderen ontmoeten

Als we andere mensen ontmoeten, zijn er drie benaderingen die ons kunnen helpen om hen beter te begrijpen:

- Probeer niets te veronderstellen over anderen.
- Probeer geen vooropgezette verwachtingen van anderen te hebben.
- Hoed je voor vooroordelen.

Stel dat ik iemand voor het eerst ontmoet en dat diegene zwijgzaam is en niet geïnteresseerd lijkt in het gesprek, dan kan ik die persoon zien als bot en besluiten dat ik hem of haar niet wil leren kennen en niet weer wil ontmoeten. Dat zijn echter veel aannames en oordelen zonder dat ik alle feiten ken en de tijd neem om de waarheid te achterhalen. Mijn aanname is bijvoorbeeld dat deze persoon niet met zijn hoofd ergens anders is en dat er geen enkele reden is waarom hij zijn aandacht niet volledig op mij richt, en mijn aanname is ook dat hij doorheeft dat zijn gebrek aan betrokkenheid mij ergert. Jij kunt hier vast nog veel meer aannames aan toevoegen!
Maar het zou best kunnen dat deze persoon net slecht nieuws heeft gekregen, of pijn heeft, of er kan een andere reden zijn waarom hij of zij

afwezig overkwam, iets wat niets met mij of het gesprek te maken heeft. Als ik de tijd had genomen om de feiten te checken, zou ik de persoon niet op dezelfde manier hebben beoordeeld.

Het is altijd nuttig te bedenken dat iedereen in zijn of haar eigen wereld leeft en dat die soms niet zo plezierig is. Door te proberen meer aan de weet te komen over de wereld waarin diegene leeft, of door te accepteren dat er invloeden op hem inwerken waarvan jij je niet bewust bent, kun je voorkomen dat je allerlei aannames doet.

> ***Hoofdpunt***
> *Een gulden regel bij het doorgronden van mensen en situaties is dat je ALTIJD de FEITEN probeert te achterhalen voordat je oordeelt.*

Een waarschuwing: baseer 'de feiten' niet op verhalen uit de tweede hand en roddels. Verhalen uit de tweede hand wil zeggen dat iemand jou vertelt wat iemand anders zei of dacht, waarna dit jouw kijk op hem of haar kan beïnvloeden. Probeer waar mogelijk contact te leggen met de betreffende persoon en vraag wat diegene echt heeft gezegd. Accepteer geen informatie over iemand anders' mening, tenzij die direct van die persoon zelf afkomstig is.

Vooropgezette verwachtingen van mensen kunnen in bepaalde gevallen redelijk zijn. Zo is het bijvoorbeeld redelijk om te verwachten dat iemand zich beschaafd tegen je gedraagt, maar ook daar zou ik geen vergif op innemen! Het is onredelijk om te verwachten dat iemand nooit eens een fout maakt. Het komt vaak voor dat we van alles van anderen verwachten en dat brengt ons van ons stuk. Zo denken we misschien dat een vriend ons nooit in de steek zal laten of nooit ruzie met ons zal maken, maar dat is een belachelijke verwachting. Iemand die er deze verwachting op na houdt, zal binnen de kortste keren geen vriend meer overhouden.

Soms staan verwachtingen in verband met vooroordelen. Vooroordelen hoeven niet negatief te zijn. Je kunt bijvoorbeeld denken dat oudere mensen wijs zijn en daarmee een positief vooroordeel jegens ouderen hebben als je advies zoekt. Helaas kan zo'n vooroordeel problemen veroorzaken, want hoewel sommige oudere mensen inderdaad wijs zijn, gaat dat niet per se voor iedereen op. Als je iemand ontmoet en geen vooropgezette ideeën over die persoon hebt en er geen vooroordelen of verwachtingen op na houdt, is de kans groter dat je een constructieve relatie opbouwt en erachter komt wie die persoon echt is.

Eerste indrukken

De invloed van de eerste indruk staat bekend als het zogenaamde *primacy effect*. Als we iemand ontmoeten, pikken we een heleboel zaken op, waaronder diens manier van doen, wat hij aanheeft, zijn houding, de intonatie van zijn stem, wat hij zegt. In nieuwe situaties zal de bloedtoevoer in je hersenen naar de Chimp geleid worden, want er dreigt potentieel gevaar. Als je Chimp de persoon ontmoet, interpreteert hij op basis van bovenstaande aanwijzingen welk type de persoon is met wie jij te maken hebt. Onderzoek wijst uit dat als jouw Chimp bij deze eerste indruk de plank misslaat, er daarna ongeveer zeven ontmoetingen met die persoon nodig zijn voordat hij van mening verandert!

Als jouw Chimp onbuigzaam is of een vooroordeel koestert, kan het zelfs nog langer duren, want jij houdt je vast aan Boemannen die de Chimp ondersteunen in zijn overtuiging. Dit is de reden dat sommige mensen nooit hun eerste indruk veranderen, zelfs niet als die onjuist was. Stel bijvoorbeeld dat jij denkt dat blonde mensen niet zo slim zijn. Je ontmoet een man met blond haar die niets begrijpt van de busdienstregeling, die jou heel simpel lijkt. Je eerste indruk is dat hij misschien niet zo snugger is en je mening wordt gestaafd door zijn onvermogen om die dienstregeling te begrijpen. Je komt hem een tweede keer tegen en hij lijkt nu toch behoorlijk slim en vertelt je dat hij advocaat is. Je eerste indruk was dat hij geen hoogvlieger was en hij heeft ook nog blond haar, dus je bent verbaasd dat hij advocaat is, en je conclusie is dat je nu een 'niet zo slimme' advocaat kent! Er zijn enige tijd en nieuwe ervaringen met hem voor nodig voordat je gaat denken dat hij eigenlijk heel intelligent is, maar dat hij die dag dat je hem voor het eerst ontmoette net met die dienstregeling zat te hannesen. (We hebben allemaal van die momenten!) Maar omdat jij nog steeds gelooft dat blonde mensen niet slim zijn, zul je waarschijnlijk nog lang met dat idee worstelen voordat je tot de conclusie kunt komen dat je fout zit met je aanname over blonde mensen. Of je denkt natuurlijk dat hij een uitzondering op de regel is!

Het verschil tussen de Mens en de Chimp bij het gebruiken van bewijzen

Mensen zoeken naar bewijzen en trekken dan hun conclusies. Chimps trekken conclusies en gaan dan op zoek naar bewijzen om die mee te staven. De fout van de Chimp is dus dat hij een besluit neemt over iemand en dan op zoek gaat naar feiten om zijn oordeel mee te staven. Daar zit iets van een selffulfilling prophecy in. Het is puur emotioneel denken.

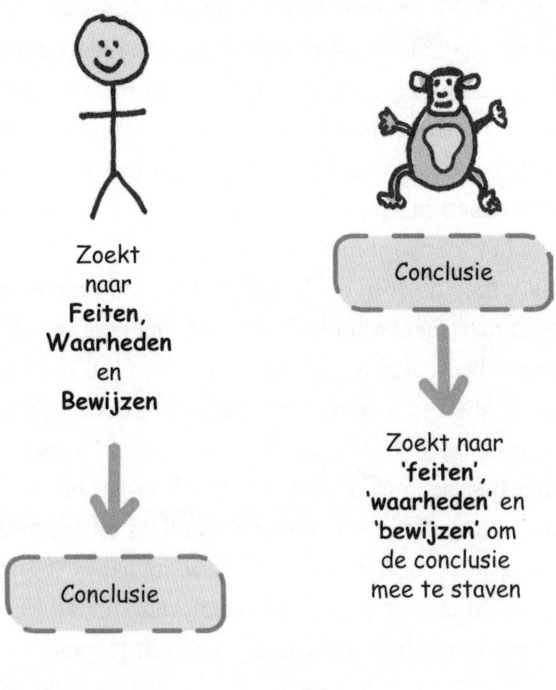

Waarom wil je anderen begrijpen?

Voordat je anderen probeert te begrijpen, moet je jezelf eerst afvragen waarom je dat wilt en wat je ermee wilt bereiken.
Ik ga ervan uit dat jouw Mens anderen wil begrijpen om een betere relatie met hen te krijgen, wat betekent dat je tolerant zult zijn en waarschijnlijk tot op zekere hoogte je eigen eisen en verwachtingen jegens hen opzijzet. Lees dit nog een keer! Je zult '**tolerant zijn en jezelf tot op zekere hoogte opzijzetten**'. Het is zeer onwaarschijnlijk dat je iemand beter leert kennen als je je Chimp zijn agenda laat volgen. De agenda van je Chimp zal eerder gaan over de ander beoordelen en intolerant zijn jegens alles wat niet overeenkomt met jouw ideeën over wat er hoort te gebeuren en hoe diegene hoort te zijn. Chimps zijn van nature onbuigzaam en zeer intolerant jegens anderen.
De Mens daarentegen is over het algemeen tolerant en flexibel en begripvol jegens anderen. En waar sta jij? **Of beter nog, waar wil jij staan?**

Zelfde vraag, maar twee agenda's

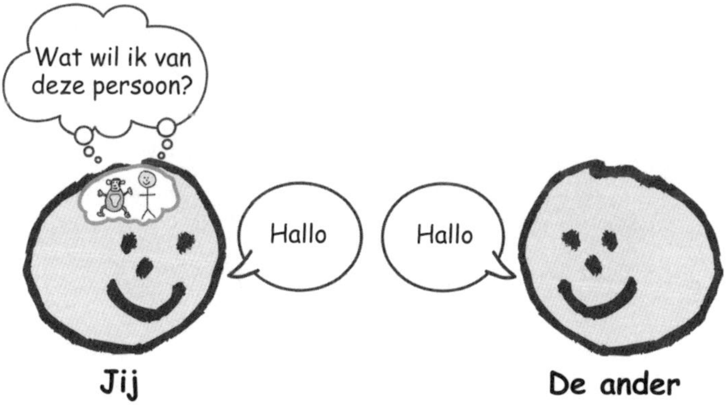

Om anderen beter te kunnen begrijpen, moet je ook onbevooroordeeld zijn en bereid zijn hen op een andere manier te bekijken, anders verandert er niets.
Het volgende punt is heel belangrijk. Als je bruggen wilt bouwen tussen jou en iemand anders, dan ben jij het die de brug moet bouwen.

Verwacht niet dat de ander eraan meewerkt, want als je iemand met die houding benadert, is de kans groot dat het op een mislukking uitdraait. Dit is jouw keuze en jouw beslissing. Denk hier nog eens over na. Als jij in een relatie stapt met eisen en verwachtingen dat de andere persoon iets voor die relatie hoort te doen, kom je waarschijnlijk van een koude kermis thuis. Het lijkt misschien redelijk om een relatie te verwachten die van twee kanten komt, maar reken er niet te erg op.
Ik zeg niet dat jij al het werk moet doen en dan maar moet afwachten. Wat ik wel zeg, is dat zodra jij iets terugverwacht, er problemen kunnen optreden. De meeste mensen zullen het bruggen bouwen beantwoorden als jij eenmaal begonnen bent. Is dat echter niet het geval, houd het dan voor gezien of ga door zonder verwachtingen of eisen in hun richting, totdat je denkt dat het wel mooi is geweest. Het is aan jou om te besluiten of een relatie het waard is om erin te investeren.

Een brug bouwen betekent dat jij al het werk doet!

Hoofdpunt
Succesvolle mensen stellen geen eisen aan anderen, maar creëren een situatie waarin de Mens in de ander kan reageren, en niet zijn Chimp.

Het kost inspanning en geduld om de relatie te krijgen die jij wilt en er is geen garantie dat het zal werken, want dat hangt zowel van hen als van jou af. Bedenk dat als we met mensen in zee gaan, de manier waarop wij hen benaderen en met hen omgaan invloed zal hebben op de manier waarop zij op hun beurt met jou omgaan.

Wees realistisch in je verwachtingen van anderen

Een van de ergste dingen die we kunnen doen om een relatie te verstoren, is onrealistische verwachtingen hebben van de ander. Het is bijvoorbeeld redelijk om te verwachten dat iemand die jij ontmoet respect toont door naar je te luisteren en aardig en coöperatief te zijn. Het is echter onredelijk om te verwachten dat diegene geïnteresseerd is in jou of in wat je te zeggen hebt, door enthousiasme te tonen, veel vragen te stellen en je aan te moedigen. Want zoiets is een meevaller! Controleer of de mensen in jouw wereld in staat zijn om zichzelf te zijn en of jij hun de kans daartoe geeft zonder ze te veroordelen op basis van onrealistische verwachtingen.

Hier volgt een voorbeeld om dit verder te illustreren. Onlangs vroeg een vriend me of ik hem kon helpen met een probleem met zijn vriendin. Hij vertelde dat ze geen enkel tijdsbesef had. Hij zei dat waar ze ook heen moesten of op welk tijdstip ze ook hadden afgesproken, ze altijd minstens twintig minuten te laat kwam. Het maakte hem gek en hij vroeg me hoe hij haar kon helpen om wat gestructureerder en punctueler te worden. Ik vroeg of zij het er zelf weleens over had gehad en hij zei dat dat niet zo was en dat ze er totaal geen probleem mee leek te hebben dat ze altijd te laat kwam. Maar, ging hij verder, ze moet 'hier wel iets aan doen'.

Wow, hoe onrealistisch waren zijn verwachtingen van deze vrouw? Het is niet haar probleem. Zij heeft het volste recht om het leven te leiden dat zij wil en als zij bij elke afspraak te laat wil komen, is dat haar goed recht. Hij hoeft niet bij haar te blijven, dat is zijn keuze. Wat je niet kunt doen, is jouw verwachtingen en voorwaarden aan iemand anders opleggen en vervolgens zeggen dat diegene een probleem heeft. Natuurlijk kun je uitleggen dat het je frustreert en zelfs dat je er niet mee kunt leven, maar je kunt niet van een partner eisen dat hij is zoals jij wilt dat hij is. Waar het op neerkomt is dit: het is **jouw keuze** om bij diegene te blijven en hem te accepteren zoals hij is of om te vertrekken, en **die ander heeft het recht om zich te gedragen zoals hij wil**.

Denk eens na over de belangrijke mensen om je heen en vraag je af hoe je je gedraagt naar hen toe. Als je frustraties hebt ten aanzien van bepaalde mensen, kijk dan eens naar jouw verwachtingen van hen en vraag je af of die redelijk zijn. Meet die redelijkheid niet af aan je eigen maatstaven, om die vervolgens anderen op te leggen, want iedereen heeft zijn eigen maatstaven. Meet de redelijkheid af aan objectieve maatstaven, bijvoorbeeld 'koeioneert deze persoon me?'. Als het antwoord 'ja' is, dan is dat onredelijk. Koeioneren, intimideren en vernederen zijn duidelijk onredelijke gedragingen. Maar hoe iemand zijn tijd wil gebruiken of zich wenst te gedragen in zijn persoonlijke relatie met jou, is geheel aan diegene. Jij hebt altijd het recht om weg te lopen.

Wil je een schilderij, ga dan op zoek naar een schilder

We hebben het steeds over verwachtingen omtrent anderen, maar het is de moeite waard om ook eens naar hun beperkingen te kijken. Heel vaak vragen we van mensen dat ze iets zijn wat ze niet kunnen zijn of iets doen wat ze niet kunnen. Als je een schilderij wilt laten maken, is het verstandig om daar een kunstenaar voor te vragen; doe je dat niet, dan moet je accepteren dat het schilderij mogelijk niet zo goed wordt als jij zou willen. Als je zomaar een willekeurig iemand uitkiest en hem of haar vraagt om een schilderij voor je te maken, is het niet de fout van die ander als het niet goed is. Het is jouw probleem, omdat jij iets hebt gevraagd wat diegene niet kan leveren.

Een bekend voorbeeld is dat veel mannen moeite hebben met het lezen van lichaamstaal en dat het sommigen van hen frustreert dat ze het humeur van mensen niet kunnen doorgronden. Als jij ook zo iemand in je leven hebt, is het tamelijk onredelijk van jou om te verwachten dat hij deze vaardigheid plotseling wel onder de knie heeft. Het is zeer onwaarschijnlijk dat dit zal gebeuren. Hij heeft geen probleem, hij zit nu eenmaal zo in elkaar. Maar als jij dat niet accepteert, ben jij degene die een probleem heeft. Natuurlijk probeert hij jouw lichaamstaal te lezen, maar wil hij die begrijpen, dan zul jij je gevoelens aan hem moeten uitleggen of ze moeten uitspreken. Verwachten dat hij gedachten kan lezen, zal hem niet verder helpen!

Bedenk: als je een schilderij wilt, zoek dan een schilder. Als je echt een partner wilt die lichaamstaal kan lezen en gevoelig is voor jouw onuitgesproken behoeften, ga daar dan naar op zoek. Besluit je echter te blijven bij iemand die dat niet kan, of dat misschien zelfs helemaal niet wil, zeur dan niet. Het is jouw keuze om een schilderij te accepteren dat niet door een kunstenaar geschilderd is!

Tolerant zijn betekent begrijpen dat we allemaal anders zijn en de eenvoudigste manier om tolerant te zijn, is weinig of geen verwachtingen koesteren van mensen die je ontmoet, maar ze gewoon accepteren zoals ze zijn en van daaruit verder te gaan. Je hoeft, zoals gezegd, niet bij iemand te blijven die niet aan je verwachtingen kan voldoen of die weigert dat zelfs maar te proberen. Aan jou de keus of je blijft, maar het is niet redelijk om je erover te beklagen of eisen aan die ander te stellen.

Katten kunnen niet praten

Stel je een scenario voor waarbij een vriendin je op een avond belt dat haar kat dreigt te verhongeren. Jij vraagt natuurlijk hoe dat komt. Zij zegt: ‘Nou, ik vraag de kat elke avond of hij kip of vis wil, maar hij geeft nooit antwoord. En dus krijgt hij niets.’ Het is niet de kat die het aan intelligentie ontbreekt! Sommige mensen kunnen gewoon niet doen wat jij van hun vraagt en het helpt niets om je daaraan te ergeren. Denk nog eens na over mensen die je ergeren, weet je zeker dat je niet aan de kat vraagt om te praten?

Dit is misschien een goed moment om jezelf te herinneren aan een paar voor de hand liggende waarheden als het gaat om verwachtingen van mensen. Hier volgen er een aantal:

- Niet alle mensen zullen vriendelijk zijn.
- Sommige mensen veranderen nooit.
- Sommige mensen zullen het nooit begrijpen.
- Sommige mensen zullen jou niet mogen.
- Mensen en Chimps zijn elke dag weer anders.
- Niemand is alleen maar slecht.
- Niemand is alleen maar goed.
- Niemand zal het altijd met alles wat je zegt eens zijn.

De 'een-op-de-vijf'-regel

Niemand vindt het leuk om onpopulair te zijn of niet begrepen te worden. Maar in de echte wereld zal dat toch gebeuren. Als je vijf mensen neemt en hun vraagt of ze jou mogen of begrijpen, dan krijg je waarschijnlijk de volgende uitkomst.

Een van hen zal je aardig vinden en je begrijpen, wat je ook doet of zegt. Deze persoon zal aan jouw kant staan.

Een van hen zal je niet mogen en niet begrijpen, wat je ook doet.

Drie van hen zitten daar ergens tussenin en zullen op een objectieve manier naar je kijken.

Het komt er dus op neer dat je moet accepteren dat er in elk van deze categorieën een paar miljoen mensen zitten en dat je kunt verwachten dat je vijanden hebt die tegen je zijn en je niet mogen en kritiek op je hebben, wat je ook doet. Deze mensen zijn vaak heel onredelijk en heel uitgesproken en daar kun je niets aan veranderen. Probeer onevenwichtige en bevooroordeelde kritiek op jou te negeren. Luister liever naar de evenwichtige meerderheid die je zal steunen en met constructieve opmerkingen komt, ook al kan die soms kritisch zijn.

Samenvatting hoofdpunten

- Of je het beste uit mensen haalt, hangt af van hoe je ze benadert en hoe goed je ze begrijpt.
- Vooropgezette ideeën over mensen of verwachtingen van mensen kunnen je omgang met hen sterk beïnvloeden.
- De beste relaties zijn relaties waarbij je iemand accepteert zoals hij of zij is en van daaruit verdergaat.
- Neem afstand van mensen wier gedragingen of overtuigingen jij niet kunt accepteren.
- Investeer veel in de mensen om wie jij geeft.
- De 'een-op-de-vijf'-regel houdt in dat je maar beter kunt accepteren dat je het sommige mensen nooit naar de zin kunt maken en dat ze je nooit zullen mogen en dat dit niets met jou te maken hoeft te hebben.

Aanbevolen oefening
Jouw impact op anderen inschatten

Jouw effect op anderen
Vraag jezelf af welk effect jij op anderen hebt nadat je met hen hebt gecommuniceerd. Is dat opbouwend of juist destructief? Kom je over als een stimulerend iemand of zuig je hun energie weg? Bedenk welk effect jij wilt hebben en werk er dan aan om dit bij elke interactie in praktijk te brengen. Evalueer je vorderingen door aan het eind van elke dag alles nog eens door te nemen. Realiseer je dat mensen soms niet erg meewerken, wat je ook doet. Tel echter ook de successen die je boekt.

Hoofdstuk 8
De Maan van de Groep

Hoe kies je het juiste ondersteunende netwerk

- Het doel van de groep
- De groep uitkiezen
- De groep in stand houden
- Partners in de groep

De Maan van de Groep vertegenwoordigt de mensen die jou steunen. Het is van cruciaal belang om de juiste mensen in je groep te hebben en ook om te begrijpen wat de consequenties zijn als je de verkeerde mensen in je groep hebt. Een ondersteunende groep heeft een stabiliserende invloed op hoe jij met iedereen buiten de groep omgaat.

Het doel van de groep

Wat is een groep?

De groep is een kleine verzameling mensen. Deze mensen zullen jou helpen, koesteren en ontwikkelen, maar het belangrijkste is dat je erop kunt vertrouwen dat ze je steunen en je beschermen. Dat betekent niet dat ze altijd het juiste zullen doen of jou nooit in de steek zullen laten. Maar als jij met de rug tegen de muur staat, zullen ze er voor je zijn.

Waarom hebben we een groep nodig?

Behalve vanwege hun behoefte aan gezelschap zullen de Mens en de Chimp de groep ook om andere redenen verkiezen. Vrijwel alle Chimps hebben een groep **nodig**. En vrijwel ieder Mens **wil graag** bij een groep horen. Er is dus een verschil. Dit is belangrijk, want de Chimp en de Mens kiezen elk om hun eigen redenen de leden van hun groep uit. Ze kunnen dus verschillende mensen selecteren, en dat kan akelige gevolgen hebben.

Behalve dat het je helpt om je groep samen te stellen, geeft dit hoofdstuk ook antwoord op enkele vaak gestelde vragen:

- Waarom wil ik het anderen altijd naar de zin maken?
- Waarom maak ik me zo druk over wat anderen denken?
- Waarom wil ik altijd indruk maken op anderen?

Waarom de Chimp een groep nodig heeft

Laten we beginnen met de Chimp. Een wilde chimpansee hoort bij een groep. Zonder groep zal een solitaire chimpansee waarschijnlijk niet overleven. Dat komt omdat het voor roofdieren of een vreemde groep chimpansees dan heel makkelijk is om hem te vangen. Als hij deel uitmaakt van een groep, zijn er veel ogen en oren die waakzaam zijn en hem beschermen. Dat is de reden dat bij een chimpansee het instinct om deel uit te maken van een groep heel sterk aanwezig is. Dit is een van de krachtigste driften die de chimpansee bezit.

De drang in jouw innerlijke Chimp om een groep te vinden, is al even sterk en hij zal op zoek gaan naar mensen die als beschermers kunnen fungeren. De behoefte om bij een groep te horen is zo krachtig, dat we vaak ons leven en onze manier van leven geweld aandoen om maar deel van een groep te blijven uitmaken. Kijk maar eens hoe pubers zich gedragen als ze het stadium bereiken dat ze besluiten geen volwassenen meer nodig te hebben. Ze verzamelen zich dan in groepen individuen die dezelfde kleding- of gedragscodes hebben. Als de leider van de groep oranje sokken draagt, vindt iedereen het cool om oranje sokken te dragen, en dragen ze die allemaal. Als de leider besluit dat groene sokken in zijn, schakelt iedereen over op groen. In de groep kan het leiderschap worden betwist en er zal regelmatig sprake zijn van verdeeldheid en van aanpassingen. Iemand die uit de groep wordt gezet, zal daar meestal kapot van zijn. Iemand die problemen veroorzaakt in zijn groep loopt grote kans eruit gezet te worden, dus is het belangrijk om je aan te passen en geaccepteerd te worden. De innerlijke Chimps 'vlooien' elkaar daarom en sluiten vriendschap, met name met hooggeplaatste Chimps, zodat ze veilig zijn. Ze maken vrienden door sterk over te komen – indruk op anderen maken is dus heel belangrijk. Uit de groep verstoten worden, betekent een vrijwel zekere dood voor de innerlijke Chimp.

Met dit in gedachten begrijp je misschien hoe belangrijk, en hoe krachtig, de drang is om geaccepteerd en goedgekeurd te worden door de groep. Je innerlijke Chimp vertelt je dat overal gevaar dreigt en dat je deel moet uitmaken van een groep. Om in de groep te blijven, moet je als sterk gezien worden (en te allen tijde indruk op anderen maken), je moet zorgen dat je populair bent (iedereen blij maakt) en je moet er vooral voor zorgen dat anderen je hoog hebben zitten (het moet je iets kunnen schelen wat zij denken). Dit is ook gelijk een antwoord op de drie hierboven gestelde vragen. Het resultaat van deze groepsdrang is dat de Chimp een paar Boemannen in de Computer stopt. Dat zijn overtuigingen als: 'Ik moet het iedereen naar de zin maken', 'Ik moet mezelf te allen tijde bewijzen', 'Ik mag niets fout doen', 'Alles is belangrijk' enzovoort. We beginnen er onbewust in te geloven en naar te leven. De groepsdrang is de belangrijkste factor achter deze overtuigingen, maar ze kunnen worden aangeleerd en bekrachtigd als een gewoonte waar je niets aan hebt.

Waarom de Mens een groep wil

Als Mens baseren we onze overtuigingen op maatschappelijke waarden. We delen graag dingen en werken graag met anderen samen en de meeste Mensen willen een samenleving opbouwen waarin voor iedereen wordt gezorgd, met name voor de kwetsbare leden. De Mens geniet van het gezelschap van vrienden en heeft respect voor en compassie met hen. De Mens wil graag populair zijn en wil graag de goedkeuring van anderen, maar beseft dat je je niet druk hoeft te maken over wat anderen denken en het je ook niet hoeft aan te trekken als anderen ongelukkig zijn, want het is hun eigen verantwoordelijkheid om zichzelf gelukkig te maken, niet die van jou. De Mens deelt dus in feite een hoop wensen met de Chimp, maar heeft er andere redenen voor.

Het addertje onder het gras!

Maar we hebben een probleem. De Mens heeft de Chimp namelijk misleid. De Chimp weet dat de meeste mensen die hij in zijn wereld ontmoet zich als Chimp gedragen, en als mensen in de Chimp-modus staan, kunnen ze heel gevaarlijk zijn. Hij weet dat hij, wil hij jou beschermen, buitenstaanders moet afweren. De Chimp weet dat niet iedereen in jouw groep kan zitten en dat je geen indruk kunt maken op of aardig gevonden zult worden door mensen die niet in jouw groep zitten en eropuit zijn om kritiek op je te leveren.

De Mens echter brengt de waarden van de maatschappij en de daarbij behorende overtuigingen over op de Chimp. De Mens baseert deze overtuigingen op het principe dat hij tussen Mensen leeft, en niet tussen Chimps. Dus stelt de Mens de Chimp gerust en zegt dat we niet in de jungle maar in de maatschappij leven en dat we daarom voor iedereen moeten zorgen en het iedereen naar de zin moeten maken, want iedereen zit in onze groep. De Chimp luistert hiernaar en maakt vervolgens iedereen tot lid van zijn groep. Dat heeft natuurlijk desastreuze gevolgen, want helaas is de wereld niet perfect en mensen reageren heel vaak vanuit de Chimp-modus en niet vanuit de Mens.

De Chimp is nu heel kwetsbaar omdat hij geen eigen groep heeft. Hij zal regelmatig worden aangevallen en gebeten door Chimps die duidelijk niet tot zijn groep behoren, maar waarvan hij vindt dat hij ze aan zijn groep moet toevoegen. We zullen dit probleem dus moeten oplossen, dat is duidelijk. De Chimp is in wezen misleid door de Mens en denkt dat hij iedereen in zijn groep moet toelaten. De Chimp had oorspronkelijk gelijk en we moeten naar hem luisteren. Er zijn slechts een paar Chimps in jouw groep (een paar mensen die echt bij je horen). Alle andere Chimps (mensen) maken geen deel uit van jouw groep en kunnen je met geweld en vol agressie aanvallen. Daarom is wat de rest van de wereld (andere Chimp-groepen) over ons denkt onbelangrijk.

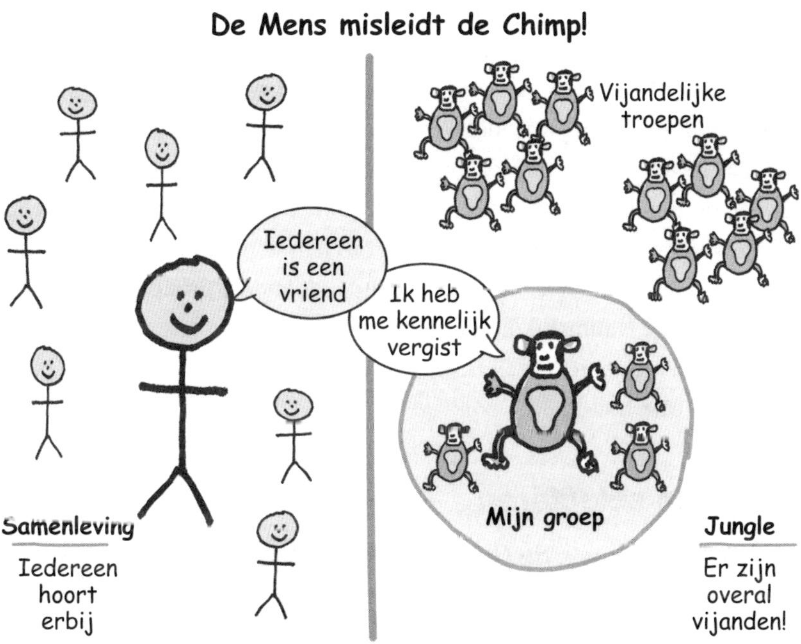

We hebben echter een zeker evenwicht nodig, aangezien we in een maatschappij leven en het onredelijk zou zijn om niet iedereen met respect en wat Menselijke warmte te behandelen. Dit evenwicht kun je bereiken door jouw Mens toe te staan om **vriendelijk en benaderbaar** voor iedereen te zijn. Accepteer echter ook de regel van de Chimp dat niet iedereen tot jouw groep behoort, **word niet vertrouwelijk** met iedereen en bescherm je zo tegen emotioneel leed. Deze keer moet je naar je Chimp luisteren!

De groepsdrang onder controle krijgen

Controleer dus of je groepsdrang niet met jou op de loop gaat. De Chimp moet gerustgesteld en gekalmeerd worden. Hij heeft een groep nodig die hij kan behagen en hij heeft de groep nodig om hem gerust te stellen en om goedkeuring terug te krijgen. Als de Chimp echter niet weet wie er tot de groep behoort en iedereen probeert te behagen en van iedereen goedkeuring verwacht, slaat de groepsdrang door. Dus als jij worstelt met dingen als proberen het iedereen naar de zin te maken, altijd maar je best doen om indruk op anderen te maken, altijd de behoefte hebben aan goedkeuring of je zorgen maken over wat anderen denken, dan is het heel goed mogelijk dat jouw groepsdrang met je op de loop is gegaan. Maak dan pas op de plaats en definieer opnieuw jouw groep (zie de oefening aan het einde van dit hoofdstuk). Bepaal wie er tot je groep behoort en ga dan aan het werk om hen te pleasen en laat je door hen geruststellen. Het is onwaarschijnlijk dat andere groepen jou zullen verwelkomen! Natuurlijk helpt het om tegen iedereen vriendelijk te zijn en je beschaafd te gedragen. Let er alleen wel op dat je je groepsdrang onder controle houdt.

De groep selecteren

Chimp-selectie: wie de Chimp nodig heeft in de groep

Jouw Chimp zoekt naar krachtige individuen die de groep sterk en veilig maken. Als jouw Chimp een geboren leider is (en uit onderzoek blijkt dat een op de vier mensen zo'n Chimp heeft), zal hij naar sterke volgers zoeken. Als de Chimp geen geboren leider is, dan zal hij op zoek gaan naar de geboren leider of ouderfiguur. Het is dus geen verrassing dat de meeste Chimps op zoek zijn naar helden of naar populaire individuen.

Je innerlijke Chimp zal waarschijnlijk ook zoeken naar Chimps met invloed en rijkdom, want Chimps die deze kenmerken bezitten versterken de kracht van de groep en bieden jou veiligheid. De Mens zal misschien ook rijkdom willen, maar dan om heel andere redenen!

De Chimp zal zijn groepsleden dan ook selecteren op basis van wat ze hem te bieden hebben, of wat hij hun kan bieden dat hemzelf voldoening geeft. De Chimp selecteert op uiterlijk en vaak ook op andere tamelijk oppervlakkige eigenschappen. Chimps zoeken ook naar vertrouwdheid. Vertrouwdheid biedt een gevoel van veiligheid en geruststelling. Als jij bijvoorbeeld iemand ontmoet die uit dezelfde stad komt als jij, of die iets vergelijkbaars in zijn leven heeft meegemaakt, dan zal je Chimp jou in zijn of haar richting duwen. Je Mens heeft misschien heel weinig gemeen met diegene, maar als de Chimp zich veilig voelt omdat hij zich op bekend terrein bevindt, zal hij die ander accepteren. Onze Chimps zullen erg op hun hoede zijn voor mensen die anders zijn dan wij of een heel andere achtergrond hebben of die zelfs afwijzen. Gedeelde ervaringen en dezelfde achtergrond zijn factoren die ons helpen bij het vormen van een groep, maar ze kunnen er ook toe leiden dat we een verkeerde groep samenstellen.

Als wij iemand treffen die we bewonderen, of waar anderen hoog van opgeven, hebben onze Chimps de neiging om verder niet naar zijn persoonlijkheid te kijken. De Chimp kan zo iemand aan zijn groep toevoegen zonder acht te slaan op zijn persoonlijkheid. Als we hem dan uiteindelijk beter leren kennen, kan de Mens in ons denken: ik bewonder zijn vaardigheden misschien, maar het is niet bepaald een aangenaam persoon. En dan veranderen we van gedachte en verwijderen we hem uit de groep.

Kijk uit dat je je Chimp niet laat bepalen wie er in de groep hoort. Dat iemand in dezelfde stad woont als jij, een bepaalde ervaring met jou deelt, bewonderenswaardig of rijk is, wil nog niet zeggen dat zo iemand in jouw groep hoort. De Chimp gaat op zijn gevoelens af bij het selecteren van zijn groep en die kunnen onbetrouwbaar zijn. Het is daarom belangrijk om je te realiseren wie je in de groep toelaat en waarom; welke rol vervult diegene? Bedenk dat de eerste indrukken via de Chimp binnenkomen en verkeerd kunnen zijn (hoewel ze ook correct kunnen zijn). De kans bestaat dat we waardevolle groepsleden uitsluiten of ontwrichtende en ongeschikte leden toelaten.

Menselijke selectie: wie de Mens in zijn groep wil

De Mens heeft een heel andere agenda. De Mens in ons zou zich graag omringd zien door gelijkgestemde zielen, mensen die vriendschap en gezelligheid kunnen bieden. De Mens kiest deze mensen uit op bepaalde belangrijke kenmerken die zich in het Menselijkheidscentrum bevinden. Het gaat dan om zaken als integriteit, eerlijkheid, onbaatzuchtigheid, empathie, een positieve kijk op het leven, gevoel voor humor, enzovoort.
Dergelijke mensen zullen ons koesteren en ons als mens laten groeien omdat ze ons begrijpen, op ons letten en ons soms confronteren met een reality check wat betreft onze kijk op het leven en ons gedrag. We zoeken ook naar Mensen die betrouwbaar en voorspelbaar zijn. Voorspelbare Mensen zijn meestal mensen die goed zijn in het managen van hun Chimp en die hun Chimp niet vaak aan ons laten zien. Als dat toch gebeurt, is de kans klein dat hun Chimp ons aanvalt. De Mens zoekt dus eigenlijk naar zielsverwanten, naar spirituele partners en vrienden.

Goed inschatten of je vergissen!

We zien dus dat er twee zijn die proberen je groep te selecteren: de Mens en de Chimp. De Mens werkt met logica en kijkt naar mensen met Menselijkheid en kiest de groepsleden op basis van belangrijke kenmerken die ze bezitten. De Chimp daarentegen gebruikt emoties en gevoelens en zoekt naar mensen die tamelijk oppervlakkige eigenschappen bezitten, zoals uiterlijk of macht. Het is dan ook niet eenvoudig om het evenwicht tussen die twee te vinden.
Mensen in je groep toelaten die je zullen kwetsen, is niet verstandig, dus het is de moeite waard om er wat tijd voor uit te trekken om te bepalen hoe je groep eruit moet zien. De groepsgrootte zal afhangen van wie er beschikbaar is en wie er in het plaatje past. Sommige mensen hebben al genoeg aan alleen hun partner in de groep. Anderen hebben juist behoorlijk uitgebreide groepen. Jij beslist zelf over de grootte van je groep; daar bestaan geen regels voor.
Een probleem ontstaat als de Chimp zijn keuze laat vallen op iemand waar de Mens het niet mee eens is. De Mens zal bijvoorbeeld niet gauw

iemand uitkiezen die onbetrouwbaar en egoïstisch is, maar als hij leuk gezelschap is en iemand die leven in de brouwerij brengt, kan de Chimp zich toch aan hem hechten. Wat ook vaak fout gaat als de Chimp de groep kiest, is als iemand ons met gevlei probeert in te palmen. Onze Chimps zijn gevoelig voor vleierij en schijnbaar vriendelijke woorden en ze laten diegene dan toe tot de groep. Je ziet dit in zijn meest heftige vorm bij mensen die zo'n lage dunk van zichzelf hebben dat hun Chimp zich door hun partner lichamelijk of psychisch laat afranselen, en dan toch bij die partner blijven. De Chimp komt dan met excuses als: 'maar hij is eigenlijk heel vriendelijk' of: 'je kent haar niet zoals ik haar ken'. (Nee, gelukkig niet, zeg!) Iedere man of vrouw die op deze manier mishandeld wordt, kan leren herkennen wat er gebeurt en kan aan het werk gaan met de emoties van zijn of haar Chimp en leren meer zelfvertrouwen en zelfrespect te krijgen om de onzekerheid te verdrijven. Dat is geen gemakkelijke opgave en vaak is daarbij professionele hulp nodig. We kunnen bevriend zijn met vriendelijke Chimps van andere groepen, die niet vijandig tegenover ons staan, maar die geen deel uitmaken van onze eigenlijke groep. Typische leden van onze groep zijn onze partner, sommige familieleden en goede vrienden. We stellen onze groep meestal nogal onbewust samen, terwijl we ons, door er wat meer zorg en aandacht aan te besteden, heel wat emotionele ellende zouden kunnen besparen, bijvoorbeeld door onderscheid te maken tussen een lid van onze groep en iemand die gewoon vriendelijk is. Als je daarbij de plank misslaat, is dat net zoiets als een chimpansee die naar de verkeerde groep gaat en aangevallen en misschien zelfs gedood wordt. Misschien heb je er zelf ervaring mee dat je de verkeerde vriend in jouw groep hebt toegelaten en dat die jou uiteindelijk heeft aangevallen; dan weet je waarom het nodig is om je groep op orde te hebben.

Groepen zijn geen vast gegeven. Leden kunnen komen en gaan zonder dat je er controle over hebt. Als je je vastklampt aan vrienden die al uit de groep zijn gestapt zonder dat jij je dat realiseerde, kan dat kwetsend zijn. Loslaten en je realiseren wie op dat moment tot je groep behoort, is hier de sleutel.

De groep onderhouden en rollen binnen de groep

De groep vergt onderhoud. Het is belangrijk dat je de leden van je groep koestert. Daarvoor moet je hun behoeften kennen en proberen daaraan tegemoet te komen. Ieder lid van de groep zal in jouw ogen, en ook in die van de Chimp, een bepaalde rol spelen. Een van de problemen bij het onderhouden van de groep is dat je ervoor moet zorgen dat je iemand niet een rol toebedeelt die hij of zij niet aankan. De meeste mensen hebben bijvoorbeeld behoefte aan een vader- of moederfiguur en die worden meestal door hun ouders ingevuld. In sommige omstandigheden echter zijn onze ouders afwezig en dan leggen we een ander die rol op. Dat kan bijvoorbeeld een zorgzame baas zijn, of een professioneel iemand, zoals een arts of een verpleegkundige. De verkeerde rol met bijbehorende verwachtingen toebedelen aan de verkeerde persoon zal zelden werken! Als we een rol opdringen aan iemand met een verwachting over wat diegene in die functie hoort te doen, en aan die verwachting wordt niet tegemoetgekomen, kan dat tot frustratie en zelfs woede leiden, of je loopt het risico dat mensen hun professionele grenzen overschrijden. Anderen kunnen natuurlijk ook jou een rol opleggen die je niet wilt spelen. Het is belangrijk dat als mensen elkaar rollen toebedelen, ze allebei op dezelfde golflengte zitten. Dat geldt met name voor partners. Proberen ze tot iets te maken wat ze niet zijn kan rampzalig uitpakken, bijvoorbeeld als je de ander de rol van je ouder of kind geeft omdat jij daar behoefte aan hebt. Als rollen onduidelijk zijn, is er meestal een conflict. Een bekend voorbeeld is de botsing tussen de schoonmoeder en de schoondochter omdat ze allebei de zoon/echtgenoot voor zich opeisen. De moeder en de echtgenote hebben een totaal andere relatie met de man; beide zijn uniek en de rollen zijn onverenigbaar. Dit door elkaar lopen van grenzen creëert een competitie tussen rollen die helemaal niet hoeft te bestaan. Als je kunt begrijpen welke rol de ander heeft, en welke rol jij voor hen speelt, is er een veel grotere kans dat relaties bijvoorbeeld binnen je familie of op je werk harmonieus en zonder emotionele reacties en botsingen functioneren.

Een heel belangrijke rol binnen de groep is die van de leider. Zowel de Chimp als de Mens willen en behoeven een leider, maar om verschillende redenen. De Mens zal iemand willen die steun biedt, een mentor en helper, terwijl de Chimp een sterke en dominante leider nodig heeft om hem te beschermen en de groep voor te gaan in de strijd. Verduidelijk voor jezelf de rol van jouw leider!

Partners in de groep

Als twee mensen verliefd op elkaar worden, hebben ze allebei misschien de neiging om te verwachten dat hun partner alle rollen in hun leven zal vervullen. Het is hoogstonwaarschijnlijk dat het zo zal gaan. Een partner kan normaal gesproken niet al onze behoeften vervullen. Er zijn bepaalde driften, zoals onze behoefte aan hechte mannen- of vrouwenvriendschappen die onze partner niet kan vervullen (tenzij diegene toevallig van hetzelfde geslacht is). Proberen om één persoon al je behoeften en alle rollen te laten vervullen, kan heel gevaarlijk zijn, want als de relatie misloopt, sta je met lege handen. Dit is echter een individuele beslissing en er zijn omstandigheden waarin het misschien wel werkt.

Samenvatting hoofdpunten

- Een groep samenstellen is cruciaal om je Chimp gerust te stellen.
- Wees je bewust van de verschillende manieren waarop de Mens en de Chimp een groep uitkiezen.
- Meningen van buiten je groep zijn niet belangrijk.
- De rollen in je groep verduidelijken helpt om die beter te laten functioneren.
- Om de groep te laten functioneren, zul je er tijd aan moeten besteden.

Aanbevolen oefening
Je groep samenstellen

Je groep samenstellen

Herdefinieer je groep. Denk zorgvuldig na over wie er echt tot je groep behoort en zorg ervoor dat de Mens deze leden heeft uitgekozen. Stel een lijstje op van de leden van je groep. Belangrijk is dat je weet wie er niet in jouw groep zit en op wie je beter niet kunt vertrouwen of aan wie je je beter niet kunt blootgeven.

Verduidelijk de rollen van de leden van je groep

Bedenk wat iedere persoon in jouw groep je te bieden heeft en wat jij hem of haar te bieden hebt. Probeer te herkennen wanneer je een lid van je groep vraagt een rol te vervullen die niet bij hem of haar past en zoek vervolgens iemand die wel in staat is om aan jouw behoeften te voldoen. Een goed begin is om eerst je behoeften op te schrijven.

Investeer in de groep

Weet je eenmaal wie de leden van jouw groep zijn, trek dan tijd voor ze uit. Zorg voor je groep, want mensen die je verwaarloost, zullen meestal vertrekken. Vraag jezelf af wat je onlangs nog gedaan hebt voor je groepsleden.

Hoofdstuk 9
De Planeet Verbinding

Effectief communiceren

Communicatie
- Vier manieren van communiceren
- Het Communicatie-vierkant

- Jezelf voorbereiden op belangrijke gesprekken
- Omgaan met onopgeloste conflicten

Nu we hebben gezien hoe de Psychologische Geest en de Planeet van de Anderen werken, kunnen we kijken hoe twee breinen met elkaar communiceren.

Als je niet in staat bent om effectief te communiceren leidt dat vaak tot frustraties en conflicten. Het is daarom de moeite waard om wat tijd te investeren in het verbeteren van je communicatieve vaardigheden. Om maar eens een open deur in te trappen: als je geen tijd uittrekt voor het werken aan je communicatie, moet je niet verbaasd zijn dat er geen verbetering optreedt.

Vier manieren van communiceren

Er zijn vier manieren waarop twee mensen met elkaar kunnen communiceren. Iedere persoon kan ofwel in de Chimp- ofwel in de Mens-modus staan. De Chimp-modus houdt in dat het gesprek emotioneel beladen en niet per se rationeel zal zijn. De Mens-modus houdt in dat het gesprek rationeel en niet emotioneel beladen zal zijn. Iedere persoon kan heel snel switchen tussen de Chimp- en de Mens-modus.

Het ideale gesprek tussen twee mensen is dat tussen Mens en Mens, want dat zal logisch en beheerst zijn. Het nachtmerriescenario is een gesprek tussen twee Chimps. Het 'gesprek' zal dan emotioneel zeer beladen zijn en zou gepaard kunnen gaan met veel aanvallen en tegenaanvallen. Als de ene persoon in de Mens-modus staat en de ander in de Chimp-modus, dan zal het gesprek waarschijnlijk ook niet erg constructief zijn.

Vier manieren van communiceren

De sleutel tot een goede communicatie is voorbereiding. Dus laten we eerst eens kijken naar wat de basis is van communicatie en vervolgens een checklist opstellen om jezelf op een belangrijk gesprek voor te bereiden. Ten slotte kunnen we nog even stilstaan bij hoe je moet omgaan met onopgeloste conflicten.

Het Communicatievierkant

Het Communicatievierkant vormt de basis voor communicatie en heeft vier hoeken en een midden. Om tot een betere communicatie te komen, kan het helpen om dit vierkant voor ogen te houden.

Steevast de verkeerde

Als je het midden van het Vierkant niet op orde hebt, verdoe je waarschijnlijk je tijd en bewijs je jezelf geen dienst. Dat 'steevast de verkeerde' komt heel vaak voor. Het is verbazingwekkend hoe vaak het voorkomt dat iemand die een klacht heeft over iemand of met iemand in discussie wil, zich tot iedereen behalve tot de betreffende persoon richt. Het resultaat is dat diegene, in plaats van het probleem uit de wereld te helpen door op de juiste persoon af te stappen, telkens weer bij de verkeerde mensen aanklopt die de situatie nooit bevredigend kunnen oplossen. Dat leidt tot veel geklaag en gejammer tegen een heleboel mensen. Diegene is inmiddels misschien zelf wel het probleem geworden en kan zeer terecht kritiek verwachten.
Praten met de juiste persoon zou diegene een hoop tijd, inspanning en emotionele stress besparen. De meest voorkomende reden om niet met de juiste persoon te praten, is gebrek aan assertiviteit, dus ik zal daar eerst op ingaan.

Assertiviteit of agressie?

Assertief zijn betekent dat je iemand anders uitlegt wat in jouw wereld acceptabel is en wat niet, en waarom. Dat doe je op een kalme manier, zonder emotie. **Agressief** zijn betekent daarentegen dat je, om je boodschap over te brengen, emoties en gedrag toont dat aanvallend van aard is.

Assertieve communicator	Agressieve communicator
Bant emotie uit gesprek.	Vol emotie.
Kiest woorden zorgvuldig.	Roept emotie op bij de ander.

Door je in te leven in de Chimp in de andere persoon, is het niet moeilijk te bedenken welke emotionele reactie die waarschijnlijk zal hebben op deze twee heel verschillende benaderingen. Door een agressieve benadering ontvlamt de Chimp, die waarschijnlijk een van de volgende dingen doet. Hij gaat ofwel in de tegenaanval ofwel hij kruipt in zijn schulp. In beide gevallen is het onwaarschijnlijk dat de ander de boodschap zal horen, want zijn of haar emoties hebben het overgenomen en de Chimp van diegene zal nu zijn eigen agenda volgen. Als je assertief bent, is de kans veel kleiner dat de Chimp in de ander opspeelt en zal diegene meer openstaan voor jouw boodschap en daar adequaat op reageren.

Dus wat zijn de simpele regels van het assertief zijn? Bij een assertieve communicator gaat het om drie onderdelen, **en alle drie de onderdelen moeten worden toegepast, willen ze effectief zijn.**

De drie onderdelen van assertiviteit zijn:

1. Zeg tegen de ander wat je niet wilt en gebruik daarbij het woord 'Ik'.
2. Zeg tegen de ander welk gevoel dit jou geeft.
3. Zeg tegen de ander wat je wel wilt en gebruik daarbij het woord 'Ik'.

Om je te helpen je boodschap over te brengen, kun je er ook nog aan toevoegen dat je gehoord wilt worden zonder onderbroken te worden en je kunt dan de feiten opsommen zoals jij ze ziet. Het helpt ook altijd om de ander te bedanken dat hij of zij naar je heeft geluisterd.

Hier is een voorbeeld om te demonstreren hoe je dit zou kunnen aanpakken. Stel dat je om wat voor reden dan ook te laat bent voor een afspraak. De persoon met wie jij hebt afgesproken, is heel kwaad als jij uiteindelijk arriveert en zegt op boze toon dat het hoogst onbeschoft is dat jij te laat bent. Bedenk dat je de emotie uit je stem moet weren, want anders roep je een emotionele reactie bij de ander op, waardoor de situatie nog meer uit de hand loopt. Het is beter om te wachten tot de ander is uitgeraasd, want hem of haar onderbreken maakt het ook alleen maar erger. Laat dus de Chimp van de ander zijn gang gaan, maar reageer er niet op!

1. Zeg: 'Ik zou graag willen dat je luistert naar wat ik te zeggen heb en ik zou het fijn vinden als je me daarbij niet in de rede valt.'
2. Zeg: 'De feiten zoals ik ze zie zijn dat ik te laat ben en de reden is dat ik de tijd verkeerd heb ingeschat, en daar bied ik mijn verontschuldigingen voor aan.'
3. Zeg: 'Ik wil niet dat je tegen me schreeuwt.'
4. Zeg: 'Als jij schreeuwt, voel ik me geïntimideerd.'
5. Zeg: 'Ik zou graag willen dat je op rustige toon tegen me spreekt.'

Let op het gebruik van het woord 'Ik'. Het is heel belangrijk om 'Ik' te gebruiken en niet iets te zeggen als 'Schreeuw alsjeblieft niet tegen me'. Op het eerste gezicht lijkt er niets mis met 'Schreeuw alsjeblieft niet tegen me'. En misschien werkt het. Maar bij assertiviteit met gebruik van het woord 'Ik' maak je een statement en vertel je iemand heel duidelijk dat je niet gelukkig bent met de situatie en dat je er een mening over hebt. 'Wil je alsjeblieft niet tegen me schreeuwen' is een verzoek en geen statement.
Bekijk nu nog eens de bovenstaande vijf assertieve uitspraken en zeg ze hardop, kalm maar krachtig. En probeer ze dan te zeggen met sterke emotie. Dit zal het verschil duidelijk maken tussen agressie en assertiviteit. Het gaat niet om wat er gezegd wordt, maar hoe het gezegd wordt. Probeer je ook eens in te denken hoe jij je zou voelen als je die agressieve benadering over je heen krijgt en welke emoties dat bij jouw Chimp zou oproepen.
Dus waarom ontbreekt het zoveel mensen aan assertiviteit? Gebrek aan assertiviteit heeft meestal te maken met Boemannen. Het gaat daarbij vaak om overtuigingen als 'ik ben niet zo goed als anderen' of 'ik heb minder zelfvertrouwen dan anderen' of 'mijn gevoelens doen er niet toe'. Heel vaak is de groepsdrang van geaccepteerd worden veranderd in een Boeman van overtuigingen en gedragingen. 'Ik moet aardig gevonden worden', 'Ik moet altijd anderen behagen' en daarom 'heb ik geen rechten'. Dan heb je gebrek aan eigenwaarde en is dat de moeite waard om aan te pakken. Als je niet assertief bent maar dat graag zou willen zijn,

moet je proberen te achterhalen wat je tegenhoudt. Andere destructieve gedachten kunnen zijn: 'Dit is niet mijn wereld, ik zit in een wereld die aan anderen toebehoort' of 'Ik mag mijn mening niet geven' of 'Ik kan geen "nee" zeggen tegen mensen (want ik moet ze tevreden houden)'.

De hoeken van het Vierkant

Laten we terugkeren naar het Communicatievierkant en de hoeken invullen.

- Het juiste moment
- De juiste plaats
- De juiste agenda
- De juiste manier

Het juiste moment

Kies je het verkeerde moment, bijvoorbeeld als de betreffende persoon niet naar je kan luisteren of het gesprek moet worden afgeraffeld, dan is de kans kleiner dat de communicatie werkt. We hebben ook de juiste hoeveelheid tijd nodig om ons punt duidelijk te maken. Als dit aspect niet klopt, zal dat de zaak alleen maar vertroebelen en de situatie verergeren, want we voelen ons gefrustreerd omdat we de kwestie slechts deels hebben kunnen aansnijden. Zorg ervoor dat je voldoende tijd hebt om naar de ander te luisteren en te uiten wat jij wilt zeggen, want als je niet genoeg tijd hebt kan het moeilijker zijn om later op het gesprek terug te komen. Het helpt ook om je ervan te vergewissen dat het moment past in de context van de gebeurtenissen. Soms is het heel nuttig om te zwijgen totdat alles weer een beetje tot bedaren is gekomen.

De juiste plaats

Als je de verkeerde plek kiest (te onrustig of te veel herrie), is het moeilijk om je te concentreren op wat de boodschap nu eigenlijk is. Beide Chimps worden er bovendien onrustig van en dat is niet goed! Zorg ervoor dat je voor een moeilijk gesprek een besloten plek kiest. Als jij over iets heel persoonlijks moet praten, helpt het niet als iemand jullie kan zitten afluisteren. Een neutrale plek, buiten het territorium van jou en van de ander, is vaak de beste locatie.

De juiste agenda

Er zijn vaak twee valkuilen bij het hanteren van de juiste agenda. De ene is dat we er met een verborgen agenda in stappen; de andere is dat we de verkeerde agenda behandelen omdat we afgeleid worden en daardoor afdwalen. Dat maakt dat mensen gefrustreerd raken en zich nog steeds geïrriteerd voelen.

Het is heel belangrijk om de juiste agenda duidelijk in je te hoofd hebben, want als je niet heel zeker weet wat je wilt bespreken, wordt de kans op succes kleiner. Dan raak je makkelijk afgeleid en stap je over op een andere agenda. Probeer dit te herkennen en blijf bij je oorspronkelijke agenda. Het kan helpen om aan het begin van het gesprek vast te stellen wat jouw agenda is; schrijf die eventueel op om je eraan te herinneren. (Vergeet niet dat de andere persoon ook een agenda kan hebben en het is handig om daarnaar te vragen voordat je begint.) Verzeker je ervan dat je aansnijdt wat je op je lever hebt en maak het niet onnodig ingewikkeld, om vervolgens met iets anders te komen omdat je echte agenda te moeilijk is om over te brengen. Het ligt voor de hand dat dit uiteindelijk tot verwarring en frustratie zal leiden.

Het belangrijkste punt bij het vaststellen van je agenda is dat je beseft dat er twee zijn die het gesprek aangaan: jij en je Chimp.

De agenda van de Chimp

De agenda van de Chimp is gebaseerd op emotie en gaat altijd over ‘winnen of verliezen’. Dit verwijst terug naar de regels van de jungle die altijd zwart of wit zijn; er is geen middenweg. Wat de Chimp betreft, komt hij als winnaar of als verliezer uit het gesprek. De Chimp zal zijn emotie willen tonen en hij zal elke fout bij de andere persoon afstraffen en zichzelf verdedigen tegen eventuele kritiek of zelfs vermeende kritiek. Hij zal als goed en onschuldig willen overkomen. Als hij niet onschuldig is, zal hij zeggen dat hij werd uitgedaagd of in een onmogelijke situatie werd gemanoeuvreerd en daarmee alles wat hij heeft gezegd of gedaan rechtvaardigen.

Frank en Peter en de vier agenda's

Frank en Peter zijn buren en staan op het punt om met elkaar te praten over een heg van Frank die het licht uit Peters tuin wegneemt.

Laten we beginnen met Frank en zijn brein opsplitsen in de Chimp en de Mens. De Mens zal een vreedzame oplossing willen en verlangen dat er na het gesprek twee tevreden mensen overblijven. De Mens zal begrijpen dat er misschien een compromis nodig is en dat je de dingen in het juiste perspectief moet blijven zien. Dus hoewel Frank de hoge heg eigenlijk wel mooi vindt, zal hij ook zo redelijk zijn om in te zien dat dit voor zijn buurman vervelend kan zijn.

Franks Chimp echter zal daar niets van willen weten. Als het een typische Chimp is, zal hij al hebben besloten dat de heg onderdeel van zijn territorium is en zal hij niet van plan zijn om in te binden. Zijn Chimp zal het feit dat Peter in zijn buurt komt zien als een aanval op zijn macht, ego en dominantie. De Chimp kan het gesprek dan ook niet anders zien dan als een zaak van winnen of verliezen. Er zal weinig bereidheid tot compromissen zijn en hij zal van geen wijken weten. Het is gewoon een kwestie van het kiezen van de juiste feiten om de overtuigingen van de Chimp te ondersteunen en eraan vast te houden. Indien nodig zal hij via emotionele dreigementen of lichaamshouding trachten de bovenhand te krijgen.

Chimp en Mens vechten om de controle

Peter zal ook het gesprek ingaan met twee breinen. De Mens zal waarschijnlijk een vergelijkbare agenda hebben als de Mens van Frank en een compromis en een aimabele discussie willen. De Mens zal het standpunt van de andere persoon willen horen, proberen daar begrip voor te hebben om dan, indien nodig, zijn eigen houding te veranderen. De Chimp echter zal klaarstaan voor de strijd. Hij zal de heg zien als een inbreuk op zijn territoriale rechten en ook zien dat een andere Chimp hem probeert te domineren. Deze interpretatie van wat er gebeurt in het brein van de twee mannen toont aan dat, tenzij ze zich bewust zijn van de verschillende agenda's, het afschuwelijk uit de hand kan lopen als ze door hun Chimps gegijzeld worden.

Typische Chimp-agenda

Een Chimp wil:

- Winnen
- Emotie tonen
- De ander aanvallen
- Zichzelf verdedigen
- Zijn punt duidelijk maken
- Niet toegeven of van standpunt veranderen
- Als goed en onschuldig overkomen
- Indien schuldig, met het excuus komen dat hij werd uitgedaagd en slachtoffer was

De Chimp zal proberen om de ander te domineren door als eerste te spreken en de ander te overschreeuwen. Hij zal woorden en gedragingen gebruiken om dit te doen. Hij zal gewoonlijk niet luisteren naar de andere persoon, maar wachten tot hij zijn eigen mening duidelijk kan maken. Hij zal zijn standpunt niet veranderen, maar blijven vasthouden aan waar hij voor staat en waarin hij gelooft. Hij zal grote moeite hebben om zijn standpunt dan wel zijn overtuigingen los te laten, want in de ogen van de Chimp staat dat gelijk aan het gevecht verliezen, en dat is hij beslist niet van plan! Dus hij zal geen duimbreed wijken. De Chimp zal zich focussen op het probleem en op hoe hij zich voelt, en niet op de oplossing.

De Chimp-methode

In een confronterende situatie zal een Chimp:

- Schreeuwen en emotioneel worden
- Ongepast interrumperen
- Op het gemoed werkende woorden gebruiken
- Domineren door sneller en harder te praten
- Domineren en intimideren met lichaamstaal
- Zich op het probleem focussen
- Op gevoel werken
- Indien nodig slinkse tactieken toepassen

De agenda van de Mens

De agenda van de Mens gaat juist niet over 'verliezen of winnen', maar over het bereiken van een verstandige oplossing die voor beide mensen bevredigend is. De Mens werkt niet met zwart of wit, maar juist met diverse tinten grijs. De Mens accepteert dat hij het verkeerd kan zien of dat er misschien een andere verklaring is. Dus de Mens kan zijn houding veranderen en is bereid om te luisteren om zich ervan te overtuigen dat hij de situatie goed heeft ingeschat. De Mens kijkt daarom niet alleen naar zichzelf maar ook naar andere mensen of naar de wet, om zo te ontdekken wat correct en acceptabel is en wat de feiten zijn. De Mens hoeft het niet per se eens te zijn met wat dat oplevert, maar hij kan het accepteren. De Mens kan inbinden in het besef dat een mening maar een mening is en dat dit niet betekent dat de een heeft gewonnen en de ander heeft verloren. De Mens zal dit doen door de emotie in te dammen en EERST naar de ander te luisteren en diens gezichtspunt aan te horen. De Mens zal zich focussen op de oplossing en niet op het probleem. De Mens spreekt langzaam en bedaard en probeert de ander te begrijpen door naar hem of haar te luisteren.

Typische Mens-agenda

Een Mens zal proberen:

- Eerst de ander te begrijpen
- De ander de kans te geven zich te uiten
- Door te luisteren alle nodige informatie te verzamelen
- Naar een oplossing te zoeken
- Feiten te gebruiken, en niet gevoelens of indrukken

De Mens-methode

In een confronterende situatie zal de Mens proberen:

- Kalm te blijven
- 'Vriendelijke', niet-emotionele woorden te gebruiken
- Eerst te luisteren
- Een andere invalshoek te zien
- Open te staan voor het veranderen van zijn houding
- Te erkennen dat meningen geen feiten zijn
- Redelijk te discussiëren
- Gemeenschappelijke standpunten te vinden
- Via redelijkheid tot een gezamenlijk besluit te komen
- Via compromissen iedereen tevreden te stellen
- Verschil van mening te accepteren

Je hebt een keus

Wat meestal gebeurt als we alles op zijn beloop laten, is dat de twee Chimps eerst de strijd aangaan en er een hoop vervelende toestanden ontstaan. En als de Chimps dan eindelijk wat gekalmeerd zijn en er niet te veel schade is aangericht, zullen de twee Mensen het overnemen en proberen een oplossing te vinden waar ze allebei tevreden mee zijn. Tijdens dat constructieve gesprek tussen de twee Mensen kan te allen tijde een Chimp de kop opsteken en opnieuw de aanval inzetten en het gesprek verpesten.

De meest constructieve manier om het gesprek aan te gaan, is als beide Mensen eerst in discussie gaan met hun eigen Chimp en uitzoeken wat die wil zeggen en waarom. Daarna moeten beide Mensen hun eigen Chimp vertellen dat een deel van wat die wil destructief is en niet zal gebeuren en een deel redelijk is. Beide Mensen zullen vervolgens de redelijke argumenten van hun Chimp verwoorden en dit op een constructieve manier doen om tot een goed resultaat te komen. Dit is de ideale eerste stap bij het aangaan van een moeilijk gesprek, maar de kans dat het zo verloopt is niet erg waarschijnlijk! Dat komt omdat de meeste mensen zich niet eens realiseren dat ze een Chimp hebben, of misschien weten ze dat wel maar kiezen ze er toch voor om de Chimp zijn zegje te laten doen in plaats van zichzelf door de Mens te laten vertegenwoordigen.

De juiste manier

Overweeg voordat je besluit om een gesprek aan te gaan of het niet beter is om te communiceren via een brief of e-mail. Hoewel daar nadelen aan kunnen zitten, heeft het ook twee grote voordelen. Het eerste is dat het je de tijd geeft om zorgvuldig te bedenken wat je wilt zeggen en het tweede is dat het ook de andere persoon de tijd geeft om wat jij hebt gezegd te overdenken en te verwerken voordat hij reageert. Soms kan het handig zijn om via een derde partij te communiceren.

Ervan uitgaand dat je hebt besloten om de directe confrontatie met de ander aan te gaan, zullen we nu bekijken hoe je dat op de juiste manier kunt aanpakken. Bedenk hoe je de ander gaat benaderen en wat je gaat zeggen. Breng jezelf voordat je begint in de juiste gemoedstoestand door jezelf ervan te overtuigen dat de Menselijke aanpak de juiste is bij het voeren van het gesprek.

> ***Hoofdpunt***
> *Jezelf voorbereiden is de beste manier om de kans op succes bij een belangrijk gesprek te vergroten.*

De presentatie en verpakking van de communicatie

Hoe je je boodschap brengt is van essentieel belang voor een succesvol resultaat. Het heeft wel wat weg van het verkopen van een product of het aanbieden van een cadeau. Er kan ontzettend veel afhangen van de presentatie en van hoe een en ander is verpakt. Dit is zo belangrijk, dat we hier nader in zullen gaan op de soorten verpakking en de manieren van presenteren die ons ter beschikking staan.
Als we communiceren, is de boodschap altijd verpakt. Stel bijvoorbeeld dat je in een café een kop koffie hebt besteld en even naar de bar loopt om een lepeltje te halen. Als je terugkomt bij je tafeltje, zit daar iemand anders. Je wilt nu duidelijk maken dat die persoon op jouw stoel is gaan zitten. Dat is de simpele boodschap. Er zijn talloze manieren om deze boodschap te verpakken. Je kunt boos worden en je stem verheffen; je kunt glimlachen en de zaak rustig uitleggen; je kunt boven de ander uittorenen om je autoriteit te laten gelden; je kunt vriendelijk of dreigend kijken; je kunt 'alsjeblieft' zeggen of gewoon de confrontatie aangaan met een uitspraak als 'dit is mijn stoel'. Bij al deze opties is een aantal verpakkingen gekozen. Om het wat makkelijker te maken om ermee te werken, zal ik de verschillende soorten verpakking in vier groepen verdelen:

- Lichaamstaal
- Intonatie
- Woordgebruik
- Uitstraling

Lichaamstaal

Het moge duidelijk zijn: iedereen maakt elke dag gebruik van lichaamstaal. Onderzoek lijkt aan te tonen dat vrouwen aan de hand van lichaamstaal een situatie veel beter weten in te schatten dan mannen. Zoals gezegd zijn het onze Chimps die de lichaamstaal van anderen lezen en ze doen dat vaak zonder dat de Mens zich daarvan bewust is. Lichaamstaal is simpel gesteld de term die we gebruiken voor een boodschap die we overbrengen zonder iets te zeggen. In plaats van te praten, gebruiken we gezichtsuitdrukkingen, lichaamshoudingen en gebaren. Een simpel voorbeeld is als iemand van je af wil en dan wegkijkt, de armen over elkaar slaat en zucht. Deze drie vormen van lichaamstaal zijn stuk voor stuk duidelijke boodschappen.

Lichaamstaal moet altijd in de context geplaatst worden en culturele verschillen spelen ook een grote rol in de manier waarop we ons gedragen. Dit onderwerp is diepgaand onderzocht en we zullen er hier verder niet al te diep op ingaan. Het is echter wel van belang dat we ons bewust zijn van de lichaamstaal die wij gebruiken, want dat beïnvloedt onze interacties met anderen terdege.

Voorbeelden van lichaamstaal

Als wij **boven iemand uittorenen** als we met diegene praten, zullen de meeste mensen dat als heel intimiderend en bedreigend ervaren en de interpretatie van de boodschap kan dan gepaard gaan met negatieve gevoelens. Hetzelfde gebeurt wanneer je persoonlijke ruimte wordt aangetast. We hebben allemaal een ruimte om ons heen die voor ons gevoel van ons is en als iemand te dichtbij komt en niet welkom is, voelen we ons onmiddellijk ongemakkelijk. Persoonlijke ruimte verschilt per cultuur en per persoon, maar de algemene regel is dat we geprogrammeerd zijn om ons prettig te voelen als de ander op een armlengte afstand van ons blijft. Dichterbij vinden we onprettig, tenzij we dat graag willen natuurlijk.

Je armen over elkaar slaan betekent meestal dat we ons aangevallen voelen en in de verdediging gaan. Het kan ook betekenen dat we worden overladen met informatie of niet zeker weten of we die informatie wel willen hebben. We kunnen het natuurlijk ook gewoon koud hebben of onze armen uit pure gewoonte over elkaar slaan! Waar het om gaat, is dat als jij je armen over elkaar slaat, de andere persoon dat waarschijnlijk negatief interpreteert.

Als we met mensen praten, kijken we ze normaal gesproken aan en hun **gezichtsuitdrukking** vertelt ons wat ze op dat moment voelen. Als we iemand ontmoeten die we mogen, verwijden onze pupillen zich en de ander herkent dat en voelt zich meer op zijn gemak bij ons. Als we iemand ontmoeten die we niet mogen, vernauwen onze pupillen zich meestal en ook dat zal waarschijnlijk opvallen, zodat de ander zich minder op zijn gemak voelt bij ons.

Ons gezicht vertoont ook iets wat we **vluchtige gezichtsuitdrukkingen of micro-expressies** noemen. Dat zijn gezichtsuitdrukkingen die zich voordoen in zeer emotionele toestand en die nog geen kwart seconde duren. Er wordt beweerd dat sommige mensen deze micro-expressies kunnen lezen en in staat zijn te zeggen of anderen liegen. Onderzoek lijkt echter uit te wijzen dat maar heel weinig mensen dit enigszins accuraat kunnen doen. Maar omdat micro-expressies onbewust ontstaan, kunnen we video-opnames ervan vertraagd afspelen en kijken naar bepaalde tekenen die wijzen op liegen. Alle onderdelen van het gezicht, met inbegrip van de lippen, ogen, wenkbrauwen, neus, mond en gezichtsspieren, worden daarbij bekeken.

Wat we wel zeker weten, is dat het brein in staat is om sterke emoties zoals kwaadheid, verveling of gestrest zijn, bij anderen te herkennen. Volgens sommige onderzoekers wordt meer dan de helft van een boodschap overgebracht via lichaamstaal en we lezen die automatisch, dus je hoeft daar verder niet je best voor te doen! Let op dat je niet overdrijft in je lichaamstaal, hoewel het handig is als je je bewust bent van hoe jij je lichaam gebruikt in je interactie met anderen. Lichaamstaal is meestal iets tussen twee Chimps en je wilt natuurlijk geen miscommunicatie met de Chimp van de ander.

Intonatie

Ongeveer een derde van onze communicatie heeft te maken met stemintonatie en die kan in drie delen worden opgesplitst: snelheid, volume en nadruk.

Snelheid

De snelheid waarmee je praat, kan veel gevoelens en emoties overbrengen: urgentie, irritatie, opwinding, onzekerheid, enzovoort. Als iemand snel praat, zal de Chimp in de andere persoon worden gealarmeerd. De Chimp zal dit snelle praten interpreteren aan de hand van wat zich verder nog afspeelt. Spreken we daarentegen langzaam, dan zal de Chimp zich waarschijnlijk ontspannen en zal de Mens in de andere persoon wat makkelijker kunnen reageren. Verder is het zo dat we nabootsen wat we horen en zien. Als iemand snel praat, is de kans groot dat we zelf ook sneller gaan praten. Als iemand langzaam praat, zijn we zelf ook meer geneigd trager te reageren.

> ***Hoofdpunt***
> *Rustig praten zal ons helpen de boodschap over te brengen zoals die bedoeld is en het zal de andere persoon helpen te luisteren.*

Volume

Het volume waarmee je praat, heeft op de Chimp hetzelfde effect als de snelheid waarmee je praat. De Chimp zal ook het volume en de toon van de andere persoon overnemen.

Ik heb een keer een paar minuten lang het driejarige zoontje van een vriend geleend om een indrukwekkend voorbeeld van volume-imitatie aan enkele van mijn studenten te demonstreren. Ik vroeg het jongetje alleen maar waar hij die dag was geweest. We hadden vervolgens een gesprek over zijn bezoek aan de dierentuin en ik begon met opzet mijn stem te verheffen. Het jongetje volgde al snel mijn voorbeeld en uiteindelijk stonden we allebei min of meer tegen elkaar te schreeuwen. Het was ook interessant dat hij op dat moment mijn persoonlijke ruimte binnendrong om zich ervan te verzekeren dat ik hem vanaf die paar centimeter afstand zou horen! Toen mijn oren zo ongeveer begonnen te tuiten, verminderde ik opzettelijk, binnen een paar zinnen, het volume van mijn stem tot een gefluister. En geloof het of niet, maar hij volgde direct mijn voorbeeld en ging ook weer verder bij me vandaan staan. Toen we echter allebei echt fluisterden, kwam hij opnieuw mijn persoonlijke ruimte binnen om zich ervan te verzekeren dat ik hem hoorde. Ten slotte keerden we terug naar een normaal volume en hij snapte er niet veel van wat er was gebeurd.

Denk hieraan als je met iemand praat. Je zult misschien niet net zo'n spectaculaire reactie krijgen, maar bedenk wat je in de Chimp van de ander teweeg kunt brengen.

De beste manier om een Chimp in iemand anders rustig te houden en de Mens de kans te geven om te luisteren, is dan ook om langzaam en op normaal of zacht volume te praten. Net als bij lichaamstaal blijft het van belang om de dingen in hun context te zien. Iemand die opzettelijk langzaam en zacht praat terwijl dit eigenlijk niet past bij de situatie, kan heel irritant zijn en het kan een vorm van passieve controle over anderen zijn. In dergelijke omstandigheden kun je er bijna zeker van zijn dat de Chimp bij mensen de kop opsteekt.

Nadruk

Nadruk is heel interessant. De nadruk op een bepaald woord kan de betekenis van een zin compleet veranderen. Neem bijvoorbeeld de zin 'Ik vind dat jij een heel goede stem hebt'. De betekenis van deze zin verandert al naargelang de woorden die je benadrukt. Hier volgen vier versies.

Als de nadruk ligt op...	Kan dat betekenen...
Ik vind dat je een heel goede stem hebt...	Dat ik de enige ben die dit vindt.
Ik ***vind*** dat je een heel goede stem hebt...	Dat ik het niet zeker weet, maar dat ik gelijk zou kunnen hebben.
Ik vind dat ***jij*** een heel goede stem hebt...	Dat jij beter bent dan anderen.

Ik vind dat jij een heel goede ***stem*** hebt...	Dat dit jouw beste eigenschap is.

We hoeven aan het eind van deze zinnen alleen maar onze stem omhoog of omlaag te laten gaan om er weer een heel andere betekenis aan te geven. Je stem omhoog laten gaan betekent meestal dat je een vraag stelt of iets in twijfel trekt, hoewel het in sommige culturen juist gebruikelijk is. Dit toont aan dat de nadruk in al onze zinnen in de juiste context gezien moet worden.

Woordgebruik

De chimpansee in de jungle gebruikt takken, tanden en vuisten als wapens om andere chimpansees mee aan te vallen. Als hij een boodschap van vriendschap wil overbrengen, kan hij voedsel aanbieden of de andere chimpansee vlooien.

Wij mensen gebruiken voornamelijk woorden om te communiceren. Woorden kunnen vriendschap of vriendelijkheid uitdrukken, maar we weten ook dat ze een dodelijk wapen kunnen zijn. **Vergis je niet, een aanval met woorden is precies hetzelfde als een aanval met de tanden of vuisten van de chimpansee en kan even verwoestend zijn.**

Laten we twee verschillende functies van woorden onder de loep nemen. De eerste functie is die van communicatiemiddel. De tweede is die van een gevaarlijk wapen.

Het gebruik van woorden als communicatiemiddel vereist enig nadenken. Als je hout wilt hakken, pak je daarvoor geen schroevendraaier. In een gesprek het verkeerde woord kiezen, kan enorme consequenties hebben. Een van de redenen daarvoor is dat zowel de Mens als de Chimp in de andere persoon het woord oppikt. De Mens hoort het rationele aspect van het gebruikte woord en de Chimp hoort het emotionele aspect ervan. Alle woorden die we gebruiken, hebben een emotionele component. De woorden die we horen, associëren we ook met emoties en er komen chemische stofjes in ons brein door vrij die beïnvloeden hoe we ons voelen. Woorden als dood en liefde roepen veel emotie op, terwijl andere woorden, zoals appel en tafel, weinig emotie losmaken. Natuurlijk is dit heel persoonlijk, want hetzelfde woord kan bij verschillende mensen heel verschillende reacties oproepen. Dus als jij tegen iemand zou zeggen: ‘Ik haat een van mijn buren’, dan zal het woord ‘haat’ zowel bij de ander als bij jezelf een reactie veroorzaken. De vrijgekomen chemische stofjes zullen bij jullie allebei gevoelens wakker maken. Maar zou je zeggen: ‘Ik ben niet zo dol op een van mijn buren’, dan zou je een heel andere respons in je brein oproepen en dat geldt ook voor de persoon tegen wie je praat. Het zou dus bij allebei resulteren in andere gevoelens. Het woord ‘haat’ roept heel andere reacties op dan de woorden ‘niet zo dol op’. De woorden die jij kiest, maken emotionele reacties los bij zowel jezelf als bij anderen. Als de Chimp de woorden niet prettig vindt, zal hij meteen reageren met een mening.

Keuze en reactie

Kies je woorden met zorg

Vaak zijn het niet eens anderen die aan de ontvangende kant staan. Veel mensen gebruiken woorden waarmee ze zichzelf aanvallen. Als je maar constant blijft roepen 'Ik ben een waardeloos persoon', dan kun je verwachten dat de chemische stofjes in je hoofd navenant reageren! Het is je eigen keuze.

Hier volgen een paar bekende voorbeelden van het grote effect dat het veranderen van een woord op je Chimp kan hebben.

In een vorig hoofdstuk zagen we al hoe 'moet' en 'kan' enorm verschillende effecten hebben op de betekenis van een zin en op de emoties die daarbij worden opgeroepen. 'Moet' impliceert een norm of verwachting. Als je niet aan die verwachting weet te voldoen, heb je gefaald in je eigen wereld. 'Moet' wordt geassocieerd met gevoelens van mislukking, schuld, schuldgevoel, bedreiging en ontoereikendheid. En dat allemaal omdat we voor het woord 'moet' hebben gekozen. Als je voor 'kan' had gekozen, dan zou dat geen gevoel van mislukking of onwrikbare normen oproepen. Dat woord wordt juist geassocieerd met gevoelens van kansen, keuzes, mogelijkheden en hoop.

Moeten

'Ik moet die wedstrijd winnen.'

Zet jezelf onder druk en duidt op falen.

'Ik moet afvallen en gezond leven.'

Roept gevoelens op van druk en verplichting, en mogelijk een veroordeling.

'Je moet sorry tegen haar zeggen.'

Roept bij de Chimp gevoelens op van weerstand en schuldgevoel.

Kunnen

'Ik had die wedstrijd kunnen winnen.'

Geeft ruimte om de situatie nog eens te overdenken en je de volgende keer beter voor te bereiden en het beter te doen.

'Ik zou kunnen afvallen.'
Geeft gevoelens van hoop en kansen.

'Je had sorry tegen haar kunnen zeggen.'
Biedt de mogelijkheid van reflectie en keuze zonder confrontatie.

Er zijn natuurlijk momenten dat 'moet' toepasselijk kan zijn, en er zijn ook momenten dat 'kan' misschien niet van toepassing is, maar wees je bij je keuze in elk geval bewust van het verschil ertussen.
Bekijk nu de twee onderstaande zinnetjes en denk daar eens over na.

- 'Ik wil dat je thee voor me zet.'
- 'Ik zou het fijn vinden als je thee voor me zet.'

De eerste zin is een bevel. De tweede is een voorstel of een verzoek, waarbij je zelf vrij bent om een keuze te maken.
Maar heel weinig Chimps vinden het leuk als hun wordt gezegd wat ze moeten doen. Vrijwel alle Chimps willen de mogelijkheid krijgen om voor zichzelf te beslissen. 'Ik wil dat jij' zeggen impliceert meestal macht en gezag over iemand anders waardoor jij dat bevel kunt geven. Dat kan leiden tot wrevel bij of een confrontatie met de Chimp van de ander.
Denk zorgvuldig na over de woorden die je kiest en de effecten die ze bij anderen teweeg kunnen brengen. Door de woorden die we gebruiken rustig te overdenken en eventueel te veranderen, kunnen we de manier waarop mensen op ons reageren en de gevoelens die een situatie bij ons oproept veranderen.

Een waarschuwend woord

Soms kan het gebruik van 'ik wil' juist zijn. Wil je bijvoorbeeld assertief zijn, dan is 'ik wil' correct.

Bepaalde situaties vragen om assertiviteit. Stel bijvoorbeeld dat je een eind wil maken aan een relatie en je zegt: 'Ik wil deze relatie beëindigen omdat ik haar niet langer wil', dan benoem je een voldongen feit en is verdere discussie niet nodig.

Als je daarentegen beleefd wilt zijn en zegt: 'Ik zou deze relatie willen beëindigen, want ik denk niet dat het werkt', dan laat je ruimte voor verdere discussie.

Waar het hier om gaat, is dat er **geen vaste regels** zijn. Probeer wat dieper na te denken over het effect dat de door jou gekozen woorden op jou zullen hebben, op de boodschap die jij overbrengt en op anderen om je heen.

Het tweede gebruik van woorden, als gevaarlijk wapen, spreekt eigenlijk voor zich. Woorden kunnen heel schadelijk zijn en als je ze gebruikt om anderen te kwetsen is dat een aanval. Het is de moeite waard om daarbij stil te staan, omdat je anders misschien onbedoeld iemand schade toebrengt. Woorden zijn wapens!

Uitstraling

De uitstraling van een persoon is een mix van zijn of haar gedrag, houding, stemming en de manier waarop diegene met anderen communiceert. De Chimp leest die uitstraling voor ons. Als we het verkeerd inschatten en een persoon benaderen die niet vriendelijk of niet in de juiste stemming is, dan kan dat ernstige gevolgen hebben. Kunnen lezen wat iemand uitstraalt, is heel nuttig, maar we denken er vaak niet bewust over na, totdat er een alarmbelletje afgaat. Iemands uitstraling wordt veroorzaakt door zowel de Mens als de Chimp en kan heel snel wisselen.

Bij kinderen en honden is heel duidelijk wat ze uitstralen; zij dragen niet het masker dat volwassenen vaak kunnen opzetten. Kinderen en honden zijn open en transparant; ze hebben niets te verbergen. Als we een hond tegenkomen, laat die meteen weten hoe hij zich voelt en straalt hij dat ook uit. Kinderen hebben ook een uitstraling over zich die ze niet proberen te verbergen. We weten al snel hoe ze zich voelen.

De sfeer oppikken die een volwassene om zich heen creëert, en de manier waarop hij met ons communiceert of niet communiceert, is uitermate belangrijk voor de Chimp in jou. Chimps moeten weten wanneer ze andere Chimps kunnen benaderen en wanneer ze afstand moeten bewaren.

Het is de moeite waard om na te denken over de uitstraling die jij hebt, want die kan weleens een veel grotere rol spelen dan de boodschap die jij probeert over te brengen.

Stel jezelf twee simpele vragen:

- Welke uitstraling zou jij willen zien bij iemand met wie je moet praten?
- Welk soort uitstraling, van die persoon, zou jou op je gemak stellen en ervoor zorgen dat je beter naar diegene luistert?

Dit zijn bijna retorische vragen. Het lijkt me duidelijk dat we allemaal het liefst blije, ontspannen en aangename mensen ontmoeten die zich betrokken voelen bij ons en goed naar ons luisteren.

Uitstraling is iets waar je voor kunt kiezen. Werken aan je eigen uitstraling betekent dat je goed naar jezelf kijkt en vervolgens aan de slag gaat met de dingen die zorgen dat jij je nu niet zo voelt als je zou willen. Vaak betekent dat aandacht besteden aan Chimp Management. Denk na over wat jij naar anderen uitstraalt en zorg er vervolgens voor dat dat precies zo wordt als jij zou willen.

Hoofdpunt

Werken aan je lichaamstaal, intonatie, woordgebruik en uitstraling helpt de effectiviteit van jouw communicatie met anderen significant te verbeteren.

Jezelf voorbereiden op belangrijke gesprekken

We zullen nu kijken hoe we de in dit hoofdstuk behandelde concepten kunnen toepassen als we ons voorbereiden op een belangrijk gesprek. Hier volgen een aantal suggesties, in de vorm van een checklist met een stappenplan.

Checklist

Stap 1: *Controleer of je met de persoon praat die bij jouw agenda past.*

Stap 2: *Verzeker je ervan dat dit het juiste moment is voor een gesprek.*

Stap 3: *Ga na of het de juiste plek is voor het gesprek.*

Stap 4: *Stel de agenda's van je Chimp en je Mens vast.*
Begin met duidelijk voor jezelf te definiëren wat je buiten het gesprek wilt houden. Met andere woorden: wat is je agenda; wat wil je uiteindelijk met het gesprek bereiken?
Wat je hierbij vooral moet beseffen, is dat wanneer je aan het gesprek begint, er twee zijn die zullen proberen te praten – jij en je Chimp – en dat die verschillende agenda's kunnen hebben. Jouw Mens zal waarschijnlijk oplossingen willen vinden en je Chimp wil zich waarschijnlijk uiten. Begin dus met het vaststellen van de agenda van je Chimp en ook van de agenda van je Mens.

Stap 5: *Verwijder de onredelijke aspecten uit de agenda van je Chimp.*
Leg je Chimp uit dat het heel begrijpelijk en redelijk is om van slag of emotioneel te zijn, maar dat het op de lange termijn niet veel uithaalt als je dat op de verkeerde manier uit. Hoe de Chimp zich voelt, is heel redelijk VOOR EEN CHIMP, maar je hebt er misschien niet zoveel aan. Accepteer dus dat de gevoelens van je Chimp normaal zijn, maar herken en verwijder de agendapunten die onacceptabel zijn voor jou als Mens, zoals 'ik moet winnen' en 'ik wil wraak'.

De Mens vertegenwoordigt de Chimp

Stap 6: *Begin aan het gesprek in de Mens-modus.*
Laat je Chimp voordat je aan het gesprek begint stoom afblazen, als dat nodig is. Zorg ervoor dat je in de Mens-modus staat en de Menselijke methode van communiceren toepast.

Stap 7: *Vergeet niet om het gesprek in de juiste verpakking te presenteren.*
Denk voordat je aan het gesprek begint na over je lichaamstaal, intonatie, woordgebruik en uitstraling.

Stap 8: *Help de Chimp in de andere persoon managen.*
Als je het gesprek in gaat, is de kans groot dat de Chimp van je gesprekspartner de interactie begint. Laat hem stoom afblazen en luister naar hem, maar reageer niet op wat hij zegt. Als je hem een paar minuten gunt om zijn mogelijk vervelende opmerkingen te spuien, zal hem dat helpen om te kalmeren. Terwijl je naar hem luistert en hoort wat hij te zeggen heeft, verander je misschien van gedachten over hoe jij de dingen ziet en erken je misschien dat hij in bepaalde opzichten toch gelijk heeft. Probeer je ervan bewust te blijven dat de Chimp van de meesten van ons soms erg onaangenaam is. We hebben meestal spijt van wat we zeggen of doen en zouden willen dat we de klok terug konden zetten. Als iemand zich door zijn Chimp heeft laten gijzelen en daar spijt van heeft, komt het wat hardvochtig over als je dat diegene blijft

verwijten en diegene daaraan blijft herinneren, bovendien heb je er niets aan. Op een gegeven moment moet je het mensen vergeven dat ze de controle over hun Chimp kwijt waren en hun de kans geven weer Mens te worden, als je verder met hen wilt. Let wel: **als** je verder met hen wilt.

Stap 9: *Zoek de agenda van de Mens en de Chimp in de ander.*
Als de Chimp van de ander tot rust is gekomen, kan de Mens het van hem overnemen. Dat is het moment om te proberen te achterhalen wat de ander echt wil.

Stap 10: *Verduidelijk je eigen agenda.*
Je kunt nu uitleggen wat jij wilt bereiken met het gesprek. Bedenk dat het belangrijk is dat jouw Chimp zich afzijdig houdt, wil je je kans op succes vergroten.

Stap 11: *Zoek naar punten van overeenkomst, ook in wat je uiteindelijk wilt bereiken.*
Het helpt om te beginnen met zaken waar jullie het over eens zijn. Probeer voordat je begint ook te kijken of er overeenstemming is in wat je probeert te bereiken.

Stap 12: *Probeer aan de agenda van de ander tegemoet te komen, voordat je aan die van jezelf begint.*
Als je eerst tegemoetkomt aan de agenda van de ander, zal dat ervoor zorgen dat diegene beter luistert als jij de zaken wilt bespreken die voor jou van belang zijn. Anders zal diegene het moeilijk vinden je te laten uitpraten en proberen eerst zijn eigen agenda te bereiken.

Stap 13: *Probeer je eigen agenda te bereiken.*

Stap 14: *Vat samen waar jullie het over eens zijn.*
Het beste is dat je de ander vraagt om jou te vertellen wat hij heeft begrepen en waar hij mee instemt. Als je een belangrijk gesprek voert

of een boodschap op iemand wilt overbrengen, is het altijd nuttig om te controleren of het goed is overgekomen en of diegene het begrepen heeft. Het kan nuttig zijn om hiervoor aan het eind van een belangrijk gesprek tijd uit te trekken. De beste manier om dit te controleren, is de persoon vragen wat diegene denkt dat jij bedoelt. Iedereen kan je verkeerd begrijpen of dingen hebben gemist en heel vaak moet de boodschap, of delen daarvan, worden herhaald voordat ze overkomt. Als de boodschap heel belangrijk is, kun je ook controleren of die is overgekomen door de ander te vragen jou uit te leggen waarom jij met de boodschap bent gekomen en waarom die belangrijk is. Zo krijg je de kans om eventueel nog aanwezige geschilpunten glad te strijken.

> ***Hoofdpunt***
> *Ga er nooit van uit dat als jij iemand iets verteld hebt, diegene dat ook heeft gehoord en begrepen.*

Stap 15: *Glimlach en bedank de ander.*
Iemand laten weten dat je dankbaar bent voor het gesprek, en voor zijn of haar tijd, is niet alleen een kwestie van beleefdheid, maar geeft ook aan dat je de ander respecteert. Mensen kunnen geen gedachten lezen en vaak wordt er meer schade aangericht door wat we niet zeggen dan door wat we wel zeggen.

Omgaan met onopgeloste conflicten

Zelfs met de best mogelijke methodes kunnen conflicten en meningsverschillen blijven bestaan. Als er sterke emoties in het spel zijn, kan het soms helpen om er een derde bij te betrekken. Dat kan het beste een neutraal iemand zijn. Als twee personen een conflict hebben vanwege een verschil van mening, zijn er in principe drie niveaus waarop je dat kunt aanpakken. Deze drie niveaus zijn onderhandelen, bemiddeling en arbitrage. Bij de laatste twee is een derde persoon nodig.

Onderhandelen

Dit is de eerste stap om de zaken recht te zetten. Benader zelf de andere persoon en probeer punten van overeenkomst te vinden door naar elkaar te luisteren, de mening van de ander te respecteren en te accepteren dat je van mening verschilt als je het niet eens kunt worden.

Bemiddeling

Als je het niet eens kunt worden, maar er toch uit wilt komen, of als je er allebei moeite mee hebt om zelfs maar in dezelfde kamer te zitten, dan kan bemiddeling de volgende stap zijn. Bemiddeling wil zeggen dat een onafhankelijk iemand waar jullie allebei mee instemmen komt helpen om jullie geschillen op te lossen. De mediator neemt geen beslissingen, maar helpt bij het gesprek en zorgt voor de juiste setting om jullie allebei te laten krijgen wat je wilt. Een mediator heeft een kalmerende invloed die zowel het gesprek als beide Chimps managet!

Arbitrage

Dit is de volgende stap als je een beslissing wilt, maar het niet eens kunt worden. De arbiter is iemand met wie jullie allebei instemmen, die erbij gaat zitten en luistert en vervolgens met een definitieve beslissing komt over wat er gaat gebeuren. Je zult beiden moeten accepteren dat je je neerlegt bij de beslissing van de arbiter, of je het er nu mee eens bent of niet.

Samenvatting hoofdpunten

- Effectieve communicatie is van cruciaal belang voor effectief functioneren.
- Om je communicatie te verbeteren kun je bepaalde technieken ontwikkelen, maar het is een vaardigheid om ze toe te passen.
- De kunst van het communiceren verschilt niet van andere vaardigheden en het kost tijd en inspanning om die te ontwikkelen en op peil te houden.

- Het Communicatievierkant heeft de juiste persoon in het midden, met als de vier hoeken juiste tijd, juiste plaats, juiste agenda en juiste manier.
- De manier waarop je een boodschap verpakt, bepaalt hoe succesvol die wordt ontvangen.

Aanbevolen oefening

Oefeningen voor effectief communiceren en onderhandelen

Kies de juiste woorden

Doe een bewuste poging de juiste woorden te kiezen om te omschrijven wat je wilt zeggen. Bedenk dat je Chimp zeer waarschijnlijk emotionele woorden met extreme nadruk zal gebruiken. Probeer je woordgebruik te matigen en vermijd extremen. 'Ik kan die muziek niet uitstaan!' kan bijvoorbeeld worden vervangen door 'Ik ben niet zo dol op deze muziek'. Op die manier zul je minder sterke emoties oproepen bij de persoon die luistert en zal ook de sfeer van het gesprek veranderen.

Bereid je voor op een belangrijk gesprek

Probeer de in dit hoofdstuk behandelde checklist hieronder te volgen als je een belangrijk of moeilijk gesprek in gaat. En vergeet niet om je woorden zorgvuldig te kiezen!

Checklist

1. Controleer of je met de juiste persoon praat voor jouw agenda.
2. Verzeker je ervan dat dit het juiste moment is voor het gesprek.
3. Ga na of het de juiste plek is voor het gesprek.
4. Stel de agenda's van je Chimp en je Mens vast.
5. Verwijder de onredelijke aspecten uit de agenda van je Chimp.
6. Begin aan het gesprek in de Mens-modus.
7. Vergeet niet het gesprek in de juiste verpakking te presenteren.

8. Help de Chimp in de andere persoon managen.
9. Zoek de agenda van de Mens en de Chimp in de andere persoon.
10. Verduidelijk je eigen agenda.
11. Zoek naar punten van overeenkomst, ook in wat je uiteindelijk wilt bereiken.
12. Probeer eerst aan de agenda van de andere persoon tegemoet te komen, voordat je aan die van jou begint.
13. Probeer je eigen agenda te bereiken.
14. Vat samen waar jullie het over eens zijn.
15. Glimlach en bedank de ander.

Hoofdstuk 10
De Planeet van de Echte Wereld

Zorgen voor de juiste omgeving

De wereld van de Chimp
De wereld van de Mens
De wereld van de Computer

We zijn nu vertrouwd met het concept dat je geest bestaat uit drie verschillende breinen: de Chimp, de Mens en de Computer. Elk brein neemt een andere wereld waar en het is belangrijk dat je die werelden begrijpt en ermee samenwerkt. Het is ook heel belangrijk om te zorgen dat die werelden, of omgevingen, voor jou de juiste zijn, want dat heeft een enorme impact op jouw vermogen om te functioneren en gelukkig te zijn.
Tijdens onze dagelijkse beslommeringen bevinden we ons in drie heel verschillende werelden.

- Je Chimp bevindt zich in een jungle. Hij ziet overal gevaar en territoria en leeft volgens de wetten van de jungle.
- Je Mens bevindt zich in een samenleving met mensen erin, die zich aan regels houden.
- Je Computer krijgt zowel de perceptie van de Chimp als van de Mens binnen en interpreteert die, en komt dan met de echte wereld waarin jij leeft: een telkens weer wisselende mix van maatschappij en jungle.

Om te zorgen dat je je op je gemak voelt in de echte wereld, kun je drie dingen doen.

- Ten eerste, wees je bewust van de verschillende werelden van de Chimp en de Mens.
- Ten tweede, maak van deze werelden vriendelijke en geschikte omgevingen waarin het voor beide goed leven is; dit doe je door de behoeften van beide te respecteren.
- Ten derde, voeg de twee werelden (die naast elkaar functioneren) samen tot één wereld zodat ze compatibel zijn en er een goede uitwisseling tussen beide plaatsvindt; dit is de wereld van de Computer.

De wereld van de Chimp

Je Chimp betreedt zijn jungle elke dag met een junglementaliteit. We weten dat Chimps een sterke territoriumdrift en groepsdrang hebben. Dus als de Chimp aan de tocht in zijn jungle begint, gaat hij op zoek naar vertrouwdheid, want dat geeft hem een veilig gevoel. Hij zoekt zijn groep op en hunkert naar routine. Hij verdedigt vol vuur zijn territorium en groep en ziet toenadering van Chimps van buiten de groep als potentieel gevaar en zal hen, als dat nodig is, aanvallen of vluchten.

Grensgeschillen

Het is dus nodig dat de Chimp zijn deel van de jungle kent en weet wat de grenzen zijn. Dat betekent dat we voor hem moeten zorgen door hem te steunen in zijn behoefte aan structuur, vertrouwdheid en geruststelling. Heeft hij echter een sterke groep om zich heen, dan krijgt hij zelfvertrouwen, wordt hij avontuurlijk en onderzoekend en maakt hij zich minder zorgen over zijn omgeving.

Het gevaar van een Chimp die denkt dat hij zich in een jungle bevindt in plaats van in een samenleving, is dat hij zijn driften op de verkeerde manier kan gaan gebruiken. En dan kunnen grensgeschillen over heggen of recht van overpad letterlijk tot moord leiden. Probeer te herkennen

in hoeverre jouw Chimp de wereld waarin hij leeft interpreteert als een jungle en zich gedraagt volgens de principes van de jungle. Een simpele ruzie, zoals met iemand die jouw parkeerplaats inpikt, kan een serieus conflict worden als de Chimp werkt vanuit het idee dat er inbreuk op zijn territorium wordt gemaakt.
Laat bij het oplossen van een eventueel grensgeschil de Mens de Chimp vertegenwoordigen. Chimp-mentaliteit wat betreft grenzen zie je ook terug op het werk. Als jouw Chimp met een andere Chimp ruziet omdat die zich op zijn terrein heeft begeven, laat dan de Mens in jou de leiding nemen bij de oplossing van dit conflict. Want als je de Chimp, die gedreven wordt door sterke, en vaak uit hun verband gerukte, emoties, het voortouw laat nemen, levert dat problemen op.

Het juiste deel van de jungle

Er zijn bepaalde regels die gevolgd moeten worden, wil je Chimp gelukkig zijn met zijn omgeving. Als de Chimp niet in een bepaalde wereld kan leven, kun je daar niet zomaar aan voorbijgaan. Als je probeert de Chimp te dwingen om in een onvriendelijk deel van de jungle te leven, moet je de consequenties aanvaarden. In dergelijke omstandigheden is de kans heel groot dat de Chimp gestrest raakt en je een ongelukkig en ongemakkelijk gevoel geeft. De jungle is angstaanjagend, maar als je je Chimp een plek geeft waar hij zich gelukkig voelt, zal hij snel tot rust komen. Dat betekent dat je Chimp in staat moet zijn om om te gaan met de **emotionele** omgeving waarin hij leeft.
Zo kwam een vriendin een tijdje geleden bij me langs voor advies. Er was haar een promotie aangeboden en dat vond ze prachtig en ze voelde zich erdoor gevleid. Haar nieuwe functie betekende echter dat ze veel meer van huis zou zijn en ook dat ze meer verantwoordelijkheden kreeg. Het enige wat ik kon doen, was haar enkele vragen stellen en haar uiteindelijk zelf laten beslissen. De vraag die ik stelde, die te maken heeft met de Chimp in de jungle, was: ‘Hoeveel emotionele stress op je werk en thuis brengt deze nieuwe baan met zich mee, en kun je dat aan?’
Ze vertrok om erover na te denken en besloot dat het meer was dan

ze aankon. Ze realiseerde zich dat haar Chimp zich nooit op zijn gemak zou voelen in de nieuwe situatie, en hoewel het heel vleiend en spannend was, was het niet verstandig. Ze bedankte voor de promotie. Op een dag vroeg ik haar hoe ze dacht over haar beslissing van jaren geleden. Ze antwoordde dat ze daar heel blij mee was omdat ze niet iets had nagejaagd wat ze uiteindelijk emotioneel niet had aangekund. Ze had de baan natuurlijk ook kunnen aannemen en haar Chimp binnen de nieuwe setting kunnen leren managen, maar soms moet je accepteren dat je Chimp zijn beperkingen heeft en dat alleen jijzelf kunt bepalen wat die beperkingen zijn en hoe je je leven in balans kunt krijgen.

Een tweede voorbeeld laat het andere uiterste zien! Een collega kwam op een dag bij me langs om te vertellen hoe ellendig hij zich voelde in zijn huidige functie. Zijn Chimp wilde duidelijk een meer gezaghebbende rol, maar maakte zich grote zorgen dat het misschien niet zou lukken. Toen we hierover spraken, werd duidelijk dat de Chimp hulp nodig had zodat zijn onzekerheid werd weggenomen en dat de Mens hulp nodig had om de Chimp een rationeel argument voor te houden en de eventuele consequenties van de nieuwe baan uit te werken. Na enkele gesprekken raakte de Chimp over zijn angst heen en was hij enthousiast over de vooruitzichten van een nieuw leven en de uitdagingen die dat met zich mee zou brengen. De collega wisselde van baan, de Chimp werd heel gelukkig en de kwaliteit van leven van mijn collega verbeterde aanzienlijk.

Sommige mensen brengen hun leven door op de 'verkeerde' plek. Je realiseren dat jouw manier van leven niet overeenkomt met de behoeften van je Chimp, en daar iets aan doen, is een van de sleutels tot tevreden zijn met jezelf. Het juiste deel van de jungle is daar waar je werk- en je privéomgeving fijne plekken zijn om te vertoeven.

Het territorium zelf

Nu je hebt bepaald wat voor je Chimp het juiste deel van de jungle is om in te leven, moet je kijken wat hij binnen dat deel van de jungle wil. Hier volgen een paar suggesties die hem gelukkig maken in zijn territorium en hem ervan weerhouden rond te dolen of gestrest te raken.

De juiste financiën en bezittingen

Leren leven met de middelen die je hebt, is een uitstekende manier om je Chimp te laten ophouden met tobben. Geld lenen om je omstandigheden te verbeteren, is een beslissing die je samen met je Chimp moet nemen. Sommige mensen hebben geen enkele moeite met het lenen van grote bedragen en hun Chimp zal zich er goed bij voelen, terwijl anderen daar grote moeite mee hebben. Dus als je je constant zorgen gaat maken dat je schulden hebt, leen dan niet. Je Chimp maakt je duidelijk wat hij wel of niet aankan; neem de tijd om je te realiseren wat je emotioneel aankunt.

De juiste vrienden

Je Chimp zal zich bij de een wel op zijn gemak voelen en bij de ander niet. Het gaat er dus om dat je je daarvan bewust bent en dat je jezelf zo veel mogelijk omringt met de juiste mensen.

De juiste baan

Zorg er zelfs in de juiste baan voor dat de Chimp voortdurend wordt gerustgesteld wat betreft zijn precieze rol en verantwoordelijkheden. Hij moet zich competent en zelfverzekerd voelen, wil hij zijn werk kunnen doen.

Het juiste voedsel

Het juiste voedsel voor je Chimp is emotioneel voedsel. Hij heeft bevrediging en gemoedsrust nodig. Bezorg je Chimp geen maagklachten door van hem te verlangen dat hij genoegen neemt en leeft met onbruikbare emoties als stress of ongelukkig zijn.

De juiste hoeveelheid rust

Als je je Chimp niet genoeg rust gunt, zal hij niet gelukkig zijn in zijn wereld. Je emoties zijn wat dat betreft niet anders dan de fysieke delen van je lichaam. Ze hebben time-outs nodig, en tijd om te herstellen. Het is heel belangrijk voor je Chimp om jezelf deze emotionele rustpauzes te gunnen. Je zult je daarna beslist beter voelen.

Kort samengevat moet je je Chimp in het juiste deel van de jungle zetten, met daarin de juiste benodigdheden, om hem gelukkig te houden. Als bepaalde benodigdheden ontbreken, zal hij heel ongelukkig worden en je problemen bezorgen totdat je dat hebt opgelost.

De wereld van de Mens

Je Mens leeft in een maatschappij en ziet de wereld daarom als een plek die vooral op logica en compassie is gebaseerd. Deze wereld steunt de zwakkeren en kwetsbaren en biedt iedereen gelijke kansen. Hij gaat uit van het principe dat deze wereld wordt bevolkt door gezagsgetrouwe Mensen, die eerlijk en moreel verantwoord leven. Ze kennen schuldgevoelens, wroeging en boetedoening.
Gezien deze veronderstellingen is het geen wonder dat de Mens frustraties en teleurstellingen ervaart. Wat Mensen niet waarderen, is dat er op de wereld heel wat Chimps rondlopen die niet van plan zijn om deze principes te eerbiedigen, en de Mens moet zich daarbij neerleggen. Als de Mens dat eenmaal heeft geaccepteerd, moet hij leren dat in zijn wereld in te passen zonder dat zijn Chimp tevoorschijn komt en het overneemt.

De behoeften van de Mens wat betreft zijn omgeving

Een van de verschillen tussen de Chimp en de Mens is dat de Mens over het algemeen graag leert en zich wil ontwikkelen en graag de kans krijgt om creatief te zijn. Mensen hebben veel meer sociale stimulansen en intellectuele uitdagingen nodig dan de Chimp, die meer bezig is met overleven. Het gaat bij de Mens daarom niet zozeer om het *zorgen* voor de Mens als wel om het *stimuleren* van de Mens in jou. Het gaat erom dat je je Mens tijd gunt om een waardevol leven te leiden. We kunnen daarvoor naar dezelfde zaken kijken als bij de Chimp en uitvogelen wat geschikt is voor de Mens in jou. Wat is de juiste plek voor jou? Welke financiën, bezittingen, vrienden, baan, voeding en rustpauzes heb je nodig om jouw Mens te ontwikkelen? Maar het belangrijkste van allemaal: welke sociale stimulansen en intellectuele uitdagingen heb je tot je beschikking? Geen doel hebben is geestdodend voor de Mens.

De wereld van de Computer

De Computer krijgt input van zowel de Mens als de Chimp. Het moge duidelijk zijn dat de twee werelden die de Chimp en de Mens willen en die zij denken te bewonen, met elkaar botsen. Er zijn duidelijke verschillen in waarden en opvattingen en die kunnen niet allemaal tegelijk juist zijn en bevredigd worden. Als we in een van die twee werelden zouden leven, zouden we ons eraan kunnen aanpassen. Het probleem is dat we niet volledig in een van beide werelden leven. Ergens ertussenin bevindt zich de Echte Wereld.

De Computer krijgt informatie uit twee verschillende werelden

De Computer slaat op wat de Chimp zegt dat er gebeurt en hij slaat ook op wat de Mens zegt dat er gebeurt, en probeert beide soorten input te doorgronden. Een effectieve Computer brengt deze twee werelden samen en helpt iemand de hele dag door te switchen tussen Chimp en Mens, zoals noodzakelijk is. De Computer helpt de persoon dus te leven in de constant veranderende Echte Wereld.

Samenvatting hoofdpunten

- De Chimp leeft in een jungle en heeft zorg nodig.
- De Mens leeft in een maatschappij en heeft zorg nodig.
- De Computer doorgrondt beide werelden en komt met de Echte Wereld.
- De Echte Wereld is het fluctuerende bestaan tussen twee parallelle werelden die voortdurend veranderen.
- Leven in de Echte Wereld is leren overleven en gelukkig zijn.

Aanbevolen oefening
Een doel definiëren

Zorg dat je Mens elke dag een bewust doel heeft. Dat hoeft niet al te diepgravend te zijn, het kan ook een kortetermijndoel zijn. Waar het om gaat, is dat je Mens zich ervan bewust is welke richting de dag op gaat. Begin daarom je dag met jezelf af te vragen wat je aan het eind van die dag bereikt wil hebben. Het doel voor de dag kan het voltooien van een taak op je werk zijn, of het doen van wat klusjes thuis. Het doel hoeft niet werkgerelateerd te zijn, het kan ook gewoon een dagje uit zijn of samen zijn met vrienden. De Mens houdt ervan om een doel te hebben en gedijt erbij, of het nu een doel voor de lange of de korte termijn is.

Hoofdstuk 11
De Maan van de Plotselinge Stress

Omgaan met plotselinge stress

Plotselinge stress managen:

- Het doel van, en de reactie op stress
- Een Automatische Piloot voor het omgaan met Plotselinge Stress: 'Verandering'

- Stress laten verdwijnen
- Bekende voorbeelden van stressoren

Deze maan zal de Planeet van de Echte Wereld stabiliseren door met plotselinge stress af te rekenen.

Het doel van, en de reactie op stress

Stress is een gezonde reactie die met opzet onprettig is. Het is de manier van Moeder Natuur om jou duidelijk te maken dat er iets niet klopt en dat je daar wat aan moet doen. Stress kan zich op heel verschillende manieren uiten, zoals in agressie, ongeduld, een slecht humeur, angst, enzovoort. Dit zijn symptomen van stress. Beseffen dat de symptomen het gevolg zijn van een stress veroorzakende factor of stressor, is de eerste stap op weg naar het wegnemen van stress.

Als je stress hebt geeft het lichaam veel chemische stofjes af om je te waarschuwen, waarvan adrenaline en cortisol de twee belangrijkste zijn. Stress kan fysiek of psychisch zijn. Een voorbeeld van fysieke stress is uitdroging. Het lichaam reageert door je een ongemakkelijk gevoel te geven en je dorstig te maken. Je drinkt en dat corrigeert de situatie en verdrijft de stress. Psychische stress moet op dezelfde manier aangepakt worden. Dus als je stress ervaart, moet je op zoek naar een constructieve manier om ermee om te gaan. Je hebt de keuze: of je reageert op de stress, of je pakt de stress aan. Welke stress jou ook plotseling overvalt, er is altijd een manier om ermee om te gaan.

> ***Hoofdpunt***
> *Reageer niet alleen maar op stress; ga er ook op een constructieve manier mee om.*

Als de stress toeslaat, zal de Chimp als eerste in actie komen, want alle input moet eerst door de Chimp worden gescreend. Het is onmogelijk om dit tegen te houden en in sommige omstandigheden kan het zelfs je leven redden! Dus de eerste reactie die je krijgt, zal een reactie van je Chimp zijn. Het is heel belangrijk dat je dit beseft en het als normaal en gezond beschouwt, hoewel je er niet altijd iets aan hebt. Beseffen dat de reactie van de Chimp komt, zal je er hopelijk van weerhouden **jezelf** te bekritiseren.

Bij stress zal de Chimp kiezen voor Vechten, Vluchten of Verstijven, afhankelijk van wat hij als beste optie ziet. Je zult je ervan bewust moeten worden hoe jouw Chimp op stress reageert, want elke Chimp is anders. Een agressieve Chimp die in de Vecht-modus schiet, kan zijn stressgerelateerde agressie of irritatie op de mensen om zich heen richten. Een Chimp die verstijft onder stress, ontkent in wezen dat de stress bestaat en hoopt dat het probleem vanzelf weer zal verdwijnen. De Chimp die voor Vluchten kiest, zal het probleem ontwijken, weigeren het onder ogen te zien en wegrennen, vaak in de hoop dat iemand anders het voor hem oplost. Het zijn geen van alle ideale manieren om met stress om te gaan, ook al werkt het af en toe wel!

Wat wij willen ontwikkelen, is een manier om de Chimp ervan te weerhouden het over te nemen. Aangezien de Chimp eerst de Computer raadpleegt alvorens te handelen, hebben we een Automatische Piloot nodig, een effectief Computer-programma dat **goed geprogrammeerd** is en **klaar om te draaien**. Bedenk: de Computer is twintig keer zo snel als de Chimp, dus als de Computer klaarstaat met een Automatische Piloot, krijgt de Chimp geen kans om te reageren.

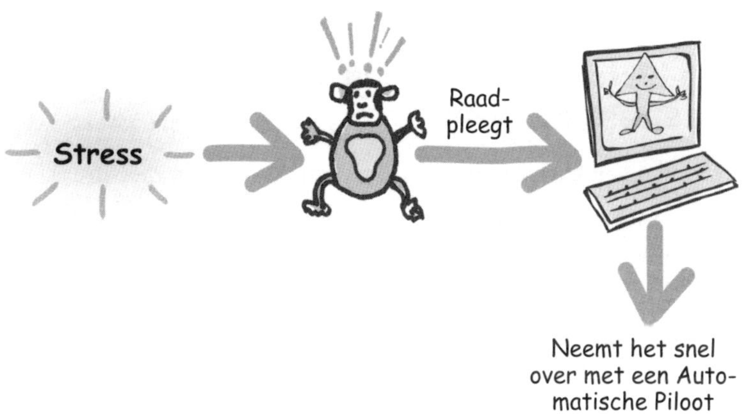

> ***Hoofdpunt***
> *Een Automatische Piloot is de manier om met plotselinge stress om te gaan.*

Om te zorgen dat je Chimp zich inhoudt als hij plotseling gestrest raakt, moet je:

- Beseffen dat de Chimp reageert
- Je denken vertragen (om de Mens de kans te geven mee te gaan doen)
- Even afstand nemen van de situatie
- Een invalshoek kiezen
- Een plan hebben

Een Automatische Piloot die gebaseerd is op deze punten zal je helpen omgaan met de stress.

Als we plotseling gestrest raken reageren we emotioneel. Soms hebben we de tijd om na te denken en soms ook niet. De hierna beschreven blauwdruk moet op jou en je omstandigheden worden afgestemd, maar het principe blijft hetzelfde en je kunt er elke soort stress mee aanpakken.

Een blauwdruk voor een Automatische Piloot die stress aanpakt

Er zijn zeven stappen die je zullen helpen omgaan met stress. We gaan ze stuk voor stuk bekijken, maar hier staan ze alvast, in de volgorde waarin we ze zullen behandelen.

1. Besef en verandering
2. De pauzeknop
3. Ontsnappen
4. De helikopter en perspectief nemen
5. Het plan
6. Reflectie en activering
7. Glimlachen

Stap 1: *Besef en verandering*

Je moet eerst beseffen dat je plotseling gestrest ben. Dat is niet altijd even makkelijk als het klinkt. De beste waarschuwing dat je gestrest bent, is als je Chimp je gevoelens aanreikt die je niet prettig vindt, zoals woede, onbehagen, een knoop in je maag, ongerustheid, enzovoort. Zodra je beseft dat je gestrest bent, moet je de Computer activeren.

De beste manier om een Automatische Piloot te activeren, is een woord of handeling die de Computer wakker schudt. Zeg bijvoorbeeld zodra je die vervelende gevoelens krijgt het woord '**verandering**'. Dat woord zal de Computer wakker schudden en de Automatische Piloot activeren die zegt: '**Ik ben van plan om mijn directe reactie op stress te VER-**

ANDEREN.' Het woord 'verandering' herinnert je er dus aan dat je het deze keer anders gaat aanpakken en je niet laat leiden door de Chimp en Boemannen, maar kiest voor de Mens en de Automatische Piloot.

Stap 2: *De pauzeknop*

Nadat je de Computer wakker hebt geschud met het woord 'verandering', moet je je Chimp ervan weerhouden om te gaan denken en jezelf een moment gunnen om wat te kalmeren. Een van de simpelste manieren om dat te doen, is je voorstellen dat er in je Computer een pauzeknop zit die ervoor zorgt dat de Chimp verstart en dat je daarop drukt als je je realiseert dat de Chimp reageert. Dat geeft je Mens wat tijd om mee te gaan doen met het besluitvormingsproces omtrent het omgaan met de stress.

> ***Hoofdpunt***
> *Wil je je Chimp stoppen, vertraag dan altijd actief je denken. Dit werkt in ELKE situatie. Het is een alternatieve, uitstekende manier om de Chimp te managen.*

Stap 3: *Ontsnappen*

Neem indien mogelijk afstand van de situatie. Dat helpt je om wat ruimte te scheppen. Verlaat als het fysiek mogelijk is de situatie en raap jezelf bij elkaar. Als je niet weg kunt, probeer dan te ontspannen en in gedachten je eigen wereld binnen te gaan. Heeft iemand bijvoorbeeld iets schokkends gezegd, leg die persoon dan uit dat je wat tijd wilt om na te denken voordat je reageert. Wees niet bang om assertief te zijn als je tijd nodig hebt om na te denken.

Stap 4: *De helikopter en perspectief nemen*

Denk je in dat je in een helikopter bent gestapt die nu boven de situatie hangt. Je kunt nu de situatie van bovenaf bekijken en een beter overzicht krijgen van wat er aan de hand is. Zie je leven als een tijdlijn met een begin en een einde en kijk waar jij je op dit specifieke tijdstip bevindt. Vraag jezelf af: hoe belangrijk is deze situatie voor de rest van mijn leven? Zal deze situatie voor eeuwig zo blijven of is ze van voorbijgaande aard en zullen de dingen veranderen? Wat zijn de echt belangrijke dingen in mijn leven, en is dit er eentje van, of heeft dit die dingen veranderd?

Wijs jezelf erop dat alles in het leven tijdelijk is. Het duurt niet lang en dan kijk je terug op dit moment als een vage herinnering. Heel weinig in het leven is ook op de lange duur nog belangrijk.

Stap 5: *Het plan*

Ga nu werken aan een plan om de stress te verdrijven. Bedenk dat je wilt denken met de Mens, dus begin altijd bij jezelf! Vraag jezelf af wat je kunt doen om anders te reageren en of dat zou helpen. Kun je je kijk op de situatie veranderen en zou dat de zaak veranderen? Kijk vervolgens naar de situatie en de omstandigheden en kijk of die kunnen worden veranderd. Wat kun je praktisch gezien doen om dingen te veranderen en welke dingen zul je moeten accepteren?

Vermijd altijd de confrontatie met de andere betrokkenen tot je jezelf en de situatie op een rijtje hebt. Kijk ten slotte naar de mensen die erbij betrokken zijn en vraag of ze jou kunnen helpen of dat jij hen kunt steunen. Zoek uit wat jij in de hand hebt en wat niet. Je hebt in principe de controle over alles wat met jezelf en je reacties te maken heeft, en ook de omstandigheden kun je enigszins beïnvloeden, maar je hebt niet de controle over andere mensen. Accepteer dat!

Stap 6: *Reflecteren en in werking zetten*

Heb je eenmaal de tijd en de ruimte gecreëerd om de Mens de kans te geven om te denken, dan kun je reflecteren voordat je handelt. Vraag jezelf af wie je de leiding wilt geven. Wil je dat je Chimp of je Mens denkt en handelt? De keuze is aan jou. Zet je plan in werking. Verander wat kan worden veranderd en beïnvloed wat kan worden beïnvloed. Ga niet passief zitten afwachten. Niets is minder constructief dan jezelf in een slachtofferrol manoeuvreren; laat dat niet toe. Als je het echt niet aankunt, roep er dan een geschikt iemand bij om je te helpen.

***Stap** 7: Glimlachen*

Glimlach als het even kan. Het hangt natuurlijk af van de ernst van de situatie, maar probeer altijd lichtpuntjes te zien. Lach om jezelf als je te overdreven hebt gereageerd.

> ***Hoofdpunt***
> *Lachen om jezelf, of om situaties, is een van de meest krachtige manieren om de stress uit je Chimp te verdrijven.*

Als de situatie echt heel ernstig is of je leven op zijn kop zet, moet je jezelf natuurlijk toestaan om verdrietig te zijn en de steun van vrienden in te roepen. Er is niets mis met verdriet; het is een heel gezonde manier om rampen en hartzeer te verwerken.

Een voorbeeld van de te nemen stappen

Stan staat bij de bushalte en is op weg naar een sollicitatiegesprek voor een baan die hij heel graag wil. De bus is dertig minuten te laat en hij begint zenuwachtig te worden. Als de bus eindelijk arriveert, blijkt hij vol en rijdt hij gewoon door. Taxi's komen hier nauwelijks langs en Stans mobiel heeft geen bereik. De Chimp in hem begint nu hysterisch en woedend te worden. Zijn Chimp neemt het over en reageert zoals hij in elkaar zit en doet zijn werk. Het helpt alleen niet erg. Laten we nu de stappen uitproberen die bedoeld zijn om met deze plotselinge stress om te gaan.

Stap 1: Stan beseft dat de Chimp reageert en accepteert dat dit een redelijke reactie van hem is, maar dat het hem niet verder helpt. Hij zegt tegen zichzelf '**Verandering**', het geheugensteuntje dat hij zijn automatische gedrag moet veranderen van een Chimp-reactie met Boemannen in een Menselijke reactie met Automatische Piloten.

Stap 2: Stan visualiseert nu een grote pauzeknop in zijn hoofd en drukt daarop om bewust zijn denken te vertragen, om zo de Mens de kans te geven mee te gaan doen.

Stap 3: Stan trekt zich in gedachten terug en neemt afstand van waar hij mee wordt geconfronteerd.

Stap 4: Hij stelt zich voor dat hij in een helikopter zit die hem boven het scenario brengt en dat hij omlaag kijkt om een en ander in perspectief te zien. Hoewel het op dit moment allemaal heel stressvol kan zijn, ziet hij wel in dat wat er ook gebeurt, het leven verdergaat en dat wat nu gebeurt over tien jaar waarschijnlijk weinig meer te betekenen heeft. Hangend boven de situatie vraagt hij zich af of het echt het einde van de wereld is als hij de baan niet krijgt. Het antwoord is: ‘Nee, dat is niet het geval’, en hoewel het heel teleurstellend is, kan hij met die teleurstelling en de consequenties ervan leven omdat hij een volwassen Mens is en geen Chimp of kind. Hij weet ook dat hij rationeel gezien misschien nog steeds iets aan de situatie kan doen en dat hij zijn Chimp niet de kans moet geven tot doemdenken.

Stap 5: Hij schiet nu in de Mens-modus en stelt zichzelf de vraag: ‘Wat kan ik aan de situatie doen?’ Hij antwoordt: ‘Ik kan de emoties kiezen die ik wil en ik kan ervoor kiezen om me als een volwassene te gedragen. Als ik emotioneel word, doet dat de zaak geen goed, en mij al helemaal niet. Ik kan op dit moment niets verzinnen wat ik kan doen; dat moet ik accepteren. Ik kan ervoor kiezen om de situatie te accepteren in plaats van steeds maar te zeggen: ‘wat als’ of: ‘dit had niet mogen gebeuren’ of, nog erger: ‘het leven zou eerlijk moeten zijn’.

Stap 6: Stan **besluit** zijn Mens de leiding te geven en **besluit** zijn emotionele benadering van de situatie bewust te veranderen. Hij overweegt wat praktisch gezien zijn opties zijn: wachten en hopen dat er nog een bus komt, of naar huis gaan en bellen dat hij verhinderd is voor het sollicitatiegesprek.

Stap 7: Ondanks zijn teleurstelling kan hij misschien toch een glimlach op zijn gezicht toveren en dankbaar zijn dat de zon ook morgen weer op zal komen. ***Hij blijft gefocust op de oplossing en niet op het probleem.***

Natuurlijk wil jij misschien anders reageren of wil jij de situatie anders aanpakken als je in zijn schoenen zou staan. Dit is maar een voorbeeld van hoe het zou kunnen gaan. Er zijn eindeloos veel mogelijkheden, dat moge duidelijk zijn. Waar het om gaat, is dat Stan heeft besloten om zich als Mens te gedragen en niet als Chimp, en ondanks de tegenslag voor positieve emoties kiest.

Keuzes in ernstige situaties

Het scenario hierboven was niet echt ernstig, maar wat gebeurt er als zich een echte crisis voordoet?

Laten we bijvoorbeeld een jongeman nemen die een ongeluk heeft gehad met zijn motor en vanaf zijn middel tot aan zijn tenen verlamd is. Dat is helaas geen ongebruikelijk scenario. Hoe gaat hij met een dergelijke crisis om?

Als hij nu opstijgt met de helikopter en probeert de zaak in perspectief te zien, is de uitkomst minder rooskleurig. Zijn hele leven is zojuist veranderd, en niet bepaald ten goede. Het zou volkomen onredelijk zijn om nu tegen hem te zeggen dat hij het allemaal in een ander licht moet zien en moet blijven glimlachen. Hij zal door een rouwproces heen moeten. We reageren allemaal op onze eigen manier op dezelfde situatie, dus is er geen goed of fout als het gaat om de reacties op een ernstige crisis. Het gaat erom dat je je respons begrijpt en ervoor kiest hoe je ermee om wilt gaan. De simpele stappen zoals hiervoor beschreven, zijn bruikbaar bij relatief onbelangrijke voorvallen en bij acute voorbijgaande stress, maar bij grote stress en ingrijpende gebeurtenissen zullen ze moeten worden aangepast. Hoeveel tijd je neemt om te rouwen en de manier waarop je dat doet, is heel persoonlijk. Het is aan te bevelen om je verdriet te verwerken, want je doorloopt daarin bepaalde fases, die allemaal tijd kosten. Er komt echter een moment dat je je verdriet hebt verwerkt en dan, als de tijd er rijp voor is, kun je verder met je leven. Je zult het stadium bereiken waarin je de situatie onder ogen moet zien en een beslissing moet nemen, hoe moeilijk die ook zal zijn. Voor deze jongeman zal die beslissing heel zwaar zijn. Hij kan kwaad en geïrriteerd blijven en verbitterd verder leven, of hij kan ervoor kiezen om de draad weer op te pakken, ondanks alle tegenslag, en alsnog van het leven te genieten, en geluk en vervulling te zoeken, zoals veel jonge mensen in een dergelijke situatie hebben gedaan.

Ik heb in de loop der jaren heel wat mensen zien lijden door verschrikkelijke gebeurtenissen en situaties en het heeft me steeds weer verrast hoe sommigen er toch het beste van weten te maken en glimlachend en positief verdergaan. Hoe wreed het ook lijkt, je hebt nog steeds de keus om de situatie te accepteren en weer je geluk te zoeken, of te blijven zitten waar je zit en verbitterd en boos verder te leven. Het is meestal makkelijker om je vast te klampen aan je boosheid dan om door een rouwproces heen te gaan, maar met boosheid schiet niemand iets op.

Stress laten verdwijnen

ADP:

Soms is het niet zo makkelijk om de draad weer op te pakken, omdat je Chimp het daar niet mee eens is. Wil je toch dat hij erin meegaat, dan zul je hem moeten helpen en hem een nieuwe richting op moeten sturen. Door kunnen gaan met je leven, kan worden gezien als een drieledig proces, afgekort ADP. Dat is het vermogen om te **A**ccepteren en daarna **D**oor te gaan met je leven, met een **P**lan.

ADP is omgaan met iets onplezierigs dat je moet accepteren. Dat kan wangedrag zijn of gewoon een gebeurtenis waarvan je zou willen dat die nooit was voorgevallen of emotioneel of fysiek letsel.

Accepteren – om iets onplezierigs te kunnen accepteren, kan het helpen je hart te luchten. Dat betekent dat je je Chimp moet leren de emoties te uiten die het onplezierige voorval bij jou teweeg heeft gebracht. Doe dit zo vaak als nodig is en krop je emoties niet op. Emoties opkroppen (proberen de Chimp die van streek is weer in zijn doos te sturen) is waarschijnlijk het slechtste wat je kunt doen, want ze zullen weer de kop opsteken om jou en anderen lastig te vallen. Het is niet verstandig, maar dom. Als je je hart hebt gelucht, zal dat de stress verminderen en word je zelf ook kalmer. Denk aan de eerste 'Levenswaarheid' en leef daarnaar: 'Het leven is niet eerlijk.' Zeg het niet alleen, leef ernaar.

Doorgaan – bepaal wanneer je volgens jou je Chimp voldoende zijn hart hebt laten luchten en door wilt met je leven. Pak de draad pas weer op als het echt zover is. Als je er klaar voor bent, vraag jezelf dan af wat je nu wilt. Je hebt slechts twee keuzes: blijven waar je bent en het probleem laten doorsudderen of je verlies nemen en een nieuw plan bedenken en verdergaan met je leven. De keus is, zoals altijd, aan jou.

Plan – dit is van CRUCIAAL belang, wil je verder met je leven. Je kunt niet verder zonder plan, want anders loop je gewoon weer tegen hetzelfde probleem aan, met dezelfde emoties en dezelfde omstandigheden. Het plan brengt je verder en haalt je uit de cyclus van iets proberen te accepteren wat onverteerbaar lijkt. Het plan moet duidelijk maken hoe jij zowel je emoties als praktische zaken gaat veranderen.

Begin altijd bij het begin

Als je op de verkeerde plek begint, levert dat een hoop stress op. Beginnen bij **waar je bent** en met **wat je hebt** en van daaruit verdergaan is heel bemoedigend en dankbaar, want dan zie je vorderingen richting je doel. Veel mensen beginnen echter bij **waar ze zouden willen zijn** en met **wat ze zouden willen hebben** en kijken vervolgens hoe ver ze daar nog van verwijderd zijn en raken ontmoedigd. Ze kijken elke dag hoe ver ze nog achterliggen op hun doel. Stel bijvoorbeeld dat je je been gebroken hebt en van de dokter te horen gekregen hebt dat het drie maanden duurt voordat je je been weer volledig kunt gebruiken. Als je accepteert dat je begint bij waar je bent en met wat je hebt, zul je zeggen: 'Ik ga elke dag vooruit en genees steeds meer.' De Mens heeft dan de leiding en er worden positieve chemische stofjes vrijgegeven in je hoofd.

Als je begint bij waar je wilt zijn en met wat je wilt hebben, zul je zeggen: 'Ik wil weer helemaal beter zijn en geen probleem meer met mijn been hebben.' Je zult je dan elke dag realiseren hoe ver je daar nog van verwijderd bent, wat ervoor zorgt dat je Chimp de controle overneemt. Er zullen dan negatieve chemische stofjes in je hoofd vrijkomen die stress veroorzaken en het zal lijken alsof er geen eind aan die drie maanden komt.

Als er dingen misgaan of je hebt in iets gefaald, is het enige wat je kunt doen **beginnen bij waar je bent en met wat je hebt** en van daaruit verdergaan.

Tijdreizen

Een creatieve manier om met stress om te gaan is om een tijdmachine te gebruiken. Als je je zorgen maakt of ergens gestrest over bent, stel je dan voor dat je in een tijdmachine stapt en tien jaar in de toekomst reist en dan terugkijkt op de huidige situatie. Vraag jezelf af hoe je had willen handelen en wat je had willen zeggen. Vraag jezelf af of gestrest raken over de situatie heeft geholpen. Als je deze vragen hebt beantwoord, kun je teruggaan naar de huidige tijd en handelen zoals je wilde.

Enkele bekende voorbeelden van stressoren

Stress is een heel individuele respons, want stress wordt bij iedereen door andere dingen opgeroepen. ***Deze individuele stressoren hangen bijna altijd samen met de manier waarop je de situatie interpreteert en met de overtuigingen die je eropna houdt***, want die bepalen in hoeverre je iets als een dreiging beschouwt. Dit is de belangrijkste reden waarom mensen verschillende niveaus van stress ervaren als ze met hetzelfde probleem worden geconfronteerd. De grootste veroorzaker van stress en van problemen waarmee je wordt geconfronteerd ben je ironisch genoeg zelf, en degene die jou het beste kan helpen bij het oplossen van deze problemen ben je ook zelf.

Besluitvorming

Geen besluiten nemen is een van de meest voorkomende oorzaken van stress in het dagelijks leven. Leren besluiten te nemen en je daar ook aan houden is helemaal niet zo moeilijk, als je maar beseft dat je wordt gegijzeld door je Chimp als je geen besluit kunt nemen, en leert om daar ferm tegen op te treden. Wat ook kan helpen is om een nachtje te slapen over de beslissing. Bedenk: als je een beslissing moet nemen **en je hebt alle informatie die er te vinden is verzameld**, dan is de tijd rijp om die beslissing te nemen. Het kan nuttig zijn om je Chimp uit te leggen dat het heel begrijpelijk is dat hij geen fouten wil maken, maar dat het niet realistisch is om te denken dat hij altijd maar de beste beslissing neemt. Het kan ook helpen om je Chimp te vertellen dat Chimps en kinderen niet met de consequenties kunnen leven, maar dat volwassen Mensen dat wel kunnen en daar ook een oplossing voor kunnen zoeken. Sommige Chimps vinden het heel moeilijk om beslissingen te nemen. Dat is normaal, tenzij de Chimp vervolgens zichzelf ervanlangs geeft met uitspraken als: ‘Wat ben ik toch dom’ of: ‘Er mankeert iets aan me’ of een vergelijkbare kleinerende uitspraak. Gelukkig zijn Mensen in staat om makkelijk beslissingen te nemen als ze hun Chimp kunnen managen.

Besluitvorming – het bitterzoete dilemma

Stel, je hebt twee snoepjes voor je liggen. Het ene is groen en het andere geel. Er wordt je nu gevraagd er eentje te kiezen, zonder dat dit verdere gevolgen heeft. Dat is makkelijk: je hebt in een oogwenk je snoepje gekozen.

Stel nu dat je deze vraag opnieuw gesteld wordt, maar nu met consequenties. Als je het juiste snoepje kiest, krijg je alles waar je om vraagt. Als je het verkeerde snoepje kiest, verlies je dat wat je het liefste is. Nu wordt de keuze ineens heel moeilijk. De reden is duidelijk: omdat de consequenties heel heftig zijn en je leven kunnen veranderen. De stress komt van de consequenties, niet van de besluitvorming.

Het probleem is dat de logica verdwijnt als de Chimp het overneemt. Er valt geen verdere informatie in te winnen en wachten zal ook geen verschil maken, want je keuze zal altijd nattevingerwerk zijn. De Chimp zal niet toestaan dat je kiest, want hij kijkt naar de consequenties. Hij zal maar blijven malen over die gevolgen en zal jou niet toestaan verder te gaan. De Mens kan door logica te gebruiken makkelijk een keuze maken, want hij heeft beredeneerd dat, aangezien er toch geen verdere informatie voorhanden is, hij net zo goed direct kan kiezen. Dan hoeft hij niet langer te lijden en hij ziet daarna wel wat hij met de gevolgen doet.

In omstandigheden als deze zal de Chimp twee dingen doen. Hij zal je ervan weerhouden een beslissing te nemen, uit angst dat je de verkeerde neemt, en hij zal de consequenties opblazen, ook al zijn ze dat helemaal niet, om te voorkomen dat jij in actie komt. De beste manier om dit probleem op te lossen, is om bij het nemen van beslissingen een bepaalde routine in te bouwen, zodat het een Automatische Piloot wordt.

Besluitvormingstraject

- Vergaar eerst alle mogelijke informatie die je nodig hebt voor het nemen van de beslissing.
- Accepteer dat sommige informatie waarschijnlijk nooit beschikbaar zal zijn of te laat zal komen; negeer dat dus, want je kunt er toch niets aan doen.

- Overweeg de consequenties van elke keuze en kijk of er een ernstige tussen zit; accepteer dat beide keuzes gevolgen zullen hebben.
- Vertel je Chimp dat hij moet ophouden er een drama van te maken en dat hij het een beetje in perspectief moet zien; wees daar streng in en vermijd of bedwing eventuele emoties.
- Laat de situatie het toe, lach er dan om of lach om jezelf; dat is beter dan huilen.
- Als je nog steeds niet kunt beslissen, zal het niet veel uitmaken wat je kiest. Gooi dus een muntje op en aanvaard de consequenties.

Alles bij hetzelfde proberen te houden

Een van de redenen waarom stress zich voordoet, is dat mensen niet accepteren dat het leven en de wereld voortdurend in beweging zijn en dat niets ooit hetzelfde blijft.

Relaties zijn daar een goed voorbeeld van. Je relatie met iemand verandert elke dag wel iets omdat jouw omstandigheden, en jijzelf, een beetje veranderd zijn. Als je verwacht dat je relatie precies zo zal blijven als op de dag dat je elkaar voor het eerst ontmoette, zou je weleens heel teleurgesteld kunnen raken. We hebben vaak heel onrealistische verwachtingen van relaties en accepteren niet dat ze in de loop van de tijd zullen veranderen.

Met banen is het precies hetzelfde. Je kunt niet verwachten dat je een baan voor het leven krijgt of dat je baan nooit zal veranderen. Mensen raken vaak geïrriteerd of kwaad als ze geen zekerheid krijgen wat betreft hun baan of de invulling daarvan, maar dat is een heel onrealistische verwachting.

Je Chimp en zijn onzekerheid zijn de drijfveer achter deze behoefte aan vastigheid in je leven. Je Mens moet je Chimp opvoeden. **Waar het om gaat, is dat als jij de verwachting koestert dat alles in je leven hetzelfde zal blijven, de kans heel groot is dat het een bron van stress wordt als dat niet zo is.** Om stress te vermijden, moet je in het hier en nu leven en accepteren dat veranderingen normaal zijn en ermee om leren gaan.

Onrealistische verwachtingen

Naast accepteren dat niets in het leven hetzelfde blijft, moet je ook realistische verwachtingen omtrent mensen en gebeurtenissen ontwikkelen. We hebben het hier al eerder over gehad bij de Boeman van onrealistische verwachtingen, en ik wil je er hier nog een keer aan herinneren. Een veelvoorkomende bron van stress is als iemand onwrikbare verwachtingen heeft over wat er **zou moeten** gebeuren of wat er gedaan **zou moeten** worden. Realistische en bruikbare verwachtingen met betrekking tot de wereld waarin jij leeft en de mensen met wie je je leven deelt, zullen je stressniveau aanzienlijk verlagen.

Het verschil tussen kuikentjes en jonge gansjes niet kennen

Sommige stress moet je opmerken! Zie bijvoorbeeld het volgende scenario.

Een hen werd samen met haar kuikens in een hok gezet en vervolgens werd er een vos losgelaten. De vos cirkelde om het hok heen en probeerde de kuikens te pakken. De moederkloek wist instinctief wat ze moest doen en spreidde haar vleugels uit en ging de confrontatie aan met de vos. Haar kuikens renden onder haar gespreide vleugels en waren zo beschermd. De hen bleef de vos afweren door haar kop te laten zakken en te dreigen met haar puntige snavel. De vos kon niet bij de kuikens komen en de hen week geen centimeter. Alles verliep goed en de vos werd weggehaald.

Later die dag werden er wat ganzenjongen in het hok gezet. De hen, in alles de moederkloek, nam onmiddellijk de verantwoordelijkheid op zich voor hun veiligheid en wierp zich op als hun moeder. De vos werd weer losgelaten. Terwijl hij in het hok rondsloop, probeerden ook de ganzenkuikens onder de gespreide vleugels van de moederkloek weg te duiken. Er waren nu echter te veel kuikens en ganzenjongen om onder de vleugels te passen en een aantal rende blindelings rond. De hen ging achter ze aan en probeerde ze alsnog allemaal onder haar vleugels te krijgen, maar dat lukte natuurlijk niet. Op een gegeven moment besefte ze dat het hopeloos was en liet ze zowel de kuikens als de gansjes aan hun lot over en probeerde het hok uit te vliegen.

Er valt hier een les uit te leren. Als het gaat om het aanpakken van problemen en verantwoordelijkheden in het leven, is het heel belangrijk om onderscheid te maken tussen problemen die jouw verantwoordelijkheid zijn (de kuikentjes) en problemen waar anderen verantwoordelijk voor zijn (de ganzenjongen). Maak je de problemen van anderen tot de jouwe en neem je daar de verantwoordelijkheid voor, dan moet je niet gek opkijken als je gestrest raakt. Dan faal je waarschijnlijk niet alleen in het helpen van anderen, maar ook in het oplossen van je eigen problemen. **Hoed je voor de ganzenjongen in je leven!**

Ik wil hiermee natuurlijk niet beweren dat je anderen niet moet proberen te helpen; ik wil alleen maar zeggen dat je moet uitkijken dat je andermans problemen niet tot de jouwe maakt. Proberen de verantwoordelijkheid te nemen voor iemand met een eetstoornis of een alcoholprobleem, is bijvoorbeeld geen goed idee, want dan probeer je iets te beheersen wat niet te beheersen is: het commitment van diegene. Steun anderen wel onvoorwaardelijk **terwijl ze zichzelf proberen te helpen**.

Samenvatting hoofdpunten

- Houd er realistische verwachtingen op na en houd altijd dit voor ogen: het leven is niet eerlijk; stress steekt af en toe de kop op; er zullen dingen fout gaan.
- ‘Verandering’ houdt een gedragsverandering in en wil zeggen dat je je automatische respons op stress gaat verleggen van Chimp en Boeman naar Mens en Automatische Piloot.
- Proactief zijn betekent vooruitkijken en als het even kan voor de hand liggende stress vermijden.
- ‘ADP’ staat voor Accepteren en Doorgaan met een Plan, en het helpt je een stressvolle situatie te overwinnen.

- Als zich stress voordoet, zoek dan doelbewust naar oplossingen om ervan af te komen.
- Vrijwel elke situatie is alleen emotioneel stressvol als jij dat toelaat.

Aanbevolen oefening
Planning voor stress

Je goed ingestudeerde plan

Schrijf een plan de campagne om met plotselinge stress om te gaan. Probeer dit te oefenen door stressvolle situaties te bedenken en je voor te stellen hoe je daarop zou reageren met je nieuwe plan. Werk dat in gedachten verder uit en sta stil bij hoe dit alles zal leiden tot een vruchtbaarder resultaat.

Oefening leidt tot perfectie

Oefen bij elke vorm van stress bewust het vertragen van je denken om zo je Chimp te managen. Als bijvoorbeeld iemand iets zegt wat bij jou een emotionele respons oproept, probeer dan je reactie te vertragen door de 'verandering-' en 'pauzeknop' te gebruiken op de manier die we eerder in dit hoofdstuk hebben uitgelegd, en ga dan over op kalm, rationeel Menselijk denken. Door je reactie te vertragen geef je de Mens de kans in actie te komen en voorkom je tevens impulsieve Chimp-reacties. Als je dit proces tot een gewoonte maakt, installeer je de Automatische Piloot in je Computer.

Hoofdstuk 12

De Maan van de Chronische Stress

Omgaan met langdurige stress

Chronische stress

- Verantwoordelijkheid
- Wat is het?
- Controleren op
- Preventie van
- Omgaan met
- Komt voort uit jezelf

- Komt voort uit omstandigheden
- Komt door anderen
- Wat als ik het verkeerd blijf aanpakken?
- Een aap vangen

Deze maan zal helpen om de wereld waarin je leeft te stabiliseren door te kijken hoe je kunt omgaan met chronische stress.

Verantwoordelijkheid

Dit hoofdstuk daagt je uit **in jezelf op zoek te gaan naar oplossingen** voor het aanpakken van chronische stress. Neem de verantwoordelijkheid voor het vinden van oplossingen van je stress. Het uitgangspunt is kijken naar jezelf en niet anderen of de omstandigheden de schuld geven.

Wat is chronische stress?

Als je langdurig onder stress gebukt gaat, leer je met de stress te leven en wordt die chronisch. Het lichaam kan dan veranderingen in zijn systemen aanbrengen en hormonale en chemische systemen kunnen worden gewijzigd. Dat kan resulteren in schade aan je gezondheid, wat weer resulteert in een verzwakking van het immuunsysteem en het optreden van ziektes. Chronische stress leidt ook behoorlijk vaak tot depressiviteit en angsten. Wil je goed voor jezelf zorgen, dan is het verdrijven van chronische stress een must. Als je ernstig gestrest bent, moet je eigenlijk naar je huisarts voor hulp.

Controleren op chronische stress

De symptomen van chronische stress zijn makkelijk te herkennen, als je eenmaal weet waar je moet zoeken.
Enkele veelvoorkomende symptomen van chronische stress:

- constant vermoeid zijn
- opvliegend zijn
- weinig gevoel voor humor hebben
- angstig of bezorgd zijn zonder duidelijke reden
- angstig of bezorgd zijn over onbelangrijke zaken
- niet in staat zijn je goed te ontspannen
- paranoïde ideeën hebben
- bij alles een gevoel van urgentie hebben
- huilerig of terneergeslagen zijn
- niet in staat zijn werk of vrienden onder ogen te zien
- kleine klussen als een enorme opgave zien
- een verstoord slaappatroon hebben

Sommige hiervan zijn ook symptomen voor andere zaken, maar als je constant een of meerdere van deze symptomen hebt, zul je echt de oorzaak moeten aanpakken.
Een aantal opties om chronische stress te voorkomen:

- verstandig met je tijd omgaan
- assertief zijn

- realistische verwachtingen hebben
- de verantwoordelijkheid nemen voor de dingen waar jij verantwoordelijk voor bent en voor niets anders!
- problemen aanpakken zodra ze zich voordoen
- regelmatig je Chimp kalmeren
- een potentieel probleem onderkennen
- je beperkingen kennen
- op tijd passende hulp zoeken
- over stressvolle situaties praten met anderen

Als je op een van deze gebieden de controle verliest, kun je er bijna zeker van zijn dat het om een mix van Chimp-activiteit en Boemannen gaat.

Chronische stress voorkomen

Net zoals er manieren zijn om plotselinge stress te helpen voorkomen, zijn er ook manieren om de kans te verminderen dat chronische stress ontstaat. Chronische stress doet zich voor als we stressvolle situaties niet aanpakken en ze als normaal gaan zien. Dat wordt dan een aanvaarde manier om met stress om te gaan, maar is destructief en inadequaat. Met andere woorden: we hebben dan Boemannen van berusting en slecht werkende strategieën in de Computer zitten.

Neem bijvoorbeeld iemand met een baan die om vijf uur naar huis mag. Op een dag staat hij op het punt te vertrekken als de manager vraagt of hij er bezwaar tegen heeft om over te werken om een bepaalde klus af te maken. Hij stemt daarmee in en werkt door tot zes uur. De volgende dag is zijn werk nog niet helemaal klaar en blijft hij tot zeven uur om het af te maken. Dit patroon wordt nu een geaccepteerde norm in plaats van een eenmalige uitzondering. Het probleem is dat als de persoon zegt dat hij liever naar huis gaat en het werk morgen afmaakt, hij zich schuldig gaat voelen. Zijn Chimp zegt dan: ‘Je kunt de groep niet in de steek laten, wat zullen ze wel niet denken?’ Maar zoals we inmiddels weten, gaat het helemaal niet om je groep. Het gaat om je werk en je collega's daar. Zorgen voor je Chimp door hem op tijd thuis te krijgen en voor de echte groep te laten zorgen, is belangrijker dan werken om het je collega's naar de zin te maken.

De Chimp kijkt echter in de Computer en ziet een Boeman. De Boeman zegt tegen de Chimp dat er van hem wordt verwacht dat hij overwerkt en dat dit acceptabel is, dus voelt de Chimp nog meer druk. De Chimp raakt van streek als hij zich realiseert dat hij zichzelf gevangen houdt. De stress doet nu terecht zijn intrede om de Chimp te vertellen dat hij naar huis moet omdat hij zich op de verkeerde plek bevindt. De Chimp blijft echter bij de verkeerde groep en onder het waakzame oog van de Boeman.

De tijd verstrijkt en de Chimp is constant gestrest en ziet geen uitweg. Bekijken we dit scenario van een afstandje, dan is het duidelijk dat er iets moet worden gedaan om de stress te stoppen. Die is begonnen omdat de betreffende persoon niets aan de plotselinge stress heeft gedaan. Om de chronische stress te beëindigen, moet de Boeman worden vervangen door een Automatische Piloot en moet de Chimp naar zijn doos worden gestuurd met de waarheid.

Omgaan met chronische stress

Als je gestrest bent, is het nuttig om alles op te schrijven wat volgens jou de stress veroorzaakt of daaraan bijdraagt. Proberen in je hoofd ingewikkelde scenario's te ontrafelen, is meestal niet erg succesvol. Je draait dan algauw in cirkeltjes rond in plaats van de factoren aan te pakken die het probleem veroorzaken.

> ***Hoofdpunt***
> *Schrijf je problemen op en probeer ze niet al denkend op te lossen.*

Een simpele vuistregel: als je een probleem hebt dat stress veroorzaakt, kijk bij het oplossen daarvan dan naar drie factoren.

1. Je eigen percepties en houding betreffende het probleem
2. De omstandigheden en setting van het probleem
3. Andere mensen die bij het probleem betrokken zijn

Door naar elk van deze factoren afzonderlijk te kijken, kun je een aantal redenen achterhalen waarom de stress zich überhaupt voordeed, waarna je oplossingen kunt zoeken om de stress weg te nemen.

Als je je gestrest voelt en niet bereid bent om je gedrag of overtuigingen te veranderen, zul je naar alle waarschijnlijkheid ook in de toekomst met stress blijven kampen. Je zult dus moeten accepteren dat je moet veranderen. Je moet ook af van excuses en 'rationele' argumenten waarom je de stress niet kunt stoppen. Wat je ook doet, soms kun je niet krijgen wat je wilt, dus moet je dat accepteren en ermee leren leven. Sommige mensen zijn daar niet toe in staat omdat ze niet over hun gevoel van rechtvaardigheid, eerlijkheid en dat ze ergens recht op zouden hebben, heen kunnen stappen, waardoor ze constant strijd leveren tegen de wereld en tegen anderen. Chronische emotionele stress komt vaak voort uit je eigen verwachtingen en percepties van de wereld, van anderen en van jezelf. Laten we deze drie potentiële bronnen van chronische stress eens nader bekijken.

- Chronische stress die uit jezelf voortkomt
- Chronische stress als gevolg van omstandigheden of gebeurtenissen
- Chronische stress veroorzaakt door anderen

Chronische stress die uit jezelf voortkomt

Dit soort chronische stress is meestal gebaseerd op Boeman-activiteit. Deze Boemannen zijn aangeleerde, inadequate gedragingen, zoals gebrekkige strategieën of aangeleerde destructieve overtuigingen, zoals jezelf als minder zien dan anderen. Sommige problemen zijn in wezen te herleiden tot heel simpele observaties. Hier volgen enkele voorbeelden.

Je eigen ellende scheppen

Je komt vaak mensen tegen die hun eigen ellende creëren en niet zien waar ze mee bezig zijn. Rutger is bot tegen mensen die hij ontmoet. Vervolgens klaagt hij dat hij zich eenzaam voelt en dat niemand om hem geeft, daar raakt hij gestrest van. Hij ziet niet in dat zijn eigen gedrag het probleem veroorzaakt. Een simpele regel: vriendelijke mensen hebben vrienden.

Drogredenen

Sandra voelt zich gestrest omdat ze worstelt met haar afstuderen en steeds voor tentamens zakt. Ze zegt dat dit komt omdat ze parttime werkt en omdat haar docenten niet deugen. Dat kan deels zo zijn, maar ze beseft niet dat dit smoesjes zijn en dat ze misschien gewoon niet hard genoeg werkt en/of dat de studie haar capaciteiten te boven gaat en/of dat ze niet weet hoe ze het effectiefst kan studeren. Haar smoesjes weerhouden haar ervan de werkelijke bron van haar stress onder ogen te zien en die aan te pakken. Sandra moet bij zichzelf beginnen en de Boemannen verwijderen, dan zal de stress verdwijnen.

Het Paddenstoelensyndroom

Als je paddenstoelen kweekt, vechten ze om de beschikbare ruimte. Eentje zal onvermijdelijk proberen de meeste ruimte in te nemen. Hij wordt de grootste paddenstoel en als hij volgroeid is, pluk je hem en ontstaat er een lege plek. De op een na grootste paddenstoel neemt dan die plek in en groeit om de ruimte te vullen. Je plukt ook deze en zo gaat het verder. Er is altijd een paddenstoel die klaarstaat om het gat op te vullen.

Sommige mensen lijden aan het 'Paddenstoelensyndroom'. In plaats van paddenstoelen kweken zij zorgen. Ook al is er niets om je zorgen over te maken, zij vinden wel iets. Ze zijn niet in staat om deze zeer destructieve Boeman tegen te houden. Het is een aangeleerde destructieve gewoonte. Dat is niet alleen doodvermoeiend voor die mensen zelf, maar ook voor de mensen om hen heen. Dat komt doordat ze steeds maar zorgen blijven verzinnen, om daar vervolgens anderen mee lastig te vallen. Helaas reageren die anderen meestal met irritatie en dat maakt dat de lijder aan het Paddenstoelensyndroom zich eenzaam voelt en zich daar weer zorgen over gaat maken en zo in een toestand van chronische stress belandt.

Beseffen dat je lijdt aan het Paddenstoelensyndroom betekent dat je deze Boeman kunt tegenhouden en verwijderen. Hij moet worden overschreven door een programma dat rationaliseert wat er aan de hand is. Hieronder volgen enkele nuttige Automatische Piloten om de Boeman mee te vervangen.

- Mensen leren leven met zorgen, maar laten niet toe dat het tobben wordt, want dat is een nutteloze emotie.
- Mensen accepteren dat het tijd kost om oplossingen voor problemen te vinden en dat het niet zinvol is om je ondertussen continu zorgen te maken.
- De meeste zorgen blijken op de lange duur triviaal en gaan vanzelf weer over.
- Je zorgen maken leidt tot niets.

- Je zorgen maken is een keuze en je kunt ervoor kiezen je geen zorgen te maken.
- Leren de dingen in perspectief te zien en om jezelf lachen is de meest effectieve aanpak.
- Ontspanning verwijdert zorgen op een krachtige manier.

Ontspanningstechnieken

Deze kunnen heel nuttig zijn en er zijn veel methodes. Die vind je online, in de bibliotheek of door te praten met vrienden en collega's om te horen wat hen heeft geholpen. Het is de moeite waard om ernaar te zoeken en ze uit te proberen.

Conflicterende driften

Een bekend voorbeeld van conflicterende driften is de werkende moeder die probeert de balans te vinden tussen haar werk en haar gezin en gestrest raakt omdat ze het gevoel heeft dat ze in beide tekortschiet. In dit geval is sprake van een moederdrift van haar Chimp, die in gevecht is met een Menselijke wens tot ontplooiing. Als ze dit op de juiste manier aanpakt, is die strijd niet nodig en kan ze beide taken heel goed uitvoeren.

Mogelijke redenen voor haar stress kunnen zijn dat ze:

- niet realistisch is over wat mogelijk is op deze twee terreinen
- niet het juiste evenwicht heeft gevonden
- niet de juiste personen vraagt haar te helpen
- niet accepteert dat ze misschien naar een compromis tussen beide moet zoeken
- het in wezen prima doet, maar niet in staat is dat te accepteren omdat haar Mens of haar Chimp met onterechte schuldgevoelens kampt

Al deze voorbeelden tonen aan dat chronische stress meestal vanuit jezelf ontstaat. Vooral het laatste punt toont aan dat er ontelbare redenen zijn waarom je gestrest kunt raken en dat dit heel persoonlijk is. Belangrijk is dat je begint met naar jezelf te kijken om te zien of je niet te hard bent voor jezelf of niet goed voor jezelf zorgt.

Emotionele grenzen en training

Fysiek gezien is er een grens aan wat we allemaal aankunnen en dat accepteren we. Emotioneel gezien is er ook een grens aan wat we aankunnen en dat zouden we ook moeten accepteren. Net zoals we ons fysieke lichaam kunnen trainen om onze conditie te verbeteren, kunnen we ook ons innerlijke zelf trainen om beter op onze emoties te reageren.

Chronische stress als gevolg van omstandigheden of gebeurtenissen

Als je door een bepaalde gebeurtenis in een stressvolle situatie terechtkomt, is het verstandig om een plan te hebben waarmee je dit kunt aanpakken. Begin zoals altijd bij jezelf en kijk of je de situatie benadert met realistische verwachtingen. Wees proactief en verander wat je kunt, of kijk of er iemand is die je kan helpen en vraag hem of haar je te helpen. Als dat allemaal niet helpt, stap dan over op ADP (Accepteren, Doorgaan, Plan). Een situatie leren accepteren is altijd moeilijk, maar soms heb je weinig keus. Het is bijvoorbeeld moeilijk om te aanvaarden dat je rugklachten hebt, maar accepteren dat het herstel grillig kan verlopen en daarmee aan de slag gaan, is de enige constructieve optie.

Chronische stress veroorzaakt door anderen

Mensen in onze omgeving kunnen ervoor zorgen dat we chronisch gestrest raken, en dat kan op heel veel manieren. Kijk om te beginnen weer eerst naar jezelf als je problemen met anderen hebt; en raadpleeg nog eens het hoofdstuk ‘Deze Planeet Verbinding’ voor adviezen over communicatie. Bedenk dat de Chimp een discussie in gaat met een 'winnen-of-verliezen'-houding, terwijl de Mens erin stapt vanuit het plan om de dialoog aan te gaan. Neem de tijd om je plannen te overdenken en zorg ervoor dat ze oplossingsgericht zijn. De meeste mensen zijn heel redelijk als je hen op de juiste manier benadert. Accepteer echter dat sommige mensen gewoon niet aardig zijn en niet mee zullen werken aan het oplossen van meningsverschillen.

Vergeet niet om steun in te roepen van je groep. Die kan je objectief advies geven en je aanmoedigen, maar dan moet je daar wel om vragen. Als je het meningsverschil met een bepaalde persoon niet kunt oplossen, kijk dan of een vorm van bemiddeling of steun van een neutrale derde persoon kan helpen. Als jullie echt niet met elkaar kunnen opschieten, wees dan praktisch en probeer het contact te minimaliseren.

Wat als ik het verkeerd blijf aanpakken?

Vrijwel iedereen raakt weleens gestrest en reageert daar op een gegeven moment slecht op, en de meesten van ons gaan niet erg goed met stress om. We zitten allemaal in hetzelfde schuitje. Maar we kunnen ook allemaal leren om beter om te gaan met stress. Soms doen we dingen die juist voor nog meer stress zorgen. Hier volgen een paar van die dingen.

Jezelf op je kop geven en je schuldig voelen

Geef jezelf niet op je kop als je gebrekkig met stress omgaat. Dat is een nutteloze en schadelijke gewoonte. Aangezien een slechte gewoonte niet meer is dan een Boeman, kunnen we die verwijderen. Probeer te glimlachen, te ontspannen en met hernieuwd enthousiasme verder te gaan. Je kunt niet meer dan je best doen, dus accepteer dat. Jezelf op je kop geven en je schuldig voelen zijn twee nutteloze en destructieve Boemannen. Ze hebben nooit iets constructiefs te bieden. Bedenk dat als je het verkeerd aanpakt, dat komt doordat je wordt gegijzeld door je Chimp. Jij bent niet degene die faalt!

'Hoe', niet 'waarom'

Probeer niet steeds te vragen 'waarom?', om vervolgens met pseudoverklaringen te komen, bijvoorbeeld: 'Waarom voel ik me de hele tijd zo ellendig?' 'Waarom'-vragen kunnen nuttig zijn, maar meestal betekent het achteromkijken en is het niet erg constructief.
Stel in plaats daarvan de vraag 'Hoe?'. Dat is een planningsvraag en die is vaak wel constructief. 'Hoe ga ik om met mijn eigen gevoelens en word ik gelukkig?' is bijvoorbeeld een constructieve vraag, en veel beter dan: 'Waarom voel ik me ellendig en gestrest?' 'Waarom is dit gebeurd?' kun je vervangen door: 'Ik accepteer dat dit is gebeurd, maar hoe nu verder?'

Praat!

Over je stress praten met mensen die goed kunnen luisteren en er begrip voor hebben (en je misschien advies kunnen geven) is een prima manier om erachter te komen wat jou stress bezorgt en deel je gevoelens. Dat kan enorm helpen bij het vinden van een oplossing. Vertrouw op de groep; daar is hij voor!

Enkele constructieve manieren om chronische stress te laten verdwijnen

- Leer en gebruik ontspanningstechnieken.
- Zorg dat je delegeert en problemen met anderen deelt.
- Vraag om hulp bij de juiste persoon.
- Zorg dat je een en ander in perspectief ziet.
- Kijk verder dan het probleem; kijk naar oplossingen.
- Wees realistisch.
- Herinner jezelf eraan dat jij verantwoordelijk bent voor jouw eigen gevoelens en dat jij die zelf kunt sturen.
- Deel je gevoelens met iemand die om je geeft.

Een parabel: hoe vang je een aap?

Een verborgen oorzaak van stress, ten slotte, is als we onszelf gevangen hebben gezet en dat niet beseffen. Hier volgt een parabel die je naar ik hoop helpt inzien hoe we onszelf soms ellende bezorgen door iets of iemand in je leven niet los te laten.

Het is heel moeilijk om een aap te vangen, want hij is je al gauw te snel af. Tenzij je redelijk goed door bomen kunt slingeren, maak je geen enkele kans, dus hier volgt een oplossing.

Begin met het in de grond metselen van een vaas. Duw nu een steen in de vaas die maar net door de hals kan, zodat hij er niet meer uit gehaald kan worden.

De aap zal komen kijken en zijn hand in de vaas stoppen om de steen te pakken en die eruit te halen. Maar dat lukt natuurlijk niet, en al helemaal niet als de aap zijn hand om de steen heeft. De aap kan de steen niet loslaten, want hij wil hem per se hebben. **Ook al is de steen van geen enkele waarde** voor de aap, hij zal hem koppig blijven vasthouden. Je kunt nu heel makkelijk een net over de aap gooien, die zijn vrijheid opgeeft voor een waardeloze steen.

Bedenk wat dit voor jou betekent. Als jij je blijft vastklampen aan 'waardeloze stenen', kan dat er uiteindelijk op uitdraaien dat je je vrijheid opgeeft. Als je je leven door stress laat domineren, omdat je je vastklampt aan dingen die niet goed voor je zijn, moet je ook accepteren dat je niet gelukkig zult zijn. Heb de moed om de 'waardeloze stenen' in je leven los te laten. Klamp je er niet aan vast uit angst of uit gewoonte of gewoon uit koppigheid. Je vrijheid en geluk zijn meer waard dan welke steen ook.

Samenvatting hoofdpunten

- Controleer jezelf regelmatig op symptomen van chronische stress.
- Pak chronische stress aan en ga het niet als iets normaals zien.
- Weet wat je emotionele grenzen zijn als je ergens mee geconfronteerd wordt en ga er niet overheen.

- Ontwikkel manieren om stress het hoofd te bieden.
- Zet jezelf niet klem in je leven door je vast te klampen aan een waardeloze steen.

Aanbevolen oefening
Stress laten verdwijnen

Ga langs bij een vriend

Wees proactief en bezoek een vriend om over je huidige stressoren te praten. Het beste is de stressoren op papier te noteren, zodat duidelijk is hoeveel je er hebt en wat aangepakt moet worden. Heb je ze opgeschreven, maak dan actief plannen om ze allemaal aan te pakken. Zorg ook dat je tijd inplant om je plannen uit te voeren. Het is verstandig om opnieuw bij je vriend langs te gaan om de zaak te evalueren!

Stress door je manier van leven

Kijk naar je huidige manier van leven en gedragingen en controleer of je je vastklampt aan waardeloze stenen. Ga op zoek naar deze stenen – routines, vaste patronen wat betreft je werk, taken, hobby's, plekken of relaties – in wezen alles wat je ervan weerhoudt om gelukkig te zijn. Ook hier is het beter om iemand als klankbord te gebruiken dan om het allemaal in je eentje te doen. Goede vrienden zeggen vaak onverbloemd waar het op staat.

Deel 3

Je gezondheid, succes en geluk

Hoofdstuk 13
De Planeet van de Schaduwen en de Asteroïdegordel

Je gezondheid koesteren

Lichamelijke en geestelijke gezondheid

- Storing en stoornis
- Lichamelijk fit zijn
- Geestelijk fit zijn
- Herstel en revalidatie

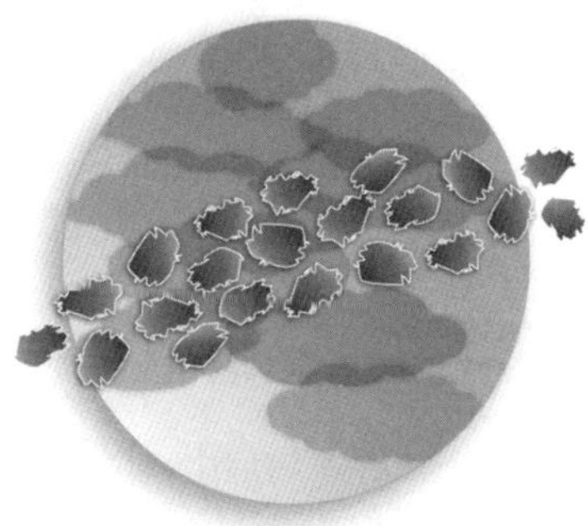

Storing en stoornis

Dit planetenstelsel staat voor de lichamelijke en geestelijke gezondheid. Ziekte en slecht voor jezelf zorgen werpen schaduwen over je leven, maar je kunt die verdrijven.

Laat ik een open deur intrappen. Als je een ziekte onder de leden hebt, moet daar wat aan gedaan worden, want als je het Chimp-model probeert toe te passen met een machine die niet goed werkt, zal dat een stuk moeilijker, zo niet onmogelijk zijn.

Een storing betekent dat je ziek bent. De machine werkt niet naar behoren en je hebt medische behandeling nodig. De asteroïdegordel die om je planeet heen cirkelt, representeert die storing en alle lichamelijke en geestelijke ziektes die je kunnen treffen.

We hebben het over een stoornis als de machine prima functioneert, maar niet op de juiste manier gebruikt wordt of niet goed wordt onderhouden: hij heeft onderhoud nodig. De Planeet van de Schaduwen representeert deze stoornis. We hebben allemaal wel tot op zekere hoogte een stoornis! Dit hele boek gaat over het minimaliseren daarvan.

Lichamelijk fit zijn

Dit is een zeer breed onderwerp dat binnen het kader van dit boek niet uitputtend behandeld kan worden. Ik wil hier echter wel wat richtlijnen geven.

Als we kijken naar de zorg voor ons lichaam, kunnen we die onderverdelen in voeding, dieet, gewicht en lichaamsbeweging. Laten we, zonder al te veel in details te treden, eens kijken wat de oorzaak kan zijn van een stoornis op een van deze gebieden. Ik zal het wat extreem stellen, zodat de verschillen beter overkomen.

Je Chimp en je Mens hebben voor elk van deze onderwerpen een eigen agenda. De Mens weet in principe wat hij op elk van deze gebieden wil en ontleent veel plezier aan fit en in vorm zijn en aan gezond eten. De Chimp echter zou liever helemaal geen verantwoording nemen, maar kiezen voor genot en directe behoeftebevrediging, en de consequenties uit zijn hoofd zetten.

De standaardinstelling van de Chimp is hier onverschilligheid en een makkelijk leventje. Daarom voeren de mensen die dit ervaren meestal een permanente strijd om hun Chimp te managen.

Probeer geen ijzer met handen te breken

Ik zal je twee gulden regels geven om je te helpen lichamelijk in vorm te raken. De eerste regel is dat je niet moet proberen ijzer met handen te breken. Daarmee bedoel ik dat je niet bij de problemen moet beginnen, om daarna naar oplossingen te zoeken. Begin in plaats daarvan met een schone lei en definieer precies wat je wilt. Als je weet waar je naartoe wilt, bepaal dan hoe je dat gaat aanpakken. Specificeer bijvoorbeeld hoe je fit wilt blijven, wat je wilt eten enzovoort. Schrijf op wat je ideaal is en verwezenlijk dit dan door alles weg te nemen wat je ervan weerhoudt dat ideaal te bereiken. Proberen ijzer met handen te breken is ontmoedigend, want het betekent dat je naar alle vroegere mislukkingen kijkt en naar de redenen waarom het gewoon nooit zal lukken. Veeg je lei schoon en begin opnieuw, met een plan.

Proactief en responsief

De tweede regel is dat je proactief en responsief bent. Succesvolle mensen zijn **proactief**; ze hebben met andere woorden een plan. Ze zijn ook **responsief**, hetgeen betekent dat als het plan om wat voor redenen ook mislukt, ze daarop reageren door zich bij elkaar te rapen en onmiddellijk met een nieuw plan te komen. Ze zijn heel veerkrachtig en geven niet op. Onsuccesvolle mensen zijn vaak **reactief**. Dat betekent dat ze hun plannen baseren op het reageren op problemen en constant bezig zijn met terugvechten. Ze zien het leven als één grote worsteling. Chimps hebben de neiging reactief te zijn; ze geven het daarom snel op en kiezen de weg van de minste weerstand. Mensen neigen naar proactiviteit; ze maken daarom constant plannen.

Fitnessles

Betrek deze twee concepten bij het onderhouden van je lichaam en herken de Chimp en pak die aan. Stel bijvoorbeeld dat je fitter wilt worden en wilt afvallen. Begin met aangeven wat je wilt. Maak nu een actieplan zonder aan tegenslagen te denken. Het plan moet natuurlijk wel realistisch zijn. Je stuurt je Chimp bijvoorbeeld naar de plaatselijke sportschool en schrijft je in voor een fitnessles. Je bent je ervan bewust dat je Chimp waarschijnlijk elke week met talloze uitvluchten op de proppen zal komen, dus moet je een plan hebben om dit op te vangen. Je zou bijvoorbeeld na afloop van de eerste sessie je instructeur kunnen aanspreken en zeggen dat je uitziet naar de les van volgende week. Dit helpt je om je Chimp van zijn stuk te brengen, want die wil niet graag slecht overkomen en zal je daarom, ook al heeft hij er helemaal geen zin in, naar de volgende sessie loodsen. Soms kunnen dit soort simpele plannen heel effectief zijn. In het hoofdstuk over de Planeet Succes zullen we hier verder op ingaan.

Geestelijk fit zijn

Mensen hebben een gezonde geest nodig. Er zijn een aantal zaken die je geest gezond helpen houden, zoals intellectuele aanmoediging en uitdaging, lachen en plezier, doelen en resultaten. Zolang je dit soort dingen niet overdrijft en jezelf daardoor stress bezorgt, zullen ze je geest in een gezonde toestand brengen. Lachen en de humor van iets inzien kunnen de beste oppeppers zijn die je je geest kunt geven. Probeer het van de grappige kant te zien als dingen niet volgens plan verlopen. Leren lachen om tegenslag en om jezelf is aangeleerd gedrag, een sterke Automatische Piloot, die het waard is om te ontwikkelen.

Herstel en revalidatie

Herstel is mogelijk het meest verwaarloosde aspect bij het zorgen voor je machine. Als je herstel ziet als iets wat gebeurt op drie niveaus, dan wordt duidelijk waarom de meeste mensen hun lichaam niet de kans geven om op adem te komen voordat ze de dagelijkse routine weer oppakken.
De drie niveaus van herstel kunnen we omschrijven als:

- Ontspannen
- Rusten
- Slapen

Helaas negeren de meeste mensen alle drie de niveaus. Het gaat hier in wezen om het juiste evenwicht tussen werken en spelen. Je lichaam en geest hebben rustpauzes nodig om te herstellen van de stress die het dagelijkse leven met zich meebrengt. Wil je goed voor jezelf zorgen, dan is dit een prioriteit.

Ontspannen wil zeggen dat je een paar minuten van je dag gebruikt om stoom af te blazen en even op adem te komen. **Rusten** wil zeggen dat je elke dag gedurende een bepaalde tijd stopt met waar je mee bezig bent. Het zal normaal gesproken gedurende de avond zijn dat je ontsnapt aan werk en stress en je volledig ontspant. **Slapen** spreekt voor zich.

Wat zijn de gevolgen als je jezelf niet dagelijks een van deze drie niveaus van herstel toestaat? Het antwoord is schrikbarend. Je brein zal beginnen de bloedtoevoer en alle besluitvorming naar je Chimp te dirigeren. Je kunt je vast wel voorstellen wat er dan zal gebeuren. Het triestte is dat we dit allemaal best weten. Als we moe worden, raken we vaak geïrriteerd, maken we domme fouten en nemen we overhaaste besluiten of hebben we last van stemmingswisselingen. Eigenlijk ongelooflijk dus dat we dit cruciale onderhoud van ons lichaam en onze geest zo kunnen negeren. Het is beslist de moeite waard om tijd uit te trekken voor een praktisch actieplan dat garandeert dat we onze ontspanning, rust en slaap op orde krijgen.

Herstellen van emotioneel letsel

Iedereen beseft dat er na lichamelijk letsel, zoals bijvoorbeeld een gebroken been, een periode van revalidatie volgt waarin je geleidelijk aan je spieren weer versterkt, om uiteindelijk weer volop te functioneren. Voor emotioneel letsel geldt precies hetzelfde. Als je een traumatisch voorval hebt meegemaakt, zoals het verlies van een partner of het stuklopen van een relatie, heb je een periode van emotionele revalidatie nodig.

Dat zal gemiddeld tussen de drie en zes maanden duren en je zult daarbij een aantal specifieke fases van rouwverwerking doormaken. Accepteer dat het tijd kost om over emotioneel letsel heen te komen en wees niet te hard voor jezelf. Ga pas weer over tot je normale functioneren als jij vindt dat de tijd er rijp voor is. Een uitstekende manier om te revalideren is over het voorval praten met vrienden, en doe dat zo vaak als nodig is. Op die manier leert de Chimp het letsel en de revalidatie accepteren. Sommige mensen vinden het moeilijk om over hun emoties te praten en hun gevoelens te uiten. Het kan dan helpen om je gevoelens en gedachten op te schrijven of gewoon de tijd te nemen om erover na te denken.

In het holst van de nacht

Stel je voor dat je in slaap bent gevallen terwijl je nog iets op je lever hebt dat je echt zorgen baart. Je wordt midden in de nacht wakker en je geest begint te malen. Op dit moment is de Mens in diepe slaap en de Chimp heeft de volledige controle. Je denken is dan ook irrationeel en emotioneel.

De Chimp zal gaan doemdenken en je zo lang je 'wakker' bent, met zorgen lastigvallen. Uiteindelijk val je weer in slaap en word je de volgende ochtend wakker. Je staat op, schudt de slaap van je af en vraagt je af waarom je 's nachts zulke emotionele gedachten hebt gehad.

Het antwoord is simpel: 's nachts verandert de manier waarop je brein functioneert en houdt je Mens niet langer je Chimp in het gareel. 's Ochtends is de Mens weer rationeel en zet alles weer in perspectief. Het lijkt allemaal veel minder erg zodra je Mens weer functioneert. Hier kun je een simpele les uit trekken en een gulden regel uit opmaken.

De simpele les is dat je, tenzij je nachtdiensten draait, in de periode van elf uur 's avonds tot zeven uur 's ochtends in de Chimp-modus zit, met het daarbij behorende emotionele en irrationele denken. Je ziet dingen zelden nog in perspectief en dat komt pas weer terug na zeven uur 's ochtends.

De gulden regel is dan ook:

Als je midden in de nacht wakker wordt, zijn de gevoelens en gedachten die je hebt afkomstig van je Chimp en heel vaak verontrustend, catastrofaal en uit verhouding. 's Ochtends heb je er waarschijnlijk spijt van dat je je door deze gedachten en gevoelens hebt laten meesleuren, want dan kijk je er anders tegenaan.
Probeer een Automatische Piloot te ontwikkelen die zegt: ik ben niet bereid om tijdens de nachtelijke uren, als de Chimp het voor het zeggen heeft, mijn gedachten serieus te nemen.

Neem tijdens de revalidatiefase niet meer op je dan je emotioneel aankunt en gebruik een paar 'emotionele pijnstillers'. Emotionele pijnstillers zijn zaken als tijd doorbrengen met en steun krijgen van vrienden en familie; je pijn delen met goede vrienden door ze te laten weten hoe je je voelt; hulp accepteren als die wordt aangeboden; aardig zijn voor jezelf en jezelf het letsel laten verwerken zoals jij dat wilt.

Hoofdpunt
Soms zijn emoties heel irrationeel en moet je ermee aan de slag, in plaats van constant te proberen ze te begrijpen.

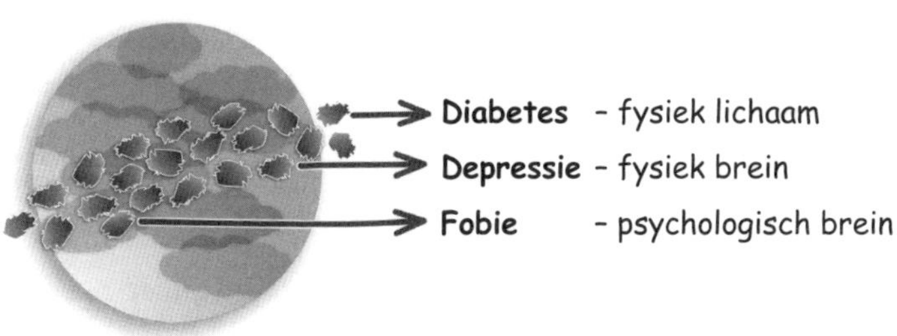

De Asteroïdengordel

De asteroïden staan voor een storing (ziekte)

Even beknopt iets over ziekte: vergeet niet dat sommige lichamelijke ziektes zich vermommen en zich voordoen als stemmingswisselingen.

Hormonale veranderingen, zoals bij het premenstrueel syndroom (PMS) of schildklierproblemen, zijn bijvoorbeeld heel goed te behandelen. Je Chimp proberen te managen als je met een ernstige vorm van PMS of met schildklierklachten kampt, is heel moeilijk en je bent dan ook maar in heel geringe mate verantwoordelijk voor het gedrag van je Chimp! Jouw enige verantwoordelijkheid, zoals bij elke ziekte, is dat je professionele hulp zoekt.

Psychische aandoeningen

De meeste psychische aandoeningen ontstaan als neurotransmitters (chemische systemen) in het brein uit balans raken. Neurotransmitters die een rol spelen bij veel psychische aandoeningen, zijn onder andere serotonine, noradrenaline, dopamine, acetylcholine en GABA. Als je symptomen van een psychische aandoening vertoont, is de kans groot dat het een probleem met neurotransmitters betreft, dat behandeld kan worden. Helaas rust er nog altijd een taboe op geestesziektes. Als je een gebroken been had, zou je je er niet voor schamen om naar de dokter te gaan, dus waarom dan wel als je een serotonine-heropnameprobleem hebt, wat we toevallig depressie noemen? Stemmingswisselingen, angstaanvallen en andere mentale problemen moeten altijd worden bekeken en behandeld door deskundigen.

Alcohol en drugs

Vrijwel iedereen die verslaafd is aan drugs weet dat hij of zij een probleem heeft en de meeste mensen met een drankprobleem beseffen ook wel dat er iets mis is. Het is echter niet makkelijk dit onder ogen te zien en mensen met een alcoholprobleem leven vaak in ontkenning. Ik heb bijna tien jaar lang als arts in een ontwenningskliniek gewerkt en de patiënten legden me uit dat er een verschil is tussen iemand die weleens drinkt en een ‘alcoholist’. De algemene visie was dat ‘een alcoholist’ niet kan stoppen zodra hij zijn eerste drankje gehad heeft. Ze verschaften me daarmee een nuttig inzicht. Als jij merkt dat je jezelf moet bedwingen na één drankje, denk dan eens goed na of je geen hulp nodig hebt. Helaas rust er ook een taboe op dit verwoestende probleem, maar gelukkig zijn er voldoende deskundigen en klinieken die je kunnen helpen. De meeste drugs, en zeker alcohol, kunnen niet alleen je stemming veranderen, maar ook de manier waarop je denkt.

Samenvatting hoofdpunten

- De simpele boodschap is dat je goed voor je lichaam en geest moet zorgen als je het beste uit jezelf wilt halen.
- Werk aan het onderhouden van je fysieke en mentale gezondheid.
- Zorg dat je voldoende tijd neemt om te herstellen: ontspan, rust en slaap.
- Als je ziek bent, is het jouw verantwoordelijkheid om hulp te zoeken zodat je beter wordt.

Aanbevolen oefening
Voor jezelf zorgen

Herstellen bevordert Chimp Management

Denk er eens over na hoeveel tijd jij jezelf gunt om te herstellen. Kijk daarbij naar alle drie de niveaus – ontspannen, rusten en slapen – en houd een week lang een dagboek bij om te zien hoeveel je dagelijks voor elk ervan uittrekt. Je Chimp is heel moeilijk in toom te houden als je geen herstelperiodes inlast. Slecht herstelmanagement heeft onvermijdelijk invloed op je relaties en je werk. Goed herstelmanagement zal de kwaliteit van je relaties en je werk verbeteren.

Hoofdstuk 14
De Planeet van het Succes en zijn Drie Manen

De fundamenten voor succes

Succes definiëren

Wat versta je onder succes? Bedenk even dat zowel je Mens als je Chimp daarop een antwoord heeft en dat die heel verschillend kunnen zijn. Om succes te definiëren, zal een Chimp in de regel naar materieel bezit en resultaten kijken, terwijl de Mens naar persoonlijke kwaliteiten kijkt. Je Chimp zal bijvoorbeeld antwoorden: 'Miljonair zijn is voor mij succes.' Je Mens zou daarentegen kunnen antwoorden: 'Gelukkig zijn is voor mij succes.' De Mens zou daar natuurlijk aan toe kunnen voegen dat hij gelukkig zou zijn als hij een miljoen had! Laat je niet beïnvloeden door anderen, maar kijk wat je Mens en je Chimp als succes definiëren. Besluit vervolgens of de ideeën van je Chimp wel acceptabel zijn.

Het heeft weinig zin om datgene na te jagen wat je Chimp onder succes verstaat, en als je dat uiteindelijk hebt tot de ontdekking te komen dat je dat niet echt wilde.

Succes meten

Er zijn altijd meerdere manieren om succes te meten. Ga je bijvoorbeeld een cursus doen met aan het eind een examen, dan zijn er twee manieren waarop je succes kunt meten. Natuurlijk wil je voor dat examen slagen, maar je kunt er op verschillende manieren tegenaan kijken.
De eerste maatstaf voor succes is slagen voor je examen, wat vooral in lijn is met de definitie van succes van de Chimp, maar waar de Mens wel in mee kan gaan.
De tweede maatstaf voor succes zou kunnen zijn dat je de cursus afmaakt of dat in elk geval probeert, wat meer in lijn is met de Menselijke definitie van succes. Dat komt omdat de logica zegt dat als ik mijn best gedaan heb, ik met opgeheven hoofd de consequenties onder ogen kan zien.
Als je voor de Menselijke definitie kiest zul je, zolang je maar je best doet, per definitie succesvol zijn. Het zou natuurlijk fantastisch zijn als je ook nog voor je examen slaagt! Maar als dat niet lukt, houdt dat nog steeds in dat je je best gedaan hebt (en meer dan dat kun je niet doen) en dat je jezelf daarom mag feliciteren met je succesvolle poging.
Je Chimp zal nog steeds volhouden dat het een mislukking is. Denk goed na, want je hebt hier een keuze. Als je succes in het leven altijd wilt afmeten aan het niveau dat je behaalt, zul je de emotionele consequenties moeten accepteren als je dat niveau niet behaalt. Als je succes in je leven afmeet aan de mate van inspanning en je best doen, bepaal je altijd zelf of je succes hebt en of je trots op jezelf kunt zijn. Mocht dat wat je bereikt hebt teleurstellend zijn, dan kun je daar als volwassen Mens mee omgaan.
Bedenk dus eerst wat je onder succes verstaat voordat je ergens aan begint en bepaal wat succes voor jou betekent. Je hebt keuzes. Je kunt iets bereiken als succes zien, maar ook de inspanning die je daarvoor

verricht, of misschien wel allebei. Succes kan materieel, spiritueel of persoonlijk gewin zijn. Vergeet niet dat de Chimp en de Mens aanzienlijk kunnen verschillen in hoe ze succes definiëren.

Gedeeltelijk succes

Een ander punt van overweging is dat succes niet altijd een kwestie van zwart of wit hoeft te zijn. Je hebt verschillende niveaus van succes en verschillende stadia van succes in grijstinten. Je kunt dus voor gedeeltelijk succes gaan en daar blij mee zijn. Je neemt je bijvoorbeeld voor om de tuin eens flink onder handen te nemen omdat er al een tijdje niets meer aan is gedaan. Je begint er dus aan, maar het lukt je niet om het karwei helemaal af te maken. Je kunt dit dan een gedeeltelijk succes noemen en blij zijn met wat je hebt bereikt.
Gedeeltelijk succes is vaak een goede graadmeter voor wat je werkelijk kunt bereiken. Leren accepteren dat je een fout hebt gemaakt, en dat belonen, is een stuk constructiever dan jezelf bekritiseren omdat je er niet in geslaagd bent om volledig succes te behalen. Probeer te herkennen wanneer je gedeeltelijk succes moet accepteren en vieren.
Succes kan vaak worden opgesplitst in fases en na elke afgeronde fase worden gevierd. Je Chimp is heel goed in ofwel jou opjutten tot succes, ofwel uitstelgedrag en jou ervan weerhouden in actie te komen. Besef dit en pak het aan door succes te faseren.

De Drie Manen van Succes

Er zijn veel stabilisatoren die je kunt inzetten om de kans op succes te vergroten. De Manen die rond de Planeet van het Succes rondcirkelen, vertegenwoordigen drie van deze stabilisatoren.

De Koninklijke Maan

Jouw Domein

- De kroon dragen
- Koninklijke regels
- Adviseurs
- Onderdanen

Gemeenschappelijk Domein

- Persoonlijke of beroepsmatige relaties
- Persoonlijke relaties
- Teams

Domein van anderen

- Onderdaan zijn

De eerste maan heeft te maken met wie de leiding heeft op de verschillende terreinen van jouw leven en daar vervolgens naar handelen. Het is een van de belangrijkste factoren die bijdragen aan het vergroten van je kansen op succes.

Het probleem zit hem in het omgaan met meningsverschillen

Elk effectief werkend systeem waar mensen bij betrokken zijn, zal duidelijk omschreven filosofieën, procedures en 'regels' hebben. In de wereld van de Mens is dat geen probleem, want die werkt met logica. In de wereld van de Chimp veroorzaakt dat wel problemen, want die werkt met emotie en houdt zich niet altijd aan de 'regels'. Het probleem ontstaat als er zich tussen mensen meningsverschillen voordoen over wat er gedaan moet worden en hoe. Pas als we vastleggen hoe deze verschillen moeten worden opgelost, kunnen we naar tevredenheid functioneren. Mensen discussiëren over ideeën en komen dan tot een gemeenschappelijke mening. Chimps geven een mening, bekritiseren anderen en doen zelden water bij de wijn. Als ze dat toch moeten doen, zullen ze ertegenin gaan en de zaak ondermijnen.

De Mens en de Chimp zullen beide tot een compromis komen als er duidelijke regels zijn, en een door iedereen geaccepteerde leider die in staat is de uiteindelijke beslissing te nemen. Effectieve leiders luisteren naar de mening van anderen en respecteren die.

We zullen daarom moeten vastleggen:

- Wie de leiding heeft als er zich iets voordoet in je leven
- Wat de regels zijn
- Of je ook volgens die regels gaat leven

We kunnen uitgaan van het idee dat er in elke situatie een Monarch is. Deze Monarch draagt de kroon en heeft het laatste woord binnen een van tevoren gedefinieerd 'Domein'. Om het eenvoudig te houden, zullen we drie verschillende soorten leiderschap of Monarchen bekijken:

- Jij
- Een ander
- Gedeeld leiderschap

Jouw Domein

De kroon dragen

Zorg dat de kroon op het juiste hoofd staat

Er zijn situaties waarbij het zonder meer duidelijk is dat jij de leiding hebt en dus de Monarch bent. Ben je bijvoorbeeld thuis, dan ben jij de Monarch van jouw Domein. Jij besluit wie er naar binnen mag en jij bepaalt de regels. Als je het huis van iemand anders betreedt, ga je het territorium van diegene binnen en daarmee zijn of haar Domein, en dan is hij of zij de Monarch. Mocht het in dat huis heel warm zijn, dan zeg je daar voorzichtig wat van en vraag je beleefd of er misschien een raam open kan. Je staat niet zomaar op om het raam open te doen. Dat zou worden gezien als bot en ongepast, tenzij je een heel speciale relatie met de betreffende persoon hebt. En als anderen jouw huis betreden, verwacht je ook niet dat ze zeggen: 'Ik vind de kleur van jouw muren niks', om vervolgens een blik verf open te trekken en de muren een andere kleur te geven. Dat komt omdat jouw huis jouw Domein is. Een ander voorbeeld van jouw Domein kan bijvoorbeeld je werkplek zijn. Je hebt daar een bepaalde rol en verantwoordelijkheden. Het is belangrijk dat je precies weet wat die rol en verantwoordelijkheden inhouden, zodat je er op de juiste manier naar kunt handelen.

Als je iemand toestaat jouw Domein te betreden en die neemt vervolgens de touwtjes in handen, maakt dat de Mens van streek en wordt de Chimp onrustig. Dan begint de Chimp in jou zich te roeren en dat zou verkeerd kunnen uitpakken. Door te beseffen wat jouw Domein is **en daarnaar te handelen,** kun je Chimp-activiteit voorkomen. Je tolereert bijvoorbeeld niet dat mensen tegen je schreeuwen en dat moet je afdwingen. Je moet daartoe assertief zijn of weten hoe je conflicten vermijdt en toch je rechten afdwingt. Als Monarch moet je ervoor zorgen dat jij de regels bepaalt en dat mensen die jouw Domein betreden die regels kennen en begrijpen en dat je ze indien nodig oplegt. Er wordt van je verwacht dat je je als Monarch ook koninklijk gedraagt! Als je dus regels oplegt betekent dat je dit op een koninklijke manier doet; via je Mens dus, en niet via je Chimp.

Koninklijke regels

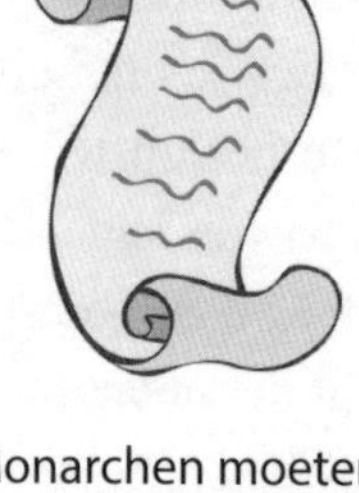

Monarchen moeten zich koninklijk gedragen

Koninklijke regels

De 'koninklijke regels' zijn de gedragingen en opvattingen die **jij hebt besloten te eerbiedigen** als Monarch. Andere mensen hoeven daar niet naar te leven! Tijd uittrekken om daar met je Mens over na te denken, en het ook echt doen, zal beslist de kans vergroten dat je succesvol bent, in alles wat je doet. De regels zullen een geheugensteuntje zijn voor je Chimp. Je Chimp moet op één lijn komen te zitten en zo worden gemanaged dat hij volgens jouw regels leeft. Je kunt bijvoorbeeld als koninklijke regel stellen dat je altijd aardig zult zijn tegen andere mensen, ongeacht hoe ze jou behandelen. Dat is een aanbevelenswaardige regel, maar het zal moeilijk zijn je Chimp ernaar te laten leven. Waar het ook hier weer op neerkomt, is dat je in staat moet zijn om je Chimp te managen.

Adviseurs

Monarchen weten ook niet alles. Ze hebben daarom de plicht om adviseurs te benoemen. Die deskundige adviseurs komen vervolgens met adviezen (GEEN bevelen) voor de Monarch. Als je de zaken niet goed overziet, of onzeker bent, is het belangrijk om de persoon of personen te zoeken die je kunnen helpen. Wil je succesvol zijn, dan is het belangrijk, zo niet cruciaal, dat je de juiste steun krijgt. Een van de factoren die succesvolle van niet-succesvolle mensen onderscheidt is het vermogen om in te zien wanneer je hulp nodig hebt en die vervolgens bij de meest geschikte bron te halen.

Het is jouw verantwoordelijkheid om na te gaan of je adviseur de juiste kwalificaties heeft voor deze taak. Heeft diegene de kundigheid en de capaciteiten om jou te adviseren of je werk uit handen te nemen? Het is de moeite waard om eerst naar de kwalificaties, ervaring of staat van dienst van mensen te kijken alvorens advies van hen in te winnen of hun hulp in te roepen. Heb je eenmaal kundige adviseurs gevonden, bedenk dan dat het heel onverstandig is om hun adviezen af te wijzen.

Heb je eenmaal een adviseur in de arm genomen, vergeet dan niet dat jij hem of haar zelf hebt gekozen! Je kunt diegene later niet de schuld geven als hij of zij niet voldoet aan wat jij van diegene verwachtte, want dat ligt dan aan je eigen gebrekkige keuze! Succesvolle mensen nemen de volle verantwoording voor wat ze doen en kijken hoe ze het de volgende keer beter kunnen doen. Ze laten niet toe dat hun Chimp anderen de schuld geeft.

Adviseurs

Kies je adviseurs met zorg

Stel bijvoorbeeld dat je wilt afvallen, voor velen van ons een heel vertrouwd scenario. Jij draagt de kroon en jij bent verantwoordelijk voor je aanpak. Het feit dat je wilt afvallen, wil zeggen dat het je dus niet zo goed gelukt is om je gewicht op peil te houden! (Geen probleem, gewoon een vaststelling van de feiten.) Het is daarom verstandig om je te laten adviseren door 'een expert' op het gebied van afvallen. Die deskundige kan een diëtist zijn of gewoon een vriendin die met succes is afgevallen. Als het niet goed uitpakt omdat jij het gevoel hebt dat de diëtist of de vriendin 'fout' zat, geef die ander dan niet de schuld. Het was jouw beslissing om het advies van diegene te volgen. De boodschap van dit scenario geldt op allerlei terreinen: leer verantwoordelijkheid te nemen voor je keuzes.

Onderdanen

Andere mensen in jouw Domein kun je beschouwen als je onderdanen en zij moeten twee dingen begrijpen. Het eerste is dat jij de Monarch bent en het tweede is dat er een aantal regels zijn. Als Monarch is het *je plicht* om je onderdanen beleefd op deze twee zaken te wijzen. Als anderen jouw wereld overnemen of zich gedragen op een manier die jij niet accepteert omdat jij niet assertief genoeg was om hun dit duidelijk te maken, moet je hun daar niet de schuld van geven. De kans dat je boodschap overkomt is groter als je anderen met respect behandelt, ongeacht hoe ze zich gedragen. Zorg ervoor dat het je Mens is die spreekt, en niet je Chimp.

Onderdanen hebben betekent ook dat je voor ze moet zorgen en ze altijd moet respecteren. Hoe meer respect je anderen toont, hoe groter de kans dat ze dat respect beantwoorden. Er zijn echter altijd loslopende Chimps, dus wees op je hoede en besef dat het heel onverstandig is om je met een Chimp in te laten.

Domein van anderen

Soms draag jij
de kroon niet

Onderdaan zijn

Als je beseft dat jij niet de persoon bent die de kroon draagt, is het niet meer dan redelijk om respect te tonen aan de persoon die de kroon wel draagt. Als je geen respect hebt voor een ander of zijn beslissingen zal zich dat uiteindelijk tegen jouzelf keren en hoogstwaarschijnlijk je eigen succes in de weg gaan staan. Onderdaan zijn betekent niet dat je je onderwerpt of je als voetveeg laat gebruiken. Het is een kwestie van respect. Als je erkent dat iemand anders de leiding heeft en het laatste

woord heeft, is het verstandig om uit te zoeken wat zijn of haar regels zijn en die ook te gehoorzamen.
Tegen het systeem vechten hoeft niet altijd verkeerd te zijn, zeker niet als dat systeem of de persoon corrupt is, maar er zijn manieren om dit te doen zonder je eigen integriteit te verliezen. Als het systeem niet corrupt is en de persoon alleen maar een andere mening heeft dan jij en je daar nog steeds tegen in opstand komt, accepteer dan de consequenties van je gebrek aan respect. Als het een Domein is waarin jij niet wilt zijn, is het antwoord dat je zo snel mogelijk moet verkassen naar een Domein met een Monarch die je wel respecteert.

Het gemeenschappelijke Domein

Persoonlijk of beroepsmatig?

Beroepsmatige of persoonlijke relaties

We kennen in het leven twee verschillende soorten relaties. De eerste soort relatie is professioneel en de tweede persoonlijk. Deze twee soorten overlappen elkaar vaak of lopen door elkaar heen. Dat kan gevaarlijk zijn. Het is heel belangrijk om het verschil te kennen tussen de twee soorten relaties, en te weten wanneer welke passend is, want het leidt meestal tot problemen als er grenzen worden overschreden.
Elke relatie heeft een doel, dus denk erover na wat je verwacht van de relaties die je hebt. Denk ook na over wat de andere persoon van zijn of haar relatie met jou verwacht. Dat kan van cruciaal belang zijn voor het succes van de relatie.

Het doel van de relatie staat los van de persoon. Zo zul je soms moeten werken met iemand die je niet per se mag. **Vriendelijk** zijn en **vertrouwelijk** zijn, zijn twee heel verschillende zaken. Vriendelijk zijn houdt in dat je benaderbaar en makkelijk in de omgang bent; of je de ander wel of niet mag, doet er verder niet toe. Dat is anders dan al je zielenroerselen met iemand delen.

Persoonlijke relaties hebben geen vastomlijnde grenzen. Jij en de andere persoon bepalen hoe je met elkaar omgaat en hoe intiem jullie zijn. Je deelt vertrouwelijke momenten, dus is de relatie gebaseerd op emotie en investeert de Chimp er heel veel positieve emoties in. Je toont en deelt beiden je persoonlijke gevoelens en ideeën, dus je hebt er beiden baat bij. De relatie geeft emotionele bevrediging en dat is het voornaamste doel. Ze houdt een wederkerige intimiteit in waarbij je verwacht dat het ook de andere persoon emotionele bevrediging oplevert. Je beoordeelt elkaar op ethische, morele en emotionele gronden en hebt flexibele grenzen binnen de relatie, die in de loop van de tijd kunnen veranderen.

Professionele relaties hebben vastomlijnde grenzen, zeker wat betreft de interpersoonlijke omgang. In die relaties draait het om vertrouwen en er worden geen emotionele oordelen geveld. In een professionele relatie wordt niet uitgegaan van emotionele agenda's, want zo'n relatie is gebaseerd op professionele verplichtingen en verantwoordelijkheden.

De reden dat we onze professionele relaties vaak persoonlijke relaties laten worden, is dat onze Chimp, en soms onze Mens, de grenzen vergeet en van de ander gaat verwachten dat hij of zij onze meer persoonlijke behoeften gaat vervullen. Het is daarom verstandig om vast te stellen wat je emotionele behoeften zijn en op zoek te gaan naar een geschikte persoon **buiten** je professionele relaties die die kan vervullen. Voorkom dat je je emotionele behoeften laat vervullen door een collega. Vermijd daarnaast ook het tonen van negatieve emoties, zoals frustratie of woede, binnen een professionele relatie.

Wil je succesvol zijn in je relaties, stel jezelf dan de vraag: 'Wat wil ik bereiken met deze relatie en wat wil de ander?' Verzeker je ervan dat wat jij wilt past bij het soort relatie dat je hebt, professioneel dan wel persoonlijk.

Persoonlijke relaties

Een persoonlijke relatie met iemand betekent een relatie met zowel de Mens als de Chimp. Denk dus goed na voordat je zo'n relatie aangaat! Ben je eenmaal een verbinding aangegaan, dan is elke persoonlijke relatie een kwestie van dagelijks beslissen of je ermee doorgaat. Als het om relaties gaat, kan niemand je voor het blok zetten; ze zijn puur een keuze.

Als je een persoonlijke relatie met iemand aangaat, is het belangrijk te beseffen dat een deel van die relatie zich in het gemeenschappelijke Domein afspeelt, waar beslissingen dus onvermijdelijk gezamenlijke beslissingen zijn. Andere aspecten van de relatie zijn geen onderdeel van het gemeenschappelijke Domein en vereisen individuele besluiten. Stel bijvoorbeeld dat een koppel elkaar heeft ontmoet en een verbintenis is aangegaan. Mensen zijn niet elkaars bezit en niemand kan een ander de regels voor zijn of haar persoonlijke leven opdringen. Iedere persoon is nog steeds de Monarch in zijn of haar eigen Domein en heeft dus de volledige zeggenschap over wat hij of zij wil doen en hoe hij of zij zich wil gedragen.

Een van de partners zou kunnen besluiten dat hij of zij elk weekend wil doorbrengen met vrienden en is niet bereid dat op te geven. Dat is het voorrecht van diegene en hij of zij heeft alle recht daartoe te besluiten. De partner heeft ook het volste recht om te zeggen: 'Dit is voor mij onacceptabel en de consequentie van jouw besluit is dat ik deze relatie beëindig.' De partner kan ook besluiten dat accepteren dat de ander elk weekend met vrienden op stap gaat, beter is dan het beëindigen van de relatie. In dat geval kan de partner later niet gaan klagen, want het was indertijd volkomen duidelijk dat de relatie op die voorwaarden gebaseerd was.

Wat in een relatie kan gebeuren, is dat de ene partner de ander regels oplegt en vervolgens kwaad wordt als de regels niet worden nageleefd. Zo iemand heeft in wezen de kroon opgezet in het Domein van de ander. Een ander in zijn of haar Domein regels opleggen, is een vorm van passieve agressie. De kroon moet weer op het hoofd van de juiste persoon

worden gezet, door te erkennen wat er gebeurd is en elk individu toe te staan zelf te beslissen hoe hij zijn leven wil leiden.
Het gemeenschappelijke Domein gaat een rol spelen in een relatie als een stel een gezamenlijk besluit moet nemen, bijvoorbeeld over het kopen van een huis. In dat geval zijn beiden verantwoordelijk voor het huis en draagt dus geen van beiden de kroon; ze delen die.

Teams

Teams functioneren met een leider die de kroon draagt of via democratische groepsbesluiten. Dat zijn twee uiteinden van een spectrum. Willen groepen succesvol functioneren, dan is belangrijk dat ze weten of iemand de kroon draagt en zo ja, wie dat dan is, en ook hoe regels worden opgesteld. Bij democratische groepen in gemeenschappelijke Domeinen is iedereen het erover eens dat er geen Monarch maar een Regering is.

De Kernmaan

De kern

- Commitment
- Eigenaarschap
- Verantwoordelijkheid
- Uitmuntendheid

Deze maan gaat over wat er in de kern nodig is als je een taak op je neemt. Er zijn vier elementen die de kans op succes vergroten en die zullen we hier de KERN noemen.

Het eerste element is commitment

Als je echt serieus iets wilt ondernemen, moet je allereerst nagaan of er een reële mogelijkheid is dat je bereikt wat je van plan bent. Het heeft geen zin om ergens aan te beginnen als je er niet eerst over hebt nagedacht of je wel in staat zult zijn je aan de uitdaging te committeren. Je kunt jezelf daartoe 'screenen' op betrokkenheid. Het is belangrijk dat jij en je Chimp dat samen doen, want het werkt niet als slechts een besluit zich aan de uitdaging te committeren. De eerste fout die je kunt maken, is dus dat je alleen de Mens, of alleen de Chimp, voor de ander laat spreken. Hier volgen twee voorbeelden om dit te illustreren.

Emma en haar joggingplannen

Emma wil fitter worden en besluit lid te worden van een hardloopclubje. Op het moment dat ze dit besluit neemt, zit ze lekker warm binnen. Haar Mens zegt: 'Dit is een logisch en zinnig besluit en ik ga twee keer per week met die club hardlopen, dan krijg ik vanzelf een betere conditie.' En haar wispelturige Chimp valt haar bij en zegt: 'Fantastisch, het lijkt me echt heerlijk om me fit te voelen.' Tegen de winter echter is de Chimp van mening veranderd. De Mens zegt nog steeds: 'Ik wil een betere conditie en ik wil dit volhouden', maar de Chimp wil er niets meer van weten.

Emma heeft de grote fout gemaakt te denken dat ze de Chimp in de winter met pure wilskracht kan overreden. Je kunt geen armpje drukken met je Chimp! Wilskracht werkt niet als de Chimp iets niet wil doen. Als Emma haar Chimp echt goed had gekend, had ze eerlijk kunnen zijn en kunnen zeggen dat je **fit voelen** in de winter **emotioneel gezien** niet voldoende zou zijn om haar Chimp zover te krijgen dat hij onder onplezierige omstandigheden ging joggen. Natuurlijk zou Emma plannen kunnen maken om de Chimp met andere middelen over te halen, bijvoorbeeld joggen met vrienden, maar de kans dat dit lukt, is uiteindelijk maar klein, want de Chimp zal Emma's plannen verwerpen. Emma doet er misschien verstandiger aan een andere manier te vinden om aan haar conditie te werken; een manier die door de Chimp zal worden getolereerd.

Het had voor Emma misschien een teken aan de wand moeten zijn dat de Chimp zich in de besluitvorming mengde met de uitspraak: 'Fantastisch, het lijkt me echt heerlijk om me fit te VOELEN.' Gevoelens komen van de Chimp en kunnen heel veranderlijk en onbetrouwbaar zijn. Ze zijn soms nuttig als richtlijn voor ons handelen, maar ze zijn niet geschikt om plannen op te baseren. Om tot een degelijk plan te komen, had Emma zich moeten afvragen wat de Chimp zou voelen als het winter werd.

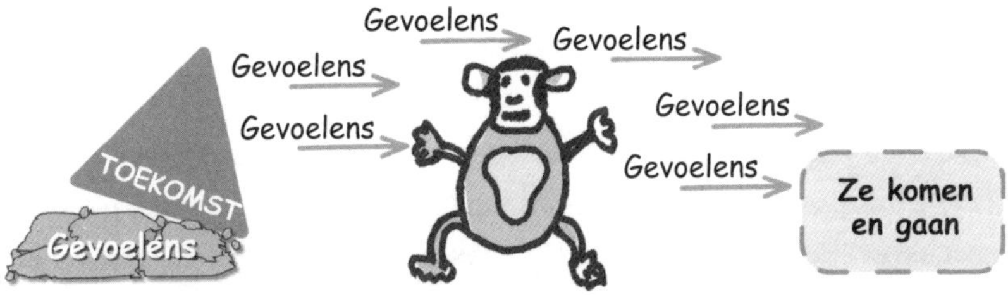

Gevoelens van de Chimp: ze komen en gaan;
geen basis voor de toekomst!

Hans' voetbaldroom

Hans besluit een amateurvoetbalclub op te richten. Hij is gek van voetbal en heeft er altijd van gedroomd manager van een club te zijn. Zijn Chimp vindt het prachtig, is dolenthousiast en vastbesloten het te laten slagen. Hij weet dat de Mens het enthousiasme en de capaciteiten heeft om hieraan te beginnen, dus meldt hij zich met zijn plannen bij de gemeenteraad en hoopt dat ze hem steunen. Het klinkt allemaal prima en het zou kunnen slagen.

Wat is hier het probleem? Het probleem is dat de Chimp de leiding over dit project heeft. De Chimp in Hans zal waarschijnlijk altijd enthousiast zijn en de capaciteiten en de energie hebben om dit te doen, maar heeft de Mens er ook zijn gedachten over laten gaan? De potentiële valkuil bij dit project is dat er ook nuchtere plannen voor moeten worden opgesteld. Een van de grootste problemen zal zijn dat voor de onderneming beslist ook de betrokkenheid *van andere mensen* nodig is. Hoe graag Hans dit ook wil, hij kan het niet alleen: hij heeft ook geld en tijd nodig. Heeft hij echt goed doordacht hoeveel tijd en geld er nodig is? Natuurlijk willen we zijn enthousiasme niet temperen, maar zonder een degelijk bedrijfsplan zal hij daar niet ver mee komen.

De Mens moet er enige logica in brengen en bedenken wat hij nodig heeft om te slagen, want anders zou de droom weleens een nachtmerrie kunnen worden. Als Hans solide toezeggingen van anderen heeft gekregen en de financiële steun geregeld is, heeft hij een stevige basis om door te gaan en zal zijn Chimp hem de energie geven om dit project succesvol af te ronden.

Deze twee voorbeelden tonen aan dat je moet weten waar zowel je Mens als je Chimp zich aan kan committeren. Het heeft geen zin dat de Mens 'succesvol' is als je Chimp niet gelukkig is, en vice versa, dus je hebt een zeker evenwicht nodig. Veel mensen committeren zich volledig aan hun baan en zijn heel succesvol, maar niet gelukkig, want ze zien hun vrienden en familie nauwelijks meer. Succes moet de prijs die je ervoor betaalt wel waard zijn. Wat kun je fysiek en emotioneel aan? Je Chimp moet je laten weten hoe hij zich voelt en je Mens moet je laten weten of het wel haalbaar is. Er moet samenwerking tussen hen bestaan, dan zal de kans op succes aanzienlijk toenemen.

Motivatie versus commitment

Motivatie komt vanuit de Chimp. Dat is een op emotie gebaseerd gevoel. Motivatie ontstaat meestal als er een grote beloning in het verschiet ligt of als je het zo moeilijk hebt dat je dingen wilt veranderen. Motivatie is een nuttige stimulans, maar is niet essentieel voor succes. Het is niet realistisch om te verwachten dat je je elke dag en voor elke bezigheid 'gemotiveerd voelt'. Het probleem met motivatie is dat die gebaseerd is op emoties van de Chimp en die kunnen bliksemsnel veranderen.

Commitment daarentegen komt van de Mens en is niet afhankelijk van emoties. Commitment betekent dat je een plan volgt, zelfs als je daar soms geen zin in hebt. Een chirurg kan bijvoorbeeld niet halverwege een operatie zeggen: 'Weet je, ik voel me gewoon niet zo gemotiveerd om dit af te maken, dus ik houd er nu mee op!' Motivatie doet er niet toe; het is je commitment dat ervoor zorgt dat je de operatie voltooit.

Hoofdpunt

Als je besluit iets te doen, herinner jezelf er dan aan dat het om commitment gaat en niet om motivatie.

Commitment meten: hoe doe je dat?

Om je commitment op een gestructureerde manier te meten, kun je de 'Commitment Check' doen, aan de hand van een lijst met vragen die je moet beantwoorden. De check bestaat uit twee elementen. Het eerste element is uitzoeken wat je nodig hebt om de klus te klaren. Het tweede element is oplossingen bedenken voor zaken die je succes in de weg kunnen staan.

De twee elementen van de Commitment Check

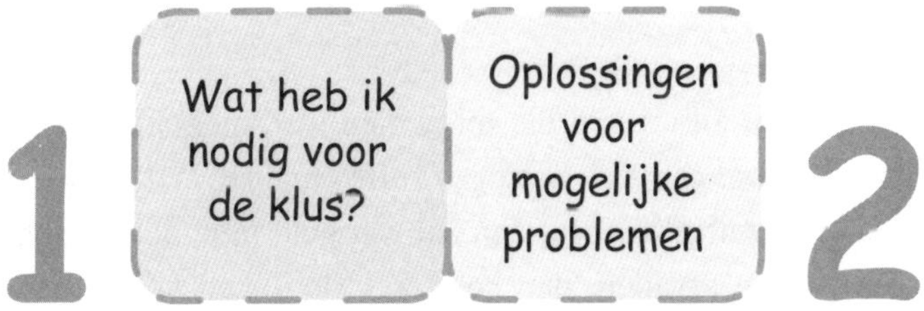

Eerste element: *Wat heb ik nodig voor de klus?*

We kunnen deze vereisten onderverdelen in drie types:

- Essentieel
- Belangrijk
- Wenselijk

Essentieel – dit zijn de zaken die cruciaal zijn voor het welslagen van de onderneming. Als je bijvoorbeeld een bedrijf wilt beginnen, moet je de beschikking hebben over een zekere hoeveelheid geld. Als je opera-zanger wilt worden, moet je een goede stem hebben. Als je met joggen je conditie wilt verbeteren, moet je regelmatig hardlopen. Essentiële aspecten kunnen zowel fysiek als emotioneel van aard zijn en het is dan ook de moeite waard om elke keer dat je overweegt iets te doen, twee lijstjes te maken. Het eerste lijstje is voor de Mens en het tweede lijstje is voor de Chimp. De Mens houdt zich bezig met de praktische zaken en de waarheden en de Chimp gaat over de gevoelens en de vereiste emotionele vaardigheden.

Belangrijk – dat zijn de zaken die absoluut invloed zullen hebben op het uiteindelijke resultaat en waar dus aandacht aan besteed moet worden. Wil je bijvoorbeeld in je tuin gaan werken, dan zal het helpen als je meerdere gereedschappen tot je beschikking hebt, en niet slechts één of twee. Als je wilt studeren voor een examen, dan zal een rustige studieplek aanzienlijk helpen. Als je een goede relatie met iemand wilt, dan zal voldoende tijd om daaraan te werken de kans op succes enorm vergroten.

Wenselijk – dat zijn zaken die misschien wel, misschien niet helpen, maar die alles wel een stuk prettiger zullen maken. Wil je bijvoorbeeld een avondje gezellig stappen, dan zal wat geld in je portemonnee welkom zijn. Wil je afvallen, dan helpt het als je een vriend hebt die je daarin aanmoedigt. Als je een prettige en succesvolle vriendenkring wilt, dan is een gezellig samenzijn op zijn tijd aan te raden.

Je zult zelf moeten bepalen wat in welke categorie valt, want dat zal voor iedereen anders zijn. Het hang allemaal af van wat je Mens en je Chimp denken. Dezelfde zaken kunnen bij twee verschillende mensen toch in verschillende categorieën vallen. De een zal bijvoorbeeld geloven dat het **essentieel** is om een hoog IQ te hebben als je een taal wilt leren, terwijl de ander juist denkt dat dit alleen maar **wenselijk** is en dat iedereen kan leren, wat zijn IQ ook is.
Aangezien we ons hierin makkelijk kunnen vergissen, is het aan te bevelen je lijstje aan een vriend te laten zien die kan helpen vaststellen of alles is overdacht en in de juiste categorie zit.

Tweede element: *Wat zijn de uitdagingen waarmee we geconfronteerd kunnen worden?*
We kunnen deze uitdagingen in drie typen onderverdelen:
- Hordes
- Hindernissen
- Valkuilen

Je moet erover nadenken wat je eventueel moet overwinnen, wil je plan slagen. Als we de obstakels als drie verschillende types zien, helpt het om ze in praktische termen vanuit Menselijk perspectief en vervolgens in emotionele termen vanuit Chimp-perspectief te bekijken.

Hordes – zijn zaken waar je niet omheen kunt en waar je overheen zult moeten. Bij alles wat je onderneemt, zul je onplezierige of moeilijke dingen moeten doen. Jouw taak is om uit te zoeken wat die dingen zijn, om vervolgens een strategie te ontwikkelen om ze aan te pakken. Een slechte strategie is bijvoorbeeld negeren, wegvluchten of ertegen vechten; die zullen je kansen op succes beslist verminderen.
Niet eerst potentiële problemen in kaart brengen voordat je begint, is vrijwel een garantie voor mislukking. Hier zijn wat voorbeelden:
- Als je wilt afvallen, zul je je eetgewoontes moeten veranderen.
- Als je fit wilt worden, zul je moeten bewegen.
- Als je succesvol met mensen wilt samenwerken, moet je leren om met hun Chimps om te gaan.

Er is in dit soort gevallen geen sprake van keuzes, je zult moeten leren hoe je deze hordes moet nemen.

Hindernissen – zijn zaken die je met een goede planning kunt omzeilen. Dat betekent niet dat je ze moet negeren, het betekent dat je ze moet aanpakken door ze weg te nemen. Hordes kunnen niet worden weggenomen, hindernissen wel. Het is dus heel belangrijk om je bewust te zijn van het verschil en vervolgens de hindernissen weg te nemen. Iets waar je de ervaring of expertise niet voor hebt, kan bijvoorbeeld vaak worden gedelegeerd aan iemand die deze kwaliteiten wel heeft. Als je op vakantie wilt met een beperkt budget, betekent dat alleen dat je een betaalbare bestemming moet zoeken, niet dat je niet op vakantie kunt.

Valkuilen – zijn zaken die makkelijk je ondergang kunnen worden als je niet uitkijkt. Een voorbeeld daarvan is dat je toelaat dat je emotioneel uitgeput raakt voordat je beseft dat het tijd is voor een time-out. Andere voorbeelden zijn: een moeilijk gesprek beginnen zonder je erop voor te bereiden, of besluiten geen junkfood meer te eten, maar er nog wel een voorraadje van in huis hebben! Een subtielere valkuil is alcohol drinken om angst en verlegenheid weg te nemen in plaats van in therapie te gaan.

De Commitment Checklist

Hieronder volgt een reeks vragen met betrekking tot de twee elementen van de Commitment Check. Ze zullen ervoor zorgen dat je volledig voorbereid aan je droom kunt gaan werken.

Is het echt een droom?

- Hoe belangrijk is dit voor jou en je Chimp?
- Willen jij en je Chimp het echt verwezenlijken?
- Wat zijn de voordelen van het verwezenlijken van je droom?
- Wegen de voordelen op tegen de kosten?

De plannen en vereisten om de droom te vervullen

- Welke plannen heb je gemaakt om dit te bereiken?
- Wat heb je in het verleden geprobeerd?
- Als het toen mislukte, hoe kwam dat dan?
- Wat ga je deze keer anders doen?
- Welke nieuwe strategieën heb je voor de toekomst?
- Wat werkte in het verleden goed?
- Heb je je ervan verzekerd dat je plannen waterdicht zijn, door ze nog

eens samen met iemand anders door te nemen?
- Wat zijn de essentiële, belangrijke en wenselijke vereisten voor zowel Mens als Chimp, wil dit plan werken?
- Heb je de essentiële zaken op een rij voordat je begint?

Hordes, hindernissen en valkuilen
- Heb je een lijstje gemaakt van de hordes waar je overheen moet?
- Heb je een strategie om over elke horde heen te komen?
- Wat zul je moeten opofferen?
- Hoe ga je met de nadelen om?
- Welke stress zul je tegenkomen bij het verwezenlijken van deze droom?
- Welke hindernissen zul je moeten omzeilen of wegnemen?
- Hoe ga je elke hindernis vermijden of omzeilen?
- Welke valkuilen moet je mogelijk vermijden?
- Hoe herken je valkuilen?
- Hoe zou je je voelen als je er niet in slaagt je droom te verwezenlijken en hoe ga je daarmee om?

Wat houdt je op de been als je problemen tegenkomt?
- Hoe ga je ermee om als je een doel niet bereikt of een doelstelling niet behaalt?
- Wie helpt je met zaken/problemen die je tegenkomt?
- Is die persoon duidelijk over waarom en hoe hij of zij jou kan helpen?
- Hoe meet je je vorderingen?
- Hoe bereid ben je om nieuwe strategieën te leren?
- Hoe bereid ben je om van benadering te veranderen?

Als je merkt dat je je droom wilt opgeven, stel jezelf dan de volgende vragen:
- Waarom wil je het opgeven?
- Kun je nog iets veranderen voordat je het opgeeft?
- Kun je nog een andere benadering vinden?

- Met wie heb je dit besproken?
- Wat zijn de voordelen van het opgeven van je droom?
- Wat zijn de nadelen van het opgeven van je droom?
- Welke plannen heb je als je niet langer naar je droom toewerkt?

Enkele suggesties om je te helpen gecommitteerd te blijven aan een plan

- Wees realistisch wat betreft je hulpbronnen; je hebt niet oneindig veel geld en tijd.
- Timemanagement is een nuttige vaardigheid.
- Werk effectief en niet alleen efficiënt.
- Stel prioriteiten en laat je niet afleiden.
- Zo mogelijk één ding tegelijk doen, is de beste manier om er je volle aandacht aan te geven.
- Vermijd negatieve mensen of laat ze op zijn minst (vriendelijk) weten waar ze mee bezig zijn, en als ze er niet mee kunnen stoppen, betrek ze er dan niet bij.
- Luister naar advies en ga er waar nodig naar op zoek.
- Besluiteloosheid vreet energie, dus heb je eenmaal alle informatie, neem dan een besluit en houd je daaraan.

> ***Hoofdpunt***
> *De belangrijkste factor voor succes is dat je zowel praktisch als emotioneel optimaal functioneert.*

De 1 miljoen-vraag

Wees gedisciplineerd en niet alleen georganiseerd. Iedereen kan organiseren, door een plan te maken. Maar heel weinig mensen kunnen het plan ook ten uitvoer brengen, omdat ze te weinig zelfdiscipline hebben. Als je het gevoel hebt dat je vastloopt of excuses verzint en de taak niet voor elkaar krijgt, stel jezelf dan de 1 miljoen-vraag. **Als je een miljoen zou krijgen om de taak voor het einde van de dag**

te volbrengen, zou je het dan kunnen? Als het antwoord is 'ja, dan zou ik hem beslist volbrengen', betekent dit dat het **mogelijk is om dat te doen**. Het betekent dat als het je aan het eind van de dag niet gelukt is, elke reden die jij aandraagt voor het mislukken ervan alleen maar een excuus is voor het feit dat je geen discipline hebt. Het zou erop kunnen wijzen dat je het misschien niet zo belangrijk vindt om je droom te vervullen.

Ontmoedigd raken

Iedereen raakt weleens ontmoedigd en wil zijn droom dan opgeven. Als dit gebeurt, wil paradoxale psychologie soms helpen. Dat wil zeggen dat je eigenlijk het tegenovergestelde zegt van wat je wilt. Je kunt jezelf dus voorhouden dat het prima is als je voor je droom wegloopt. Je hoeft die droom niet te vervullen, de keus is aan jou: dus wegwezen. Je zult verbaasd staan hoe vaak de Chimp, die ons vertelt dat hij weg wil lopen, zich plotseling bedenkt en zegt dat hij totaal niet van plan is om op te geven en de droom weer oppakt. De Chimp doet dit omdat hij beseft dat de droom nog leeft en hij die graag wil verwezenlijken en dat hij dus helemaal niet weg wilde lopen. De Chimp wilde gewoon even een kreet slaken, wat voor een Chimp heel normaal is. Vergeet nooit dat het volkomen normaal en acceptabel is om van tijd tot tijd je hart te luchten. Laat je Chimp op een verstandige manier vertellen wat hij op zijn lever heeft.

Het tweede element is eigenaarschap

Het tweede element van de Kern gaat over eigenaarschap. Een succesvolle organisatie houdt in dat je een plan hebt waarvan jij de eigenaar bent. Stel dat je in een fabriek werkt en de eigenaar eist veel van je. We nemen aan dat je een goed persoon bent die hard werkt en consciëntieus is. Je voelt je betrokken bij je werk en stelt hoge eisen aan jezelf.

Op een dag besluit de fabriekseigenaar met pensioen te gaan en roept jou bij zich in haar kantoor. Ze zegt dat ze heeft besloten de fabriek aan jou over te dragen. Je bent nu eigenaar van de fabriek. Hoe hard denk je dat je gaat werken nu de fabriek van jou is en alle opbrengsten voor jou zijn? Vrijwel iedereen zou langer gaan werken en zijn hele hebben en houwen erin stoppen.

Ergens eigenaar van zijn is voor zowel de Mens als de Chimp een opwindende gedachte, want het biedt allerlei extra's. Mensen zijn dol op iets wat van henzelf is en zullen de dingen serieuzer nemen als ze er de eigenaar van zijn. Dan zijn ze meer van onszelf en investeren we de energie van zowel de Chimp als de Mens in de onderneming.

Je zult dus, om de kans op succes te vergroten, de eigenaar van je plannen moeten zijn, want de plannen van een ander opvolgen, hoe goed die ook zijn, is niet hetzelfde, tenzij je het er volledig mee eens bent. Eigenaar zijn van het plan betekent dat je het ofwel zelf geformuleerd hebt, ofwel er de belangrijkste inbreng in had, ofwel gelooft dat het plan ideaal voor jou is en dat je het zelf niet beter had kunnen verzinnen. Zijn er bepaalde onderdelen van het plan waarvan jij niet de eigenaar bent en waar je het dus niet mee eens bent, dan zal je kans op succes waarschijnlijk een stuk kleiner worden.

Wat gebeurt er als je niet het eigenaarschap hebt? Hieronder staat een schematische voorstelling die het verschil laat zien tussen wel en niet het eigenaarschap hebben en de mogelijke gevolgen daarvan. Als je niet het eigenaarschap hebt, zal de Chimp het plan verstoren en de kansen op succes verkleinen.

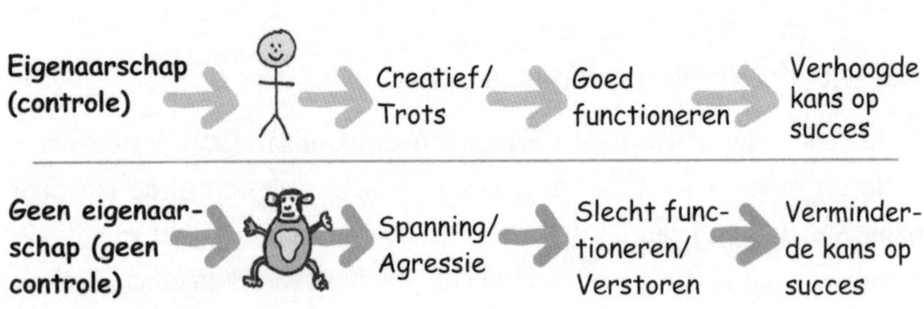

Een plan hebben en daar de eigenaar van zijn heeft alles te maken met georganiseerd zijn

Het derde element is verantwoordelijkheid

Verantwoordelijkheid staat hier ook voor aansprakelijkheid. Eigenaar zijn van een plan is een grote stap voorwaarts richting succes. Als het plan zorgvuldig is voorbereid, rest slechts de uitvoering. Het plan uitvoeren gaat over het nemen van verantwoordelijkheid en gedisciplineerd zijn. Dat is waar de meeste mensen problemen krijgen, omdat hun Chimp op emoties speelt, waardoor ze geen discipline meer hebben en niet meer weten wat er gedaan moet worden. De organisatie is het makkelijke deel. De meeste studenten zullen je vertellen dat ze heel goed zijn in het indelen van hun tijd in aanloop naar een examen. Ze kunnen tot in de kleinste details plannen hoe en wanneer ze zullen studeren. De meesten hebben echter niet de discipline om dit plan ook uit te voeren. Elke week wordt hun schema weer een beetje aangepast, totdat uiteindelijk de hoeveelheid werk die nog verzet moet worden, in een paar dagen of zelfs een paar uur moet worden geperst. Verantwoordelijkheid gaat over het managen van de Chimp en zijn gevoelens, en zonder uitvluchten de boel aanpakken.

Als je de verantwoording hebt voor je plan, ben je er ook aansprakelijk voor. De kansen op succes nemen toe als we iemand verslag uitbrengen over de voortgang. Dat is een belangrijke factor voor succes. Deadlines stellen en verslag uitbrengen zorgen ervoor dat zowel de Mens als de Chimp zich verplicht voelt om in actie te komen. Als je **aansprakelijk** wordt, en dat hoeft zelfs alleen maar jegens jezelf te zijn, zul je in de gaten houden hoe de zaken gaan. Als een en ander dan niet volgens plan verloopt, kun je snel ingrijpen. Verantwoordelijkheid kan dus ook worden beschouwd als voortdurend aansprakelijk zijn.

> ***Hoofdpunt***
> *De verantwoordelijkheid nemen en aansprakelijk zijn voor het toepassen of uitvoeren van een plan heeft alles te maken met gedisciplineerd zijn.*

Het vierde element is uitmuntendheid

We hebben inmiddels gezien dat je kans op succes toeneemt als je:

- Een goed doordacht commitment hebt
- Een plan hebt waarvan jij het eigenaarschap op je neemt
- Verantwoordelijkheid accepteert

Het vierde element van de Kern voor het vergroten van je kans op succes is om de lat heel hoog te leggen, maar niet zo hoog dat je doel onbereikbaar is. Bij alles wat je doet geldt dit: meer dan je best kun je niet doen. Logisch gezien is dat onmogelijk. Zolang je het maar geprobeerd hebt, ondanks fouten en vergissingen en af en toe onbedoelde dwalingen, heb je je best gedaan. Het is heel belangrijk om dit principe te accepteren.
Als je een bepaald prestatieniveau voor jezelf vaststelt en je haalt dat niet, kun je heel ontmoedigd raken en jezelf een mislukkeling vinden. Dat is een keuze die je maakt. Jij legt de lat op een bepaalde hoogte. Daar is niets mis mee, maar het kan serieuze gevolgen hebben voor je Chimp, die misschien die eis tot uitmuntendheid of het er niet aan voldoen niet aankan.
Er is een alternatief. Je kunt ook streven naar **persoonlijke uitmuntendheid**, oftewel je uiterste best doen, ongeacht het niveau dat je daarmee bereikt. Persoonlijke uitmuntendheid is altijd haalbaar. Je kunt nog steeds teleurgesteld zijn over het behaalde prestatieniveau, maar je kunt in elk geval met opgeheven hoofd zeggen dat dit het hoogst haalbare was voor jou. De Chimp zal daar zeer waarschijnlijk wel mee kunnen leven. (Dit concept wordt nader behandeld in het hoofdstuk ‘De Maan van het Zelfvertrouwen’.)

> ***Hoofdpunt***
> *Persoonlijke uitmuntendheid houdt in dat je je best doet.*

De Maan van de Wortels

Elementen

- De wortel, en geen stok
- Soorten wortels
- De stok herkennen

De wortel, en geen stok

We kennen allemaal wel het verhaal van de ezel die de kar moet trekken. Je kunt hem in beweging krijgen met ofwel een wortel ofwel een stok. Ezels, Mensen en Chimps houden niet van straffen (stokken), maar wel van beloningen (wortels). Als je Mensen of Chimps met een stok slaat, krijg je ze wel in beweging, maar maak je ze ook ongelukkig en rebels, waardoor ze waarschijnlijk niet op hun best presteren. Chimps eten graag wortels, maar die moeten dan wel groot zijn, anders komt de Chimp niet in beweging.

Stel, we zitten in de jungle en kijken hoe de chimpansee Mike plannen maakt om het alfamannetje te worden. Hij 'denkt' erover na hoe hij dit moet aanpakken. Dit is de jungle en dus gelden de wetten van de jungle. Hij besluit te schreeuwen en te gillen en met een stok op de grond te slaan. Elke chimpansee die in zijn buurt komt, wordt aangevallen met de stok of met zijn vuisten. Als Mike de alfachimp wordt, zal hij zijn gezag laten gelden door elke chimp die zich niet aan de regels houdt flink af te ranselen. Als hij er niet in slaagt de topchimp te worden, zal hij zich verbergen, zich gedeisd houden en wachten op een nieuwe kans.

Je hebt er niet veel fantasie voor nodig om dit scenario naar een kantoor of een andere werkplek te verplaatsen. Het is een maar al te vertrouwd beeld. Denk aan een persoon die zijn of haar ambitie wil vervullen via geweld, dreigementen en het domineren van anderen teneinde ze in het gareel te houden. Als dergelijke types de baas worden, opereren ze vanuit het principe dat als ze hun personeel ervanlangs geven, dat personeel niet zal aanvallen maar harder zal werken.

Gelukkig is er een alternatief.

In de Menselijke maatschappij hebben we geen stokken. Hier is de ideale leider iemand die de groep ontwikkelt en aanmoedigt. Hierbij wordt uitgegaan van het principe dat mensen hun best doen en dat eventueel falen betekent dat ze meer steun, begeleiding of ontwikkeling nodig hebben. Mensen worden liever aangemoedigd, gesteund en beloond dan dat ze geslagen worden. Natuurlijk moet er aan bepaalde eisen en criteria worden voldaan en moet duidelijk zijn wat de consequenties zijn als dat niet gebeurt. Als je je uiterste best hebt gedaan, met **volledige steun,** en toch niet aan de criteria hebt voldaan, kun je de gevolgen accepteren. Die zijn misschien niet prettig, maar je krijgt geen slaag met de stok. Een stok hoort niet thuis in een samenleving. Wat er wel in thuishoort zijn bepaalde maatstaven en consequenties als je daar niet aan voldoet – en volwassen Mensen leren daarmee om te gaan.

Chimps werken met geweld, dreigementen en stokken. Mensen werken met compassie, aanmoediging, consequenties en wortels

Het systeem moet dus bepaalde standaardeisen stellen waaraan moet worden voldaan en wortels gebruiken om die te halen. Als je ondanks alle mogelijke steun niet aan die maatstaven voldoet, moet je de consequenties accepteren. Iemand die lui is, voldoet duidelijk niet aan de gestelde criteria en zal dus de gevolgen daarvan ondervinden.

Hoofdpunt
In een beschaafde samenleving wordt de stok vervangen door wortels, maatstaven en consequenties.

Dus waarom is de Maan van de Wortels zo'n belangrijke stabilisator voor de Planeet van het Succes? De Chimp in jou functioneert misschien het beste door gewelddadig te zijn en op geweld te reageren, maar de emotionele schade die dat kan veroorzaken, kan rampzalig zijn. We lijden elke dag door toedoen van de Chimps van anderen of van onszelf. Mensen functioneren het beste als ze erkenning en waardering krijgen voor wat ze hebben gedaan of als ze op andere manieren worden beloond. Mensen willen presteren en constructief zijn. Chimps willen door anderen in de groep gevlooid worden en willen zich deel van de groep voelen. Dus wil je het beste uit jezelf halen, dan moet je ervoor zorgen dat je heel veel wortels krijgt!

Soorten wortels

Heel veel soorten

Er zijn heel veel soorten wortels en het is verstandig om alle soorten uit te proberen. Je moet leren welke wortels jij prefereert en ervoor zorgen dat je die ook krijgt. Kweek je eigen wortels!

Beloningen

Dat kunnen voor de hand liggende zaken zijn als voetbalkaartjes, nieuwe kleren, chocoladerepen, uit eten gaan, een auto, en ga zo maar door. Het kan alles zijn wat voor jou een beloning is en je gelukkig maakt. Beloningen koppelen aan werk dat je moet doen, is een prima manier om je Chimp aan jouw kant te krijgen. Beloningen hebben om naar uit te kijken kan de Chimp motiveren en de Mens het commitment bezorgen om door te zetten.

Vieren

Het is belangrijk om te kijken naar wat je hebt bereikt en dat te vieren. Even stilstaan bij je harde werk en je inspanningen is belangrijk voor het vergroten van je kans op succes. Het is belangrijk dat zowel jij als je Chimp dit realiseert en dat je jezelf prijst voor wat je hebt gedaan of hebt geprobeerd te doen.

Erkenning

De meeste Mensen hebben geen erkenning nodig, maar halen hun bevrediging uit zichzelf. De meeste Chimps echter hebben wel **erkenning nodig**, en wel van **de juiste persoon**, en als je hun die onthoudt, worden ze heel verbitterd, boos en van streek. Zorg dat je die erkenning krijgt, door uit te zoeken van wie je lof of erkenning zou willen en ervoor te zorgen dat diegene begrijpt hoeveel dat voor jou betekent. Dit is een goede manier om voor je Chimp te zorgen en hem te kalmeren.

Aanmoediging

Je Chimp heeft af en toe aanmoediging nodig en het is niet onredelijk om daarom te vragen. Aanmoediging is een uitstekende wortel om je Chimp een goed gevoel te geven op de momenten dat hij dat nodig heeft. Vergeet daarbij niet dat de mensen om je heen geen gedachten kunnen lezen. Je zult ze misschien moeten vertellen dat je aangemoedigd wilt worden. We vergeten allemaal weleens om anderen aan te moedigen. Kijken naar de voordelen van het bereiken van iets, is een van de meest krachtige aanmoedigingen.

Steun

Steun krijgen van de juiste persoon of personen is een enorme oppepper voor je moreel. De groep die eensgezind een verdrietige Chimp of Mens steunt, is een heel welkome wortel. Wees niet bang om om steun of hulp te vragen. Dat is een van de redenen dat we groepen hebben. Wees niet zo onnozel om jezelf steun te ontzeggen. Dat is zelden verstandig en meestal gewoon stom! Het is niet zozeer een teken van onafhankelijkheid als wel van koppigheid. Als jij een vriend zou hebben die in de problemen zat, zou je ook niet aarzelen om hem te hulp te schieten. Ontneem je vrienden niet de kans om hun vriendschap te tonen als jij die nodig hebt.

De stok herkennen

Typische stokken

Elke vorm van bedreiging, straf of agressie is een stok. Stokken kunnen fysiek of psychologisch zijn.

Jezelf op je kop geven

Een stok tegen jezelf gebruiken is destructiever dan dat anderen dat doen. Jezelf op je kop geven is nutteloos en schadelijk en het is tevens een KEUZE. Je hoeft het niet te doen. Vraag jezelf af wat het nut ervan is. Vraag jezelf ook af of dit de manier is waarop je met jezelf om wilt gaan. Je kunt ervoor kiezen wat objectiever te zijn en te kijken wat je kunt doen om jezelf te verbeteren, of je kunt accepteren dat je zo bent, met een glimlach. Jezelf aanvallen en verlagen maakt de zaken er niet beter op. Het is veel beter om te ontspannen en jezelf aan te moedigen.

Schuldgevoelens, spijt en wroeging

De stok kan ook de vorm aannemen van schuld, spijt en wroeging. Natuurlijk zijn deze emoties er niet voor niets. Ze maken ons duidelijk dat we iets verkeerd gedaan hebben of ons vergist hebben en dat we dat zo goed mogelijk moeten herstellen en van onze fouten moeten leren. Hebben we dit eenmaal onderkend en hebben we gedaan wat we konden om spijt te betuigen en de zaken recht te zetten, dan hebben deze gevoelens geen nut meer. Deze negatieve emoties worden dan een stok om onszelf ten onrechte mee te slaan. Leven met schuldgevoelens en spijt is een verschrikkelijke stok die elke kans op geluk of een constructief leven vernietigt. Het kan ook een middel tot zelfmedelijden zijn, zodat we ons leven niet hoeven op te pakken. Denk goed na als je zo'n stok tegen jezelf gebruikt en vraag jezelf af welk doel het dient.

De mishandelende stok van de herinnering

Een nog kwalijker stok is als iemand iets verkeerds heeft gedaan en duidelijk spijt heeft betuigd en is veranderd, waarna hij of zij door een ander nog steeds aan vroegere misstappen wordt herinnerd. Dit is een heel zware vorm van passieve agressie die gelijkstaat aan mishandeling.

Samenvatting hoofdpunten

- Definieer wat je onder succes verstaat en houd daaraan vast.
- Draag de kroon op momenten dat het gepast is.
- Respecteer de kroon als die op het hoofd van iemand anders staat.
- Commitment is het belangrijkste onderdeel van de Kern.
- Neem eigenaarschap en verantwoordelijkheid voor je leven.
- Streef naar persoonlijke uitmuntendheid.
- Kweek heel veel wortels en gooi die stok weg.

Aanbevolen oefening
Succes dankzij grondige voorbereiding

Falen in succes veranderen

Kijk nog eens naar een vroegere onderneming of taak die je toen niet hebt weten te voltooien, maar in de toekomst alsnog wilt volbrengen. Doe de Commitment Check en beantwoord alle vragen. Neem vervolgens zelf het eigenaarschap en de verantwoordelijkheid op je voor het uitvoeren van een plan. Probeer alle in dit hoofdstuk gedane aanbevelingen op te volgen en benadruk de aanbevelingen die voor jou relevant zijn.

Hoofdstuk 15
De Planeet van het Succes

Hoe plan je succes?

De Droommachine: een aanpak voor succes

Ook zonder plannen kun je succesvol zijn. Maar goed doordachte plannen vergroten wel je kans op succes en geven jou de zekerheid dat je er alles aan gedaan hebt om je droom te verwezenlijken, dus daar kun je in elk geval blij om zijn. Bedenk dat het leven niet eerlijk is en dat je, ook al heb je alles goed gedaan, nog niet per se succesvol hoeft te zijn. De Droommachine is een gestructureerde aanpak om je kans op succes om een bepaalde droom te verwezenlijken te optimaliseren. Ik heb dit model heel vaak en in heel verschillende situaties gebruikt om professionals op allerlei terreinen hun droom te laten verwezenlijken. Er zijn aspecten in verwerkt die afkomstig zijn van de stabiliserende manen rond deze planeet en het bestaat uit zeven afzonderlijke radertjes. Elk radertje grijpt in het daaropvolgende radertje en als het laatste radertje ook draait, heb je hopelijk je droom gerealiseerd!

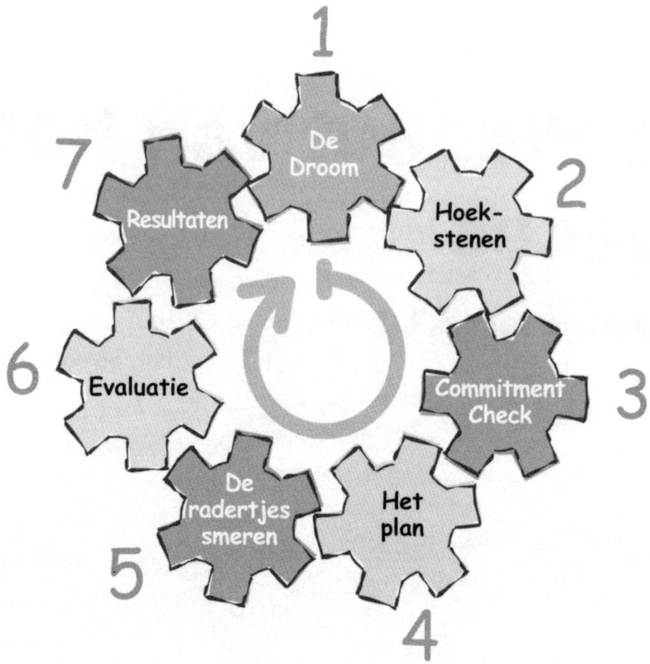

Bedenk, voordat je de radertjes in beweging zet, dat er twee zijn die deze reis gaan plannen: jij en je Chimp. Hou dus rekening met je Chimp als je plannen maakt. De Chimp zal zijn eigen behoeften vervuld willen zien – geruststelling, beloning – wil hij zich gedeisd houden. Als je Chimp zich er niet mee bemoeit, is de kans op succes heel groot. Als je rekening houdt met je Chimp, zal hij misschien zelfs bijdragen aan je succes. Als je je Chimp beschouwt als een kind dat weinig doorzettingsvermogen heeft, makkelijk wordt afgeleid, ongedisciplineerd en ongeorganiseerd is en voortdurend direct beloond wil worden, dan zul je de plank nooit ver misslaan!

Radertje 1

Het verschil tussen droom en doel

De Droommachine maakt een heel duidelijk onderscheid tussen 'dromen' en 'doelen'. Ga pas verder als je het verschil begrijpt en weet wat je dromen zijn.

Een **droom** is iets wat je wilt dat gebeurt, maar waar je niet de volledige controle over hebt. De droom heeft te maken met invloeden van buitenaf en er is daarom geen garantie dat hij zal worden verwezenlijkt; het is slechts een wens.

Doelen kun je duidelijk stellen en omdat je er de volledige controle over hebt, zijn ze ook haalbaar. Doelen vergroten de kans op het verwezenlijken van dromen.

Hier volgen enkele voorbeelden van dromen en ondersteunende doelen. Je kunt er zelf met enig nadenken nog talloze doelen aan toevoegen.

Droom: willen dat iemand van wie jij houdt, ook van jou houdt

Doelen die de droom ondersteunen

- Vragen wat de ander gelukkig maakt (en dat dan ook doen!)
- Vragen wat die ander ongelukkig maakt (en dat dus vermijden)
- De ander met een oprechte glimlach begroeten
- Blij en stimulerend zijn
- De ander vertellen wat je aan hem waardeert
- De ander en diens persoonlijke ruimte respecteren

Droom: een wedstrijd willen winnen

Doelen die de droom ondersteunen

- Regelmatig trainen
- Goed voedingspatroon
- De juiste mentale instelling

Droom: zelfverzekerd willen zijn

(NB: er is geen garantie dat je altijd zelfverzekerd zult zijn, want het is een vaardigheid en die staat of valt met je Chimp Management.)

Doelen die de droom ondersteunen

- De tijd nemen om te leren herkennen wanneer je Chimp zich roert
- De tijd nemen om je Chimp te managen als het om zijn zelfvertrouwen gaat

Droom: een gezond slaappatroon willen

(NB: een goed slaappatroon kun je nooit garanderen, want je biologische klok kan opspelen en ook externe invloeden kunnen je wakker maken.)

Doelen die de droom ondersteunen

- Leren over en toepassen van slaaphygiëne
- Weten hoeveel slaap je nodig hebt en daar realistisch over zijn

Droom: na een sollicitatiegesprek ook echt de baan krijgen

(NB: je succes kan afhankelijk zijn van waar men naar op zoek is en of er een betere kandidaat is.)

Doelen die de droom ondersteunen

- Je goed voorbereiden op het gesprek
- Zorgen dat je weet wat de baan precies inhoudt
- De juiste kleding dragen
- Gesprekstechnieken oefenen

> ***Hoofdpunt***
> *Doelen moeten realistisch en haalbaar zijn.*

Waarom het onderscheid tussen dromen en doelen zo belangrijk is

Zodra het brein beseft dat het niet de volledige controle over de situatie heeft, stuurt het de bloedtoevoer richting de Chimp. Dat resulteert in ongemak en een gevoel van dreiging, met als gevolg dat de Chimp het denken en het plannen maken overneemt. Als het brein zich daarentegen realiseert dat het de situatie volledig onder controle heeft, ontspant de

Chimp zich en gaat de bloedtoevoer naar de Mens. Het resultaat is kalmte en het gevoel dat er kansen liggen. Dan is het de Mens die denkt en plannen maakt.

Maak van dromen geen doelen, want dan zet je je Chimp op het verkeerde been. Je moet een droom zien als een **mogelijkheid**, maar ook accepteren dat het misschien niet gaat gebeuren. Het is alsof je twee dobbelstenen gooit in de overtuiging dat je dubbel zes kunt gooien, om vervolgens van streek te raken als dat niet lukt. Als je beseft dat de dobbelstenen alle kanten op kunnen rollen, zul je het resultaat eerder met een glimlach accepteren. Als je alle doelen afwerkt die nodig zijn om de droom de beste kans van slagen te geven, kun je tevreden zijn dat je je best hebt gedaan.

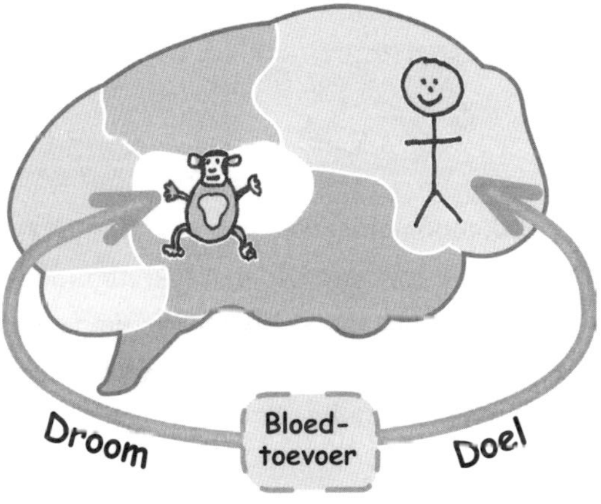

Dromen sturen de bloedtoevoer richting de Chimp
Doelen sturen de bloedtoevoer richting de Mens

Richt je op de sterren en niet op de maan

Psychologisch onderzoek heeft uitgewezen dat we groots moeten dromen en ons heel uitdagende doelen moeten stellen om onze kansen op succes te vergroten. Ga niet voor de maan, maar voor de sterren. De 'maan' is een doel waarvan je weet dat je het met enige inspanning **kunt bereiken**. De 'sterren' zijn een doel dat je met grote inspanning **zou kunnen bereiken** en het zal je een fantastisch gevoel geven als je dit doel bereikt. Als je gaat voor de maan, kan je Chimp zelfgenoegzaam worden; als je echter hoger mikt, op de sterren, committeren je Chimp en je Mens zich daaraan en worden ze enthousiast voor de grote uitdaging. Zorg er daarom voor dat je dromen je prikkelen, dan is de kans groter dat je ze verwezenlijkt. En mocht je de sterren missen, dan is er nog altijd de mogelijkheid dat je in elk geval de maan bereikt!

Je taak voor radertje 1 – De droom

- Stel je droom vast.

Radertje 2

Hoekstenen zijn de componenten waaraan je kunt werken om je droom te verwezenlijken. Wil je bijvoorbeeld een marathon lopen, dan zullen je snelheid, je gewicht en het aantal kilometers dat je elke week aflegt drie Hoekstenen zijn. Er zijn nog veel meer Hoekstenen en het is belangrijk een poging te doen om die allemaal bloot te leggen.

Een droom is gebaseerd op Hoekstenen

Elke Hoeksteen kan een doel krijgen dat je kunt meten en bereiken. Zo kan bijvoorbeeld je gewicht tot een optimum worden verlaagd of verhoogd. Deze specifieke doelen heb je onder controle en als je ze bereikt, maakt dat de kans groter dat je je droom verwezenlijkt. Het is handig om de doelen op te splitsen in doelen waar je naartoe werkt (streefdoelen) en doelen die je al bereikt hebt maar die je wel in de gaten moet houden (onderhoudsdoelen).

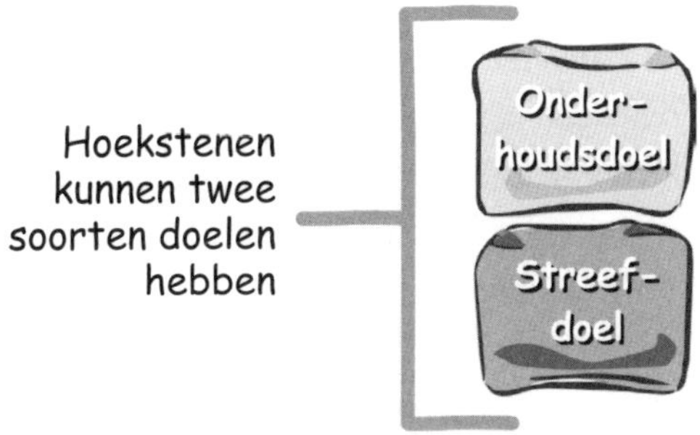

Je kunt dus op een gewenst gewicht zijn en dat alleen maar zo willen houden, of je kunt je gewicht willen verminderen en dus daarnaar streven. Streefdoelen zijn de gebieden waarop je denkt winst te kunnen behalen. Het is het beste om in een bepaalde tijdsperiode maar één of twee streefdoelen te kiezen waaraan je gaat werken, en de andere Hoekstenen als onderhoudsdoelen te beschouwen. Het is beter om je energie niet te veel te versnipperen, maar je te concentreren op één ding tegelijk en dat te realiseren. Als je je met te veel dingen tegelijk bezighoudt, zal de kans dat je er niet in slaagt waarschijnlijk toenemen.

Werk aan slechts één of twee streefdoelen, tot die behaald zijn

> ***Hoofdpunt***
> *Hoe minder taken om je op te focussen, hoe groter de kans dat je ze goed afrondt*

Als je streefdoelen zijn bereikt, kun je er onderhoudsdoelen van maken en een ander onderhoudsdoel tot streefdoel maken.

Je taken voor radertje 2 – Hoekstenen

- Noteer de Hoekstenen die jouw droom ondersteunen.
- Geef elke Hoeksteen een meetbaar doel.
- Verdeel de doelen in streef- en onderhoudsdoelen.
- Stel nieuwe eisen voor de streefdoelen en trek er een bepaalde tijd voor uit om eraan te werken.

Radertje 3

De Commitment Check hebben we behandeld in het gedeelte over de Kernmaan. We zullen die checklist gebruiken bij het voltooien van je volgende taak. De Commitment Check moet ervoor zorgen dat je je bewust bent van wat er nodig is om de droom te verwezenlijken, en kijkt of dat reëel is en voorbereidingen treft.

Wees voorbereid

Vergeet niet dat je Chimp bij de plannen betrokken zal zijn. Probeer vooruit te denken en te achterhalen wat hem waarschijnlijk van streek zal maken. Denk met name aan de uitvluchten waarmee de Chimp kan komen om jouw vorderingen te dwarsbomen. De tijd die je besteedt aan het nadenken daarover en het opschrijven van je strategieën om ermee om te gaan, is welbesteed.

Je taken voor radertje 3 – Commitment Check

- Maak een lijst van de essentiële, belangrijke en gewenste benodigdheden om de droom na te jagen.
- Maak een lijst van alle hordes, hindernissen en valkuilen die het verwezenlijken van de droom in de weg kunnen staan en maak plannen om ze aan te pakken.

Radertje 4

Abraham Lincoln zei ooit: ‘Als je acht uur hebt om een boom om te hakken, besteed dan zes uur aan het slijpen van je bijl.’

> ***Hoofdpunt***
> *Hoe meer voorbereidingen je treft wat betreft je plan, hoe groter de kans dat het slaagt.*

Nu je je Hoekstenen hebt en precies weet waar je aan moet werken, heb je alleen nog een realistisch plan nodig om het allemaal op elkaar af te stemmen. Het plan moet haalbaar zijn binnen de tijd die jij hebt om het te verwezenlijken.

Het is aan te bevelen een stappenplan op te stellen, gebaseerd op je doelen, zodat je je vorderingen kunt meten. Definieer exact hoe je elke stap gaat meten, zodat je je vorderingen kunt zien. De stappen moeten elk een realistisch tijdschema hebben dat precies aangeeft waar je op de door jou bepaalde tijdstippen wilt zijn. Wees realistisch. Als je onrealistisch bent leidt dat onvermijdelijk tot falen en teleurstelling in jezelf, wat niet nodig is.

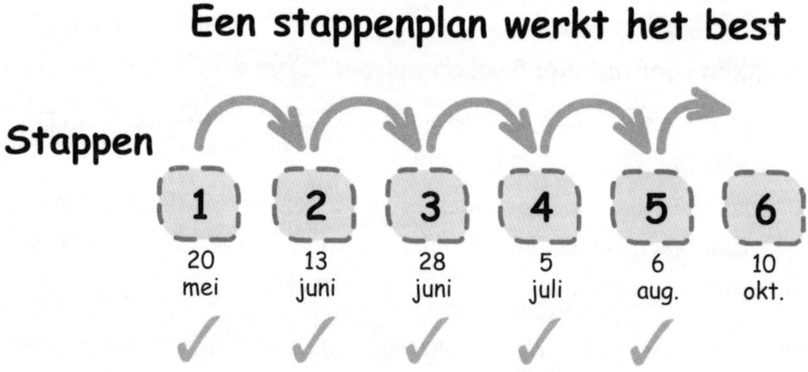

Je taken voor radertje 4 – Het plan

- Formuleer een stappenplan met meetbare doelen.
- Stel een tijdschema op voor elke stap en elk doel.
- Selecteer twee streefdoelen om mee aan de slag te gaan.

Radertje 5

Het is belangrijk om het proces aan de gang te houden door dingen te doen die je blij maken, je stimuleren en je betrokken houden. Je HOEFT niet blij te zijn, maar het helpt.

Een berg beklimmen

Je kunt je reis naar succes beschouwen als het beklimmen van een berg. Als je je droom ziet als het topje van een berg, zul je de klim moeten opdelen in realistische etappes. Je kunt nu steeds naar het volgende kamp klimmen en dat zijn dan de stappen van je plan. Je kunt een aantal dingen doen om de kans op succes te vergroten.

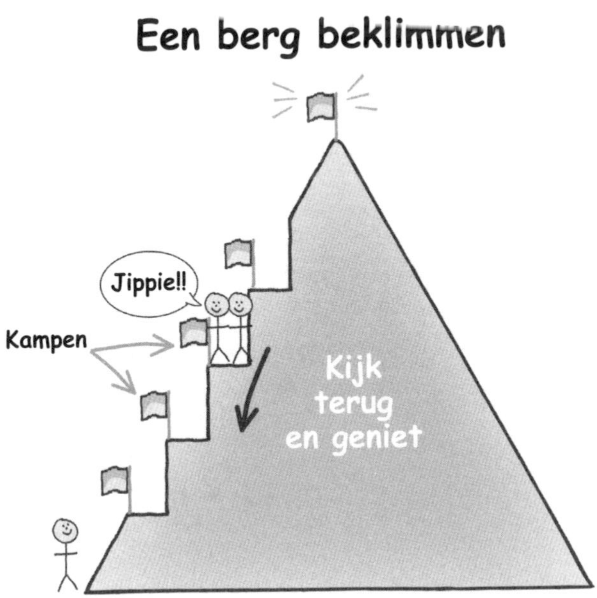

Als je een kamp (doel) bereikt, moet je dat vieren

Het is heel belangrijk om je succes te meten en jezelf te belonen als je de doelen voor elke etappe bereikt. (Dat hoeft natuurlijk niet per se met alcohol!)

Houd je succes bij met een grafiek of een ander zichtbaar verslag, zodat je je vorderingen kunt zien

Het is heel belangrijk om via een verslag je vorderingen wat betreft je streefdoelen bij te houden. Door dat verslag zichtbaar te maken door het aan de muur te hangen, help je de Chimp eraan herinneren waar je mee bezig bent. Chimps willen winnen en willen graag dingen zien. Het werkt heel motiverend om je vorderingen te kunnen zien op grafieken of tabellen op de muur of in een notitieboekje. Wil je bijvoorbeeld afvallen, dan kun je je vorderingen bijhouden in een grafiek op de deur van je koelkast.

Stimulerende geheugensteuntjes zijn ook heel bruikbaar, bijvoorbeeld een poster aan de muur of een geschreven boodschap aan jezelf. Dat kan voorkomen dat de Chimp je gijzelt.

- Zorg dat je bij het bereiken van een kamp altijd terugkijkt om te zien hoe ver je bent gekomen; probeer niet omhoog te kijken naar de top, want dat kan je ontmoedigen.
- Kijk je wel omhoog, kijk dan alleen naar het volgende kamp.
- Beklim de berg als het even kan met een vriend.
- Als dat niet mogelijk is, laat die vriend dan in elk geval weten wanneer je een kamp bereikt hebt, zodat je het succes samen met hem of haar kunt vieren.

Als je eenmaal aan iets begint, is het meestal niet zo erg als je van tevoren dacht en een kleine stap zetten kan je stimuleren om door te gaan. Stel bijvoorbeeld dat het best een troep is in je huis en dat je van plan bent om op te ruimen. Het lijkt een ontmoedigende klus en de Chimp kijkt om zich heen en ziet er als een berg tegen op. De Chimp schiet in de Verstijf-modus en weigert mee te werken, en komt met smoesjes of een simpel 'Het is me allemaal te veel', of 'Het zal me een zorg zijn'. Het is de Chimp te veel geworden.

De Mens kan nu het eerste kamp opzetten en tegen de Chimp zeggen: 'We gaan eerst een klein stukje van het huis opruimen', of misschien één kamer, of maar één tafel of een bureau. Zorg ervoor dat de taak beperkt is en haalbaar binnen een kort tijdsbestek. Je Chimp zal die graag uitvoeren, want het gaat snel en geeft direct resultaat, en Chimps houden van directe beloningen.

Ga nu niet rondkijken om te zien hoeveel er nog moet gebeuren (dat is hetzelfde als naar de top van de berg kijken), want dat zal je alleen maar ontmoedigen. Wees in plaats daarvan blij, vier het feit dat je bent begonnen en zet een volgend kamp op. Ruim het huis op in kleine stappen, en vier elke voltooide stap. Je maakt het dan wel niet helemaal af, maar je maakt in elk geval vorderingen. Bedenk dat gedeeltelijk succes beter is dan helemaal geen succes.

Studeren kan ook lijken op het beklimmen van een berg, als je kijkt naar hoeveel er nog te doen is. Dat betekent dat de kans groot is dat je Chimp je, nog voordat je een boek hebt opengeslagen of achter je computer bent gaan zitten, zal proberen tegen te houden door je af te leiden, uitvluchten te verzinnen en te klagen over vermoeidheid. De belangrijkste reden dat dit gebeurt, is simpelweg dat de Chimp naar het topje van de berg kijkt en zijn motivatie verliest door alles wat er nog vóór hem ligt. Ook hier is het een kwestie van een kleine stap zetten naar een makkelijk te bereiken kamp. In plaats van bijvoorbeeld te zeggen: 'Vanavond ga ik drie uur studeren', wat een enorme opgave is voor elke Chimp, zeg je: 'Ik ga elke dag een kwartier studeren en daarna houd ik weer op. Als ik daarna toch verder wil studeren, doe ik dat, maar als ik dat niet wil, is een kwartier altijd nog beter dan niets.' Dagelijks een kwartier is een belangrijke stap. Het is niet al te veel gevraagd en vrijwel elke Chimp zal er zonder problemen mee instemmen. Het is belangrijk dat deze korte studietijd elke avond wordt gehaald en dat je daar heel strikt in bent. Als je denkt dat een kwartier te lang is, probeer het dan met tien minuten! Schiet echter niet door naar de andere kant door er een uur per avond van te maken, want dat is te veel voor de Chimp en dat zal hij dus niet doen. En dat werkt opnieuw erg ontmoedigend. Zoals bij alle plannen en tactieken moet je erachter zien te komen wat voor jou zal werken. Dit zijn suggesties waar de meeste Chimps tevreden mee zullen zijn, maar je moet erachter zien te komen wat **jouw** Chimp zal toestaan en hoe die zal reageren op jouw plannen. Plannen moeten altijd worden besproken met je Chimp! Vergeet niet om het te vieren of jezelf op zijn minst een schouderklopje te geven wanneer je je kwartier erop hebt zitten.

Je taken voor radertje 5 – De radertjes smeren

- Plan voordat je begint een beloning voor elk bereikt doel en elke afgelegde stap en spreek met jezelf af dat je het gaat vieren.
- Leg je vorderingen op een zichtbare manier vast en hang dit op een in het oog springende plek.
- Zorg voor bruikbare geheugensteuntjes en aanmoedigingen zoals posters of notities om je Chimp op het juiste spoor te houden.
- Zoek een vriend om je reis mee te delen; ofwel door samen met jou de berg te beklimmen en even betrokken te zijn als jij, ofwel door je aan te moedigen.

Radertje 6

Het Evaluatie-radertje houdt in dat je kijkt naar de vorderingen die je maakt op weg naar je droom en controleert of je op schema ligt. Een evaluatie dient om te kijken wat wel of niet werkt. Je gaat vervolgens verder met wat werkt en verandert wat niet werkt, door uit te zoeken waarom het niet werkt. Evalueer je streefdoelen en maak er als je ze bereikt hebt onderhoudsdoelen van. Maak vervolgens andere onderhoudsdoelen tot streefdoelen om aan te werken om verder te komen.

Als je je vorderingen evalueert aan de hand van je plannen, houd je jezelf in wezen een spiegel voor en ben je eerlijk tegen jezelf. Het is een goed idee om dit samen met een vriend te doen wiens mening je respecteert en die je de waarheid vertelt, ook al is die misschien niet zo gemakkelijk te verteren.

Aan iemand anders verantwoording afleggen, vergroot je kansen op succes aanzienlijk

Neem je doelen nog eens onder de loep en kijk of het nog de juiste doelen zijn of dat ze moeten worden veranderd. Als de doelen te lastig blijken en je geluk of welzijn in de weg staan, en je weet niet hoe je dit moet oplossen, probeer dan de hulp van anderen in te roepen of je doelen te veranderen. Het is een VAARDIGHEID om te herkennen dat je op het verkeerde pad bent geraakt en daar vervolgens adequaat mee om te gaan. De evaluatie gaat in feite over positief en realistisch zijn. Zie de evaluatie niet als iets negatiefs. Ze helpt je alleen maar om te kijken of er veranderingen nodig zijn. Een van de sleutelfactoren voor een goede evaluatie is **flexibel zijn** in je denken en wat betreft je oorspronkelijke plan.

Succesvol denken

Succesvol denken is gebaseerd op flexibel denken. Succesvolle mensen denken vaak met hun Mens als ze problemen oplossen: 'Wat heb ik gedaan, of wat doe ik, dat bijdraagt aan het probleem?' Vervolgens stellen ze de vraag: 'Wat kan ik doen om mijn eigen gedragingen of overtuigingen te veranderen zodat het probleem wordt opgelost?' Nadat ze naar zichzelf hebben gekeken en naar wat ze kunnen veranderen, kijken ze naar de omstandigheden waarin het probleem is ontstaan. Ze vragen zich vervolgens af: wat kan ik doen om de omstandigheden te veranderen en zo misschien het probleem op te lossen? Nadat ze geprobeerd hebben de omstandigheden te veranderen, zullen ze ten slotte naar anderen kijken en zich afvragen: in hoeverre hebben anderen aan het probleem bijgedragen en hoe kan ik hen helpen?

Een probleem analyseren

De oorzaak van het probleem vinden

Minder succesvolle mensen hebben de neiging om het denken en het probleem oplossen aan hun Chimp over te laten. Hun denken wordt dan emotioneel en volgt het volgende patroon.

De Chimp begint bij de anderen en vraagt zichzelf af: wat doen andere mensen zodat er een probleem ontstaat en hoe kan ik ervoor zorgen dat ze weten dat ze verkeerd bezig zijn? Vervolgens denkt hij: wat mankeert er aan de omstandigheden zodat dit probleem is ontstaan en waarom is dit zo oneerlijk? Tot slot probeert hij dan het probleem op te lossen. Hij zal soms wel en soms niet stilstaan bij de mate waarin hijzelf misschien aan het probleem heeft bijgedragen. Als hij dat wel doet, wuift hij dit meestal weg door eventuele fouten van zijn kant te zien als het gevolg van het handelen van anderen of van de omstandigheden. Hij retoucheert het plaatje, zoals hierna beschreven.

Het beeld retoucheren

Een Chimp zal situaties analyseren door terug te kijken en het beeld van wat er gebeurd is te retoucheren, om zichzelf op die manier in een goed daglicht te plaatsen – als iemand vol goede bedoelingen. Hij zal ook rechtvaardigen waarom hij zich op een bepaalde manier gedragen heeft, om er zonder kleerscheuren af te komen. Dit is een bekend verschijnsel, dat de *self-serving bias* wordt genoemd.

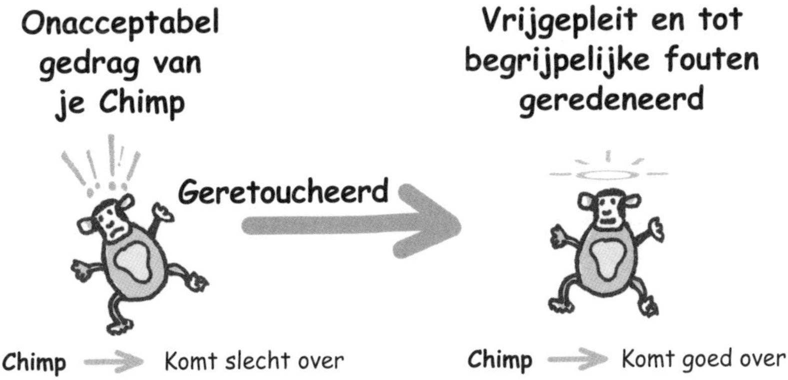

Laten we eens naar een voorbeeld hiervan kijken.

Examenresultaten

Laten we teruggaan naar je schooltijd (aangenomen dat die achter je ligt!). Je hebt examen gedaan in een vak dat jij moeilijk vond. De uitslag blijkt teleurstellend.

De Chimp begint nu anderen de schuld te geven: we hadden een slechte docent; hij heeft de leerstof niet helemaal behandeld; hij had geen overwicht; de andere leerlingen hadden een storende invloed waardoor ik niet genoeg aan leren toekwam; mijn ouders steunden me niet, en ga zo maar door. Nadat hij klaar is met het beschuldigen van anderen, gaat hij over op de omstandigheden. Het examen was moeilijker dat jaar en niemand haalde een goed cijfer; het examen leek totaal niet op vorige examens; we zijn een paar maanden voor het examen verhuisd en het was daarom onmogelijk om te studeren, enzovoort. Ten slotte ontslaat de Chimp zichzelf van alle verantwoordelijkheid. Ik moest kilometers lopen naar school en ik was daardoor de hele dag doodmoe; midden in de examenweek stierf mijn cavia; ik kreeg les op een manier die niet bij mij paste; als ik gewild had, had ik best een hoog cijfer kunnen halen, maar er waren andere dingen die ik liever deed.

Sommige van deze redenen zijn misschien geen excuus, maar een feit; toch is het hoogst onwaarschijnlijk dat we daardoor geen hoog cijfer hebben gehaald.

Laten we eens kijken hoe de Mens deze zelfde situatie zou benaderen. De Mens begint bij zichzelf en zegt iets in de trant van: 'Ik ben teleurgesteld over het resultaat, maar ik kon niet beter dan dit.' Of hij zegt: 'Het is mijn eigen fout, want ik heb niet genoeg gestudeerd en ik miste de discipline om te slagen.' De Mens kan het verder nog hebben over de omstandigheden of over anderen, maar heeft dan al de werkelijke reden gegeven voor het slechte resultaat, namelijk zichzelf.

Probeer na te gaan hoe jij teleurstellingen of tegenslagen benadert. Mensen die verantwoordelijkheid nemen en bij tegenslag eerst naar zichzelf kijken, hebben meer kans om er adequaat mee om te gaan en dingen te verbeteren. Mensen die anderen en de omstandigheden de schuld geven, verbeteren zich slechts zelden en leren meestal niet van hun fouten.

Er is nog een tweede aspect aan deze benadering waar we naar moeten kijken. Wat zou er gebeurd zijn als we het wel heel goed gedaan hadden bij het examen en onszelf verrast hadden? De Chimp zou daar alle eer voor opstrijken en de gedachtegang omdraaien. De Chimp zou nu ineens 'ik' op de eerste plaats zetten, en daarna de omstandigheden en ten slotte de anderen. En vaak komt de Chimp niet eens verder dan 'ik'! De Mens draait de gedachtegang ook vaak om, maar erkent de rol van anderen en de omstandigheden bij zijn succes, en is daarna gepast bescheiden over zijn eigen prestatie.

De manier waarop we omgaan met succes en mislukking of tegenslagen en teleurstellingen in ons leven, wordt een gewoonte. Het kan ofwel een Boeman of een Automatische Piloot worden. Kijk naar de manier waarop jij denkt en overweeg of het misschien goed is om die te veranderen.

Fundamentele attributiefout

Ten slotte nog een laatste punt van overweging. Als iemand anders dat examen had gedaan en het er slecht van had afgebracht, zou onze Chimp diegene daar direct verantwoordelijk voor stellen. Het is dan ineens een heel ander verhaal dan wanneer we zelf falen. De gedachtegang van de Chimp is als volgt: 'als ik iets verkeerd doe of een fout maak, is daar een goede reden voor. Mensen moeten dat begrijpen, want mij treft eigenlijk geen blaam. Terwijl als anderen datzelfde verkeerd doen of dezelfde fout maken, de Chimp denkt: het is hun fout en dus moeten ze de consequenties aanvaarden. Onze Chimp pleit ons dus vrij als we in de fout gaan, maar geeft anderen wel de schuld als ze precies hetzelfde doen als wij.

De fundamentele attributiefout is aangeleerd gedrag, dus kan er weer een Boeman worden opgespoord in de Computer van heel veel mensen. Als je deze Boeman herkent, moet je die verwijderen en vervangen door een Automatische Piloot die niet bevooroordeeld is jegens jou of anderen.

Kort samengevat retoucheren we het plaatje als we terugkijken op gebeurtenissen om ervoor te zorgen dat ze ons in een gunstig daglicht stellen. We doen dat meestal door alleen te horen wat we willen horen en alleen te zien wat we willen zien en ons alleen te herinneren wat we ons willen herinneren. Onze herinnering aan gebeurtenissen wordt opnieuw ingekleurd en doet zelden recht aan de hele waarheid. Als we een verhaal vertellen, zullen we dat vaak net zo lang oppoetsen tot het 'klopt'! Het effect dat dit heeft op anderen en op onze relatie met hen is heel groot. Het plaatje bijstellen vermindert meestal onze mogelijkheid tot leren en daarmee ook de kansen op succes.

Doe het licht aan en stap naar de rechter

Soms hebben we wat licht nodig om te zien wat er gebeurt. Wanneer je wilt vaststellen of je effectief bezig bent, kun je een vel papier pakken en doen alsof je voor de rechter staat en licht op de situatie moet werpen. Noteer alle bewijzen (geen gevoelens of vermoedens, alleen FEITEN) voor en tegen je huidige gedrag en de reden daarvan. Het kan een heel interessante manier zijn om achter de waarheid te komen! Deze oefening is op veel gebieden nuttig, niet alleen op het gebied van succes en evaluatie. Het kan helaas wel zo zijn dat de rechtbank je schuldig acht en dat vergt verandering!

Je taken voor radertje 6 – Evaluatie

- Zoek iemand aan wie je verantwoording kunt afleggen.
- Controleer regelmatig of je doelen realistisch zijn en wees flexibel als je ze moet aanpassen.
- Controleer of je de manier van denken van de Mens gebruikt, en niet die van de Chimp.
- Zorg ervoor dat het de Mens is die het probleem oplost.
- Retoucheer het plaatje niet en houd jezelf niet voor de gek.
- Doe het licht aan en stap naar de rechter!

Radertje 7

Tijdens je reis van het verwezenlijken van je droom zul je onvermijdelijk dingen tegenkomen die goed gaan en dingen die minder goed gaan. Voor een optimale voortgang is het nuttig dat je plannen hebt om met uiteenlopende resultaten om te gaan. We zullen naar drie verschillende soorten uitkomsten kijken, en hoe je daarmee om kunt gaan of er anders tegenaan kunt kijken. De drie resultaten zijn succes, gedeeltelijk succes en falen.

Succes

Dat is natuurlijk fantastisch en precies wat we willen, maar er zijn wat valkuilen waarvoor we op onze hoede moeten zijn nadat we ergens succes in hebben gehad.

Het eerste gevaar is **zelfgenoegzaamheid**. Zodra we iets hebben bereikt, heeft de Chimp de neiging om snel te vergeten wat we voor dat succes hebben moeten doen. Mensen die ergens succesvol in waren slagen er daarom vaak niet in om dat succes te continueren, omdat ze niet in staat zijn om door te gaan met wat ze deden om dat succes überhaupt mogelijk te maken. Je moet altijd waakzaam zijn voor tekenen van zelfgenoegzaamheid. Zelfgenoegzaamheid kan zich ook voordoen als we te veel geloof in ons eigen kunnen krijgen en denken dat we echt geweldig zijn. Succes wordt vooral bereikt door hard werken en er zijn maar weinig sluiproutes, áls die er al zijn.

Succes kan ook tot **angst** leiden: angst dat je niet in staat bent te herhalen wat je hebt bereikt en angst dat er iets mis zal gaan. Je focussen op deze angst zal niet helpen, maar focussen op wat je moet doen wel! 'Je Chimp managen' is hier de boodschap. Het is echt van groot belang om elke situatie afzonderlijk te bekijken en te beseffen dat je bij een volgende situatie weer blanco begint. Laat je Chimp ophouden met prestaties uit het verleden te vergelijken met toekomstige resultaten, want dat leidt tot verwachtingen die angst oproepen. Je kunt in elke nieuwe situatie niet meer dan je best doen en naar je beste vermogen handelen. Het resultaat is vervolgens wat het is.

Een probleem waar mensen na succes vaak mee kampen, is dat ze in een **emotionele dip** terechtkomen of **zich depressief voelen**. Er is zoveel tijd en energie in het bereiken van het doel gestopt, dat er daarna iets van een anticlimax optreedt, wat gepaard gaat met een verlies van focus en routine. Dit komt veel voor en betekent in wezen niet meer dan dat jouw geest even een time-out wil. De reactie op succes verschilt per persoon. Als jij een emotionele dip ervaart, stel jezelf dan gerust met de gedachte dat dit normaal is. Door jezelf een time-out toe te staan, help je jezelf er meestal weer snel overheen. Het is daarom belangrijk om plannen te maken voor het omgaan met succes en te vieren wat je hebt bereikt. Zorg dat je een routine of een plan klaar hebt voor als iets waar je heel lang aan gewerkt hebt, tot een eind komt. Een nieuw doel stellen of een beloning plannen om je Chimp tevreden te stellen, werkt vaak heel goed. Negeer op dat soort momenten nooit de behoeften van je Chimp.

Gedeeltelijk succes

De Chimp in ons denkt altijd in termen van zwart en wit. Kinderen hebben die neiging ook vaak. De Mens in jou, en de meeste volwassenen, zien meestal meer grijstinten. Succes kan ook op deze manier worden bezien. Als je niet in alle opzichten succesvol bent geweest, maar je hebt toch deels goede resultaten bereikt, is het de moeite waard om gedeeltelijk succes te vieren. Streven naar gedeeltelijk succes is meestal geen goede zaak, want je Chimp zal dan waarschijnlijk onverschillig worden en je drive kan dan helemaal verdwijnen. Als het resultaat echter eenmaal daar is, is het goed om te zoeken naar lichtpuntjes, hoe gering ook. Het is een keuze die je hebt. Het alternatief is om iets als een mislukking te zien en vervolgens de emotionele consequenties daarvan te aanvaarden.

Falen (of tegenslag)

Probeer falen of tegenslag als een uitdaging te zien. Het kan een kans zijn om jezelf en je probleemoplossende vaardigheden te ontwikkelen. Als we ergens in falen, heeft dat gevolgen voor onze eigenwaarde en onze eigendunk. De Chimp ziet het als een ramp en kan het niet meer in perspectief zien. De Chimp ziet falen vaak als bewijs dat hij een waardeloos en nutteloos wezen is, dat iedereen daar nu de bewijzen van ziet, en dat dit op geen enkele manier valt te herstellen. De Mens daarentegen ziet falen als iets relatiefs, accepteert dat we soms niet winnen of het verkeerd aanpakken, en ziet falen als iets waar je wat van kunt leren. De Mens accepteert het resultaat en gaat ermee aan de slag. In iemands geest kan falen dus op twee heel verschillende manieren worden opgevat. Hoe ga je daarmee om en hoe komt het dat sommige mensen dit conflict helemaal niet ervaren?

Het antwoord daarop heeft over het algemeen te maken met het accent dat je legt op falen en wat falen voor jou betekent of impliceert. Het is altijd goed om daarover na te denken.

> ***Hoofdpunt***
> *Alles in het leven is slechts zo belangrijk als jij wilt dat het is.*

Een voorbeeld kan helpen om het verschil in Chimp- en Mens-reactie te illustreren. Veel mensen proberen al op vrij jonge leeftijd hun rijbewijs te halen. Als je vervolgens zakt voor het rijexamen, kan dat behoorlijk rampzalig uitwerken. De eerste keer slagen is op die leeftijd namelijk van levensbelang en wordt verward met ideeën over zelfrespect. Vraag je echter wat oudere mensen naar hun ervaringen met hun eerste rijexamen, dan lachen ze vaak om mislukte pogingen, want zij zien de eerste keer zakken als onbelangrijk. Het was hoogstens wat vervelend, maar het had niets te maken met zelfrespect, en waarschijnlijk zelfs niets met hoe goed ze uiteindelijk zouden gaan rijden!

Helaas kan het **tijd kosten** om dingen beter in perspectief te leren zien, hoewel dat proces versneld kan worden als je er de **tijd voor neemt** om gebeurtenissen in perspectief te zien. Probeer dit door te kijken naar wat je kunt leren van mislukkingen of teleurstellingen en ze niet al te serieus te nemen. Waarom kost het krijgen van een breder perspectief eigenlijk tijd? Je Mens kan behoorlijk snel over een mislukking heen stappen, maar de Chimp in jou zit niet zo in elkaar en daar zul je mee moeten leven. De Chimp heeft een duidelijk herkenbaar patroon van omgaan met mislukking en verlies, en dit patroon zie je bij vrijwel alle mensen terug. De gebruikelijke term hiervoor is rouwverwerking. Meestal associëren we de term 'rouwverwerking' met de dood van een naaste. Deze reactie kan zich echter voordoen bij elke vorm van verlies of vermeend falen. Het is de manier waarop de Chimp omgaat met iets wat hem emotioneel raakt en hij moeilijk kan accepteren. Elke vorm van slecht nieuws kan daarom leiden tot rouwverwerking. Deze reactie kent een aantal vaste fases en je Chimp zal die hoogstwaarschijnlijk allemaal, of in elk geval de meeste ervan, doorlopen als hij met falen te maken krijgt. Realiseer je dus dat het normaal is dat falen een reactie bij je oproept en dat je je Chimp erdoorheen kunt loodsen. Het heeft weinig zin je tegen die reactie te verzetten; je kunt beter proberen ermee om te gaan.

Normale rouwverwerking van de Chimp

Hieronder staan, enigszins gesimplificeerd, de typische fases die zich voordoen. Meestal, maar niet altijd, doen ze zich voor in deze volgorde:

- Ontkenning: niet accepteren dat het voorval heeft plaatsgevonden.
- Hunkering: verlangen dat het voorval niet heeft plaatsgevonden en willen terugkeren naar de situatie ervoor.
- Onderhandelen: proberen de uitkomst van het voorval te veranderen. Dat begint vaak met 'Had ik nu maar' of 'Als ik nu eens dit doe' (de Chimp wil voortdurend terug in de tijd en dingen veranderen, terwijl de Mens accepteert dat je het gebeurde niet kunt veranderen).
- Woede: gaat vaak gepaard met frustratie en schuldgevoel en er wordt gezocht naar een verklaring om het voorval minder pijnlijk te maken.
- Ontregeling: de waarheid is nu geaccepteerd en verwerkt en dat leidt tot depressieve gevoelens, die gepaard gaan met een heleboel onplezierige emoties en een gevoel van leegte. Dit is echte rouw.
- Herpakken: je begint te accepteren wat er gebeurd is, of je leert er op zijn minst mee leven en maakt plannen om de draad weer op te pakken.

Voor het mislukken van een relatie gelden dezelfde fases. Het is belangrijk je Chimp deze fases te laten doorlopen, want anders kun je vastlopen en kan de rouwverwerking langer duren dan normaal. **Iedereen is anders**, maar het kost meestal drie maanden om de acute fase te doorlopen, en tot wel een jaar om weer normaal te functioneren. En mogelijk nog langer, afhankelijk van hoe ernstig de gebeurtenis was en hoe belangrijk die voor jou was. Het is onredelijk om van jezelf te verwachten dat je niet emotioneel reageert op falen. Het helpt als je je beter bewust bent van hoe je zou kunnen reageren en hoe je met die reactie om kunt gaan. Hopelijk kun je elk falen uiteindelijk in perspectief zien en kun je verder op basis van wat je van de tegenslag hebt geleerd. Falen hoort bij het leven en erop reageren is al even normaal en acceptabel.

Je taken voor radertje 7 – Resultaten

- Zie het relatieve van succes en vier als het even kan gedeeltelijk succes.
- Ga constructief om met mislukkingen of tegenslagen en zie ze als leermomenten om jezelf verder te ontwikkelen.
- Probeer het vermogen te ontwikkelen om alle gebeurtenissen in je leven in breder perspectief te zien.
- Als je Chimp rouwt, laat hem dat dan uiten. Het is volkomen redelijk om te rouwen.

Samenvatting hoofdpunten

- Er is een verschil tussen een droom en een doel.
- Om succesvol te zijn, heb je planning en structuur nodig.
- Het smeren van de radertjes zal de kans op succes enorm vergroten.
- Regelmatige evaluatie houdt je op het juiste spoor.
- Het accepteren van de resultaten maakt deel uit van je plan.

Aanbevolen oefening
Dit hoofdstuk toepassen

De droom verwezenlijken

Definieer je droom en trek tijd uit om een goed onderbouwd plan uit te werken, zoals in dit hoofdstuk is uiteengezet. Het beste is om dit samen met een vriend te doen. Ga stap voor stap te werk door de oefeningen voor elk radertje te doen. Ben je eenmaal begonnen met de toepassing van je plan, blijf jezelf dan voorhouden waarom je wilt dat de droom wordt verwezenlijkt en wat het voor jou betekent als dat lukt.

Hoofdstuk 16

De Planeet van het Geluk

Hoe word je gelukkig?

Geluk

- Wat bedoelen we met geluk?
- Drie gemoedstoestanden
- Gelukkig worden
- De geluksbenadering
- Geluksbevorderaars

Geluk is een keuze. Altijd gelukkig zijn is niet realistisch; weerstand en tegenslag zullen er altijd zijn. Het is heel natuurlijk om ups en downs te hebben, maar je kunt weer gelukkig worden **door eraan te werken**.

Wat bedoelen we met geluk?

Bepaal wat geluk voor jou betekent, want dat is voor iedereen anders. Je eerste taak is dus de tijd nemen om te bepalen wat jou gelukkig maakt. Als je gespannen bent, komen er in het brein andere chemische stofjes vrij dan wanneer je ontspannen of gelukkig bent. De weg naar geluk vinden, gaat waarschijnlijk het makkelijkst door eerst drie verschillende gemoedstoestanden te definiëren.

Drie gemoedstoestanden voor de Mens en de Chimp

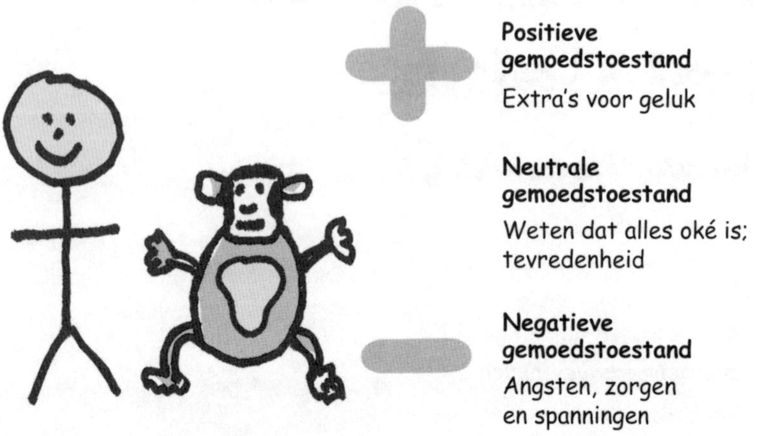

De negatieve gemoedstoestand wegnemen

Zaken die jou een negatieve gemoedstoestand bezorgen, zijn angsten, zorgen en spanningen. Dat komt doordat je vier functionele planetenstelsels (De Verdeelde Planeet, de Planeet van de Anderen, de Planeet Verbinding en de Planeet van de Echte Wereld) niet soepel functioneren. Het betekent dat je de fundamentele behoeften van de Chimp en de Mens niet vervult, waardoor ze zich niet relaxed en tevreden voelen. Om uit deze negatieve toestand te komen, moet je dus zorgen dat alle vier de functionele planetenstelsels goed draaien. Natuurlijk loopt nooit alles helemaal op rolletjes, maar het gaat erom dat je het disfunctioneren tot een minimum beperkt en binnen de perken houdt, zodat je verder kunt en je energie kunt gebruiken om je leven kwaliteit te geven.

Uit de negatieve gemoedstoestand blijven, is als het jongleren met borden: de planeten vergen constante aandacht

Hier volgen wat voorbeelden van zaken uit de eerste vier stelsels die aangepakt moeten worden:

- Erken, kalmeer en manage je Chimp.
- Wees je bewust van de noodzaak om voor je Mens te zorgen en die te stimuleren.
- Zorg voor een goed functionerende Computer met Automatische Piloten, zonder Boemannen, met in bedwang gehouden Kwelgeesten en een goed doordachte Steen des Levens.
- Manage anderen in jouw wereld.
- Zorg voor een goed functionerende groep.
- Communiceer effectief.
- Creëer een vriendelijke jungle voor je Chimp.
- Houd oog voor de Echte Wereld.
- Zorg ervoor dat je om weet te gaan met plotselinge en chronische stress.

Verzeker je ervan dat je tegemoetkomt aan de normale fysieke en emotionele driften en behoeften van je Chimp en Mens. Hier volgen enkele voorbeelden van wat de Chimp nodig heeft:

- Groep
- Seks

- Voedsel
- Macht
- Ego
- Territorium
- Veiligheid
- Nieuwsgierigheid

De Mens deelt veel van deze basisbehoeften van de Chimp, maar heeft ook behoefte aan dingen als:

- Een rol of doel in het leven
- Zielsverwanten
- Intellectuele stimulering

We raken allemaal van tijd tot tijd in een negatieve gemoedstoestand, en dat is ook normaal. Het geheim is om die zo snel mogelijk aan te pakken en te beseffen dat het niet normaal is om in deze negatieve toestand te blijven.

De neutrale gemoedstoestand

Dit is de toestand waarbij de eerste vier planeten naar behoren functioneren en jij tevreden bent, maar dat hoeft nog niet te betekenen dat je ook gelukkig bent. Voor sommigen staat ‘tevreden zijn’ gelijk aan ‘gelukkig zijn’, maar voor de meesten van ons betekent geluk toch wel iets meer.

De positieve gemoedstoestand

De positieve gemoedstoestand ontstaat wanneer je positieve zaken en kwaliteit *toevoegt* aan je leven en niet slechts basale behoeften nastreeft. Dat bezorgt je een goed gevoel en je leven voelt rijk, productief en bevredigend. Voor de meeste mensen is dat ‘geluk’.

Voorbeelden van Chimp-toevoegingen

- Lol
- Nieuwe ervaringen
- Plezierige activiteiten
- Gezelligheid
- Traktaties
- Beloningen
- Geestelijk gestimuleerd worden

Voorbeelden van Mens-toevoegingen

- Lachen
- Bevredigende activiteiten
- Prestaties
- Altruïstisch gedrag
- Plannen voor de toekomst
- Vertier
- Herinneringen aan goede dingen die je bezit of hebt bereikt

Gelukkig worden

Om gelukkig te worden en in de positieve gemoedstoestand terecht te komen **moet je extra's aan je leven toevoegen en er kwaliteit aan geven**. Als je die zaken op een rijtje hebt, heb je de grootste kans om gelukkig te worden. Kijk dus nog eens naar voorgaande lijstjes met voorbeelden van extra's voor je Chimp en je Mens. Kies er daar een aantal van uit en voeg er je eigen ideeën aan toe. Ga dan actief aan de slag om te proberen ze te realiseren. Geluk heeft een prijs, want het kost meestal inspanning.

We kunnen geluk zien in termen van 'hebben' en 'zijn' en deze twee aspecten maken op simpele wijze het verschil duidelijk tussen 'wat je hebt' en 'wat je bent'.

'Hebben'

Het materiële aspect van 'hebben' gaat over prestaties en bezittingen, terwijl de emotionele, fysieke en intellectuele aspecten van 'hebben' minder tastbaar zijn. Het emotionele aspect kan bijvoorbeeld de behoefte zijn dat anderen van je houden of dat je respect krijgt van anderen. Het fysieke aspect van 'hebben' houdt niet alleen een goede gezondheid in, maar ook gevoelens van welbevinden. Intellectuele aspecten kunnen dingen zijn als een bevredigend leven dat je brein stimuleert om na te denken en op een prettige manier uitdagingen aan te gaan.

De 'hebben'-lijst

- Prestaties
- Bezittingen
- Emotioneel
- Fysiek
- Intellectueel

Er zit veel overlap tussen 'basisdingen' om te overleven en 'toevoegingen' voor kwaliteit. De Mens en de Chimp hebben veel dezelfde dingen op hun lijstjes staan. Waar het hier om gaat, is dat je tijd uittrekt om erachter te komen wat **je nodig hebt** om jezelf gelukkig te maken en **het daarna ook te verwezenlijken**.

Een potentieel probleem wat betreft prestaties

Prestaties zijn belangrijk voor de Mens. We willen graag weten dat we iets constructiefs hebben gedaan of iets hebben bereikt waar we trots op kunnen zijn. Maar er kan een probleem kleven aan prestaties.
Zodra we ons vizier richten op het bereiken van iets, een promotie bijvoorbeeld, denken we dat als we daarin geslaagd zijn we trots zullen zijn en dat ook zullen blijven. Helaas komt het heel vaak voor dat als we erin geslaagd zijn promotie te krijgen, we onze prestatie wegwuiven in plaats van die te vieren, om vervolgens weer iets anders te zoeken om te bereiken.

Ik heb dat gezien in de topsport, als sporters proberen een wereldrecord te vestigen. Zodra ze daar dan in geslaagd zijn, wuiven ze dat vaak weer snel weg, bijvoorbeeld met de woorden: 'Ja, maar het is helemaal geen goed wereldrecord, het is een zwak wereldrecord!'

Het probleem is dat onze Chimps nooit tevreden zijn en dat ze, wat we ook bereiken of doen, dat regelmatig afdoen als minnetjes of waardeloos. We moeten bij prestaties dus op onze hoede zijn voor een Chimp die onze inspanningen en prestaties bagatelliseert. Als je iets hebt bereikt, hoe gering dat volgens de Chimp ook is, vier dat dan en geef jezelf een schouderklopje. Dat leidt veel eerder tot een gelukkige gemoedstoestand dan wanneer je toelaat dat de Chimp je prestatie bagatelliseert.

Een potentieel probleem met bezittingen

Bezittingen hebben veel weg van prestaties. Er is aangetoond dat geluk dat ontleend is aan bezit van korte duur is. Sommige mensen denken dat ze, als ze de loterij winnen, voor altijd gelukkig zullen zijn. Het blijkt dat loterijwinnaars na een periode van gewenning terugkeren naar hun gebruikelijke niveau van geluk. Hetzelfde gebeurt als je iets nieuws krijgt; na een tijdje wordt de waarde ervan voor jou meestal minder. Let op dat je niet vergeet kostbare zaken te koesteren voordat ze weer verdwenen zijn.

Botsingen tussen de Mens en de Chimp als het gaat om geluk

Het is belangrijk dat je een botsing tussen de behoeften van de Mens en de Chimp kunt herkennen, met name als het gaat om emotionele, fysieke en intellectuele aspecten. Het komt vaak voor dat de behoeften en drijfveren van de Chimp en de Mens niet overeenkomen.

Sommige botsingen zijn makkelijk te hanteren. Sporten kan bijvoorbeeld heel makkelijk agressieve en territoriale Chimp-behoeften bevredigen. Dat is sociaal geaccepteerd en de Mens kan er ook van genieten. Als er geen uitlaatklep is voor agressie, kan die overgaan in zinloos geweld.

Soms moet er een compromis worden gesloten omdat de Chimp en de Mens het niet eens zijn. Er zijn bijvoorbeeld genoeg stellen wier libido niet bij elkaar past. Hopelijk zijn beide partners dan respectvol jegens elkaar, want dat eist hun Mens van hen, maar hun seksuele verlangen moet ook gestild worden. Als het probleem niet wordt aangepakt, kan het explosief blijken. Eerlijk zijn en het probleem samen aanpakken om tot een acceptabele oplossing te komen, is de beste manier om verder te komen. Het is gevaarlijk om een krachtige Chimp-drift te negeren, want als je dat doet, zal de Chimp alleen maar geïrriteerd raken en je in situaties brengen waarin je niet wilt zitten.

Geluk is gebaseerd op het begrijpen van de behoeften van je Mens en je Chimp en er aandacht aan besteden en zorgen dat ze met elkaar in overeenstemming zijn.

De juiste partner vinden

De meeste mensen willen iemand om hun leven mee te delen. Het probleem daarbij is, simplistisch gesteld, dat hun Chimp en hun Mens in een partner niet dezelfde dingen zoeken.

De Chimp zoekt alleen een bondgenoot om een territorium mee veilig te stellen, een gezin mee te stichten en de volgende generatie mee voort te brengen. Hij is zo geprogrammeerd dat hij naar de lichamelijke kenmerken van de partner kijkt en naar de emotionele eigenschappen die bij zijn agenda passen.

De Mens daarentegen wil een echte soulmate of metgezel en zoekt naar Menselijke waarden bij de partner. Helaas beginnen de meeste mensen aan een relatie vanuit ofwel hun Chimp ofwel hun Mens, maar niet vanuit beide.

Je moet je ervan verzekeren dat je gelukkig bent met de Chimp en de Mens in de andere persoon. Hoed je voor krachtige emoties van je eigen Chimp, want die kunnen op de lange duur heel grillig zijn, hoe goed ze op dat moment ook voelen. Geniet van die gevoelens, maar baseer je keuze niet alleen daarop.

Globaal kun je achterhalen hoe de Chimp en de Mens in anderen zijn. Weet je dat eenmaal, dan kan het nuttig zijn een vel papier te pakken en dat in drie kolommen te verdelen. In de eerste kolom noteer je alle goede punten van de Chimp en de Mens in die ander. In de tweede kolom zet je alle minder goede punten waar je verder niet zoveel waarde aan hecht. Let wel: ik zei 'alle minder goede punten waar je niet zoveel waarde aan hecht', en NIET 'alle minder goede punten die jij denkt bij hem of haar **te kunnen veranderen**'. Het is namelijk hoogst onwaarschijnlijk dat je dat lukt. (Hoogst onwaarschijnlijk **betekent** ook echt hoogst onwaarschijnlijk.) Met de punten in de tweede kolom moet je dus niet echt zitten. De derde kolom is voor de zaken in de Mens en Chimp van de ander die je onprettig en moeilijk te accepteren vindt.

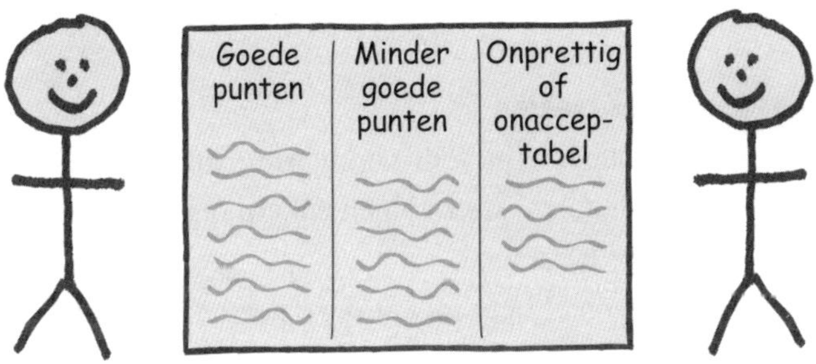

Denk nu goed na: met iemands goede punten kun je altijd wel leven. Verwijder deze kolom daarom en laat hem verder buiten beschouwing. Focus je er niet op, want het maakt je vaak blind voor de slechte punten en kan ertoe leiden dat je je verbindt aan die persoon, terwijl je dat emotioneel kan beschadigen. De tweede kolom bevat punten waarmee je goed kunt leven en die je accepteert ZOALS ZE ZIJN. Negeer die kolom dus ook. Ten slotte komen we bij de derde kolom. Als je in deze kolom iets genoteerd hebt, zeg je eigenlijk dat je niet met deze persoon kunt leven. Dat klinkt hard, maar onderzoek lijkt erop te wijzen dat als er ook maar één item in die laatste kolom staat, de kans klein is dat de relatie standhoudt.

Dat ene kenmerk kan als een druppel gif zijn. Hoe aantrekkelijk en smakelijk een maal er ook uitziet, als je er één druppeltje gif aan toevoegt, is het oneetbaar en dodelijk. Voor relaties, omgevingen en banen geldt hetzelfde. Hoed je voor de druppel gif die dat ene onoplosbare of onacceptabele verschil kan zijn. Wees niet verbaasd dat je, als je de maaltijd toch opeet, ziek wordt! En wees dus ook niet verbaasd als je emotioneel lijdt omdat er één druppeltje gif in je leven zit. Denk heel goed na voordat je een relatie aangaat; kijk niet naar de eerste twee kolommen, want die vormen geen indicatie voor een goede combinatie. Kijk naar de laatste kolom en wees eerlijk tegen jezelf. De juiste partner vinden is niet makkelijk, maar het is het waard er je best voor te doen. Zorg ervoor dat je emotioneel stabiel bent, dan ben je voor veel mensen aantrekkelijk en als je vervolgens de juiste omgeving uitkiest om iemand te ontmoeten, zal dat zijn vruchten afwerpen.

Bevredigende relaties creëren

Alle persoonlijke relaties zijn voor verbetering vatbaar en kunnen ons meer bevrediging schenken. Hier volgen enkele suggesties om te evalueren hoe jij je relaties benadert.

Vraag jezelf af of je reëel bent in wat deze persoon jou kan bieden, of hij of zij een vriend of een partner is. Het is niet reëel om te denken dat één persoon aan al jouw behoeften tegemoet kan komen en dat één vriend of partner je alles kan geven wat je wilt. De meeste relaties zijn gezonder als er ook andere vrienden en familie in beeld zijn.

Kies je vrienden niet alleen op wat jij hun kunt bieden, maar ook op wat zij jou kunnen bieden. Een ideale vriend of partner zal iemand zijn die:

- Je een goed gevoel over jezelf geeft
- Je helpt ontwikkelen als persoon
- Het beste in je naar boven haalt
- Jou boven zichzelf plaatst
- Je accepteert zoals je bent

Andersom geldt ook: jij als goede vriend zult deze dingen vanzelfsprekend ook voor die ander doen.

Alle partners kunnen ons af en toe kwetsen en in de steek laten. Daaroverheen komen en begrip tonen is de manier om de relatie goed te houden.

Als je een berouwvolle partner hebt vergeven, betekent dit dat je het incident achter je hebt gelaten. Vergeven betekent niet dat je het wangedrag opslaat en het voortaan te pas en te onpas gebruikt. In dat geval is *vergeving* niet het juiste woord. Het juiste woord voor dit soort gedrag is *kwellen*. Ofwel je vergeeft het je partner en je hebt het er niet meer over, ofwel je houdt het voor gezien en laat de betreffende persoon iemand zoeken die hem of haar niet kwelt. (Bedenk dat 'vergeven' niet 'vergeten' betekent, het betekent alleen dat je het niet als wapen gebruikt. Soms kan het echter verstandig zijn om je een voorval of bepaald gedrag wel te herinneren, met name als die persoon steeds in herhaling valt en jijzelf vindt dat het tijd is om door te gaan met je leven!)

Overdracht

Aangezien onze Chimps vaak al een partner in gedachten hebben voordat ze die ook echt hebben ontmoet, leggen ze iemand vaak op wat zij in die persoon willen zien, in plaats van te kijken wie ze voor zich hebben. Dat kan veel stress veroorzaken omdat de Chimp voortdurend probeert die persoon als de 'juiste persoon' te zien. Dat maakt breken met iemand die uiteindelijk niet geschikt blijkt, heel moeilijk.

Wat je kan helpen als je in deze positie terecht bent gekomen, is de 'overdracht'. Stel je voor dat je je partner aan een ander overdraagt en dat je volkomen eerlijk moet zijn over die partner, tekortkomingen en al. Beeld je nu in dat je de nieuwe persoon vertelt wat hij of zij van de relatie kan verwachten. Vertel hem of haar de goede punten en vervolgens de slechte punten, zonder iets achter te houden. Stel je voor dat ze je voor de rechter kunnen slepen als je liegt!

Door deze 'overdracht' kom je misschien tot het besef dat het onwaarschijnlijk is dat de nieuwe persoon jouw partner zal accepteren, en ga jij jezelf wellicht afvragen waarom jij je partner niet kunt loslaten. Ik heb deze oefening al bij veel mensen gebruikt die lijden onder een niet-werkende relatie en die heeft hun een ander perspectief verschaft.

'Zijn' gaat over wie je bent

Er zijn een aantal aspecten om te overwegen als je kijkt naar 'wie je bent' en hoe dit geluk bevordert. We kunnen ze onderbrengen in een 'zijn'-lijstje. Dat lijstje bestaat uit:

- Zelfbeeld
- Eigenwaarde
- Zelfrespect
- Zelfvertrouwen

Wil je begrijpen hoe je jezelf ziet, dan is het heel belangrijk dat je beseft dat er een onderscheid is tussen hoe je Chimp jou ziet en hoe je Mens jou ziet. Daar zit een wereld van verschil tussen. Je zult echt moeten kiezen waarmee je je wilt associëren.

Een korte herinnering aan de manier waarop de Chimp denkt, zal je helpen begrijpen waarom veel mensen een slechte relatie met zichzelf hebben! De Chimp is een kwetsbaar individu dat stevig zijn best doet om door de groep geaccepteerd te worden en probeert om indruk te maken op de groep. Dat is een permanente houding die nooit zal veranderen. De Chimp zal altijd heel kritisch zijn op zichzelf en weinig vertrouwen hebben in zijn eigen capaciteiten, om zo fouten te voorkomen en het tonen van zwakheid te vermijden. Hij zal geen enkele tekortkoming dulden of fout die hij maakt accepteren. De Chimp denkt dat anderen hem voortdurend beoordelen en al zijn fouten zien.

De manier waarop de Mens denkt, laat je het alternatieve gezichtspunt zien. De Mens realiseert zich dat, hoewel iedereen zijn eigen capaciteiten en uiterlijk heeft, elk menselijk wezen even waardevol is. De Mens beseft ook dat populair worden door te proberen om indruk te maken op anderen en ze tevreden te houden, geen goede basis is voor hoe je je leven leidt. De Mens vindt dat je niet meer dan je best kunt doen. De Mens vindt ook dat de waarden die er in het leven toe doen, niet afhangen van uiterlijk, prestaties of bezittingen, maar gebaseerd zijn op eigenschappen als eerlijkheid, integriteit, vriendelijkheid en inschikkelijkheid.

Als het gaat om een oordeel over jezelf, zullen jij en je Chimp dan ook met heel verschillende conclusies komen, want jullie hanteren heel verschillende meetcriteria en waarden. Voordat je naar jezelf gaat kijken, is het van cruciaal belang ervoor te zorgen dat je een Steen des Levens hebt met de waarden waarnaar jij echt wilt worden beoordeeld. Daarna kun je jezelf en anderen op basis van die waarden afmeten, **zonder toe te laten dat je Chimp jou gijzelt**. Als je bijvoorbeeld opgewekt, vriendelijk en eerlijk hoog op je lijstje hebt staan, beoordeel jezelf dan volgens deze Menselijke maatstaven.

De waarden en overtuigingen die als referentie dienen voor jouw handelen

Zelfbeeld

Dit is de manier waarop je naar je persoonlijkheid en aanwezigheid kijkt.

De Mens zal met een uitgebalanceerde mening komen en zowel de aantrekkelijke als de minder aantrekkelijke kanten van zichzelf zien. Hij doet dit door te kijken naar Menselijke waarden als compassie, eerlijkheid en altruïsme om een oordeel te vellen over wie jij bent.

De Chimp zal naar je uiterlijke verschijning en je prestaties kijken om te definiëren wie jij bent. Wees je ervan bewust dat de Chimp heel snel

van mening kan veranderen en heel subjectief is. De ene minuut denkt hij dat je de meest fantastische persoon bent die er is en dat je er fantastisch uitziet, en het volgende moment vindt hij je het meest afschuwelijke wezen dat op deze planeet rondloopt.
Je tevredenheid over je zelfbeeld zal niet erg stabiel zijn als je die laat afhangen van de dingen die de Chimp belangrijk vindt, en de kans is groot dat je regelmatig in emotionele verwarring verkeert. Een oprecht zelfbeeld is gebaseerd op de mate waarin jij naar je eigen waarden leeft. Dus hoe jij tot je zelfbeeld komt, is afhankelijk van een keuze tussen de waarden van de Chimp en die van de Mens.

Dit is een keuze en hoe jij kiest, zal uiteindelijk je geluk bepalen. STOP ***hier en kijk of je alle uitleg over het zelfbeeld hebt begrepen en maak dan je keuze.***

Eigenwaarde

Dit is de waarde die jij jezelf als persoon toekent. Het is duidelijk dat ook in dit geval de Mens en de Chimp verschillende criteria hebben. Het is aan jou om te bepalen hoe je je eigen waarde wilt zien. Kies je er bijvoorbeeld voor om je waarde af te meten aan een gelukkig mens zijn, die anderen veel plezier verschaft door aardig te zijn en te glimlachen, dan kun je jezelf zien als een zeer waardevol lid van de samenleving. Je geluksniveau zal navenant toenemen omdat zelfs de Chimp dit fijn zal vinden.
Laat je je eigenwaarde echter afhangen van hoe slim je bent en wat voor baan je hebt, dan bestaat de kans dat die elke dag weer anders is omdat de Chimp steeds van mening verandert.

Kies voor het oordeel van je Chimp of van je Mens.

Zelfrespect

Dit is hoe jij jezelf vergelijkt met anderen. Ook hier is het weer hetzelfde liedje: je gebruikt ofwel de criteria van de Chimp ofwel die van de Mens om te beslissen hoe jij uit de vergelijking komt.

De Mens zal zeggen dat iedereen evenveel waarde heeft en dat we weliswaar verschillende vaardigheden en capaciteiten bezitten, maar dat we als mens uiteindelijk toch allemaal gelijk zijn.
De Chimp zal zeggen dat iedereen op een ander niveau zit en dat sommige mensen beter zijn dan anderen, met macht, uiterlijk en bezittingen als heel belangrijke factoren. Onderzoek lijkt aan te tonen dat de manier waarop je jezelf met anderen vergelijkt, veel impact heeft op je geluksniveau. Wil je jezelf met anderen vergelijken, doe dat dan aan de hand van Menselijke criteria en niet van de Chimp.

Zelfvertrouwen

Dit gaat over wat jij denkt te kunnen. Dit neemt zo'n belangrijke plaats in ons leven in dat het een eigen stabiliserende Maan van de Planeet van het Geluk heeft. In het hoofdstuk over de 'Maan van het Zelfvertrouwen' zullen we hier dieper op ingaan.

Als je kijkt naar alle manieren waarop je jezelf kunt beoordelen, is er één constante: je kunt ofwel met de Chimp en zijn waardestelsel werken, ofwel met de Mens en zijn waardestelsel. De resultaten zullen heel verschillend zijn en ook leiden tot verschillende geluksniveaus. Geluk wordt dus enorm beïnvloed door jouw eigen overtuigingen en waarden. Om die goed op een rijtje te krijgen, moeten we terug naar de Steen des Levens. ***Het is heel belangrijk om te weten wat jouw absolute waarden met betrekking tot het leven en andere mensen zijn, VOORDAT je probeert erachter te komen wie je bent.*** Heb je dat eenmaal op orde, dan zul je meer op je gemak zijn met jezelf en zal je geluksniveau waarschijnlijk drastisch toenemen.

De geluksbenadering

Om de kans op gelukkig zijn zo groot mogelijk te maken, moet je het leven, en jezelf, op de juiste manier benaderen.
Sommige mensen benaderen het leven van nature op een positieve, optimistische manier. Ze neigen er altijd toe het beste in elke situatie

te zien. Ze doen hun best en als het niet goed uitpakt, kunnen ze daar even om treuren, maar daarna pakken ze de draad weer op. Deze benadering kan worden aangeleerd en ontwikkeld. Het is een instelling. Het hangt ook af van wat jij als normaal voor jezelf ziet. Als jij denkt dat geluk niet normaal is voor jou, dan wordt dat een selffulfilling prophecy en wordt geluk ongrijpbaar. Gelukkige mensen lijken het leven vaak op bepaalde manieren te benaderen. Hieronder volgen er een aantal die je misschien zelf ook kunt gebruiken.

- Een realistische, maar positieve benadering van het leven kun je aanleren. Steeds als er een situatie ontstaat waarbij de dingen niet volgens plan verlopen, moet je proberen de gewoonte te ontwikkelen naar oplossingen te zoeken in plaats van in problemen te blijven hangen. Het is nuttig om deze Automatische Piloot in je Computer in te voeren.
- De gedachten in je hoofd en de manier waarop je het leven benadert, zijn jouw keuze. Jij kunt bepalen in hoeverre een situatie jou dwarszit. Denk hierover na. Het is aan jou om te bepalen wat in je leven belangrijk is en wat niet. Als je niet wilt dat iets belangrijk is, hoeft het dat ook niet te zijn.
- Vraag jezelf af hoe lang je wilt piekeren en wilt blijven stilstaan bij een onplezierig voorval dat achter de rug is en hoe lang je in die gemoedstoestand wilt blijven. Vraag jezelf ook af wat dat piekeren eigenlijk oplevert.
- Een benadering van het leven die je gegarandeerd helpt gelukkiger te zijn, is om als het even kan te leren lachen om jezelf en je gevoel voor humor te behouden. Ook dit is weer een Automatische Piloot in de Computer van gelukkige mensen; het is aangeleerd gedrag. Jezelf te serieus nemen, kan afbreuk doen aan je geluk.
- Wees altijd proactief in je leven, met name bij relaties. Probeer niet reactief om te gaan met de stemmingen of wensen van de ander. Beslis wat je wilt en onderhandel daar dan over, maar laat jezelf geen passief slachtoffer worden.

- Probeer de oorzaak van een situatie aan te pakken, niet het symptoom. Soms is het al voldoende om je hart te luchten (je Chimp even veilig laten schreeuwen). Alleen maar schreeuwen zal het probleem dat de symptomen veroorzaakte echter niet oplossen. Op de lange duur is het veel handiger om het probleem ook echt op te lossen. Gelukkige mensen zullen de oorzaak vinden en aanpakken!

De gelukslijst

Ik ben nog steeds verbaasd als mensen me vertellen dat ze ongelukkig zijn en niets kunnen verzinnen wat hen gelukkig zou kunnen maken. Zoveel tijd kost het niet om wat simpele dingen te verzinnen die het geluk in je leven kunnen vergroten. Een van de voor de hand liggende dingen om je kansen op geluk te vergroten, is precies weten wat jou gelukkig maakt en er vervolgens voor zorgen dat dit ook gebeurt. Als je niet goed in staat bent om voor jezelf en je eigen geluk te zorgen, stel dan een gelukslijstje op. Deze lijst kan als referentie dienen en je kunt er dingen op zetten om je op te verheugen. Het gelukslijstje kent twee vormen:

- De 'instant-geluk-lijst'
- De 'uitgesteld-geluk-lijst'

Op mijn lijstje met instant-geluk kunnen bijvoorbeeld dingen staan als een kop koffie; een vriend bellen; de hond uitlaten; plannen maken voor de toekomst; mijn zegeningen tellen; even mijn gemak ervan nemen en diep ademhalen! Dat zijn dingen die je zo'n beetje op elk willekeurig moment kunt doen. Zelfs even onderuitzakken en aan leuke dingen denken kan me gelukkiger maken. Dit betekent dat ik op elk willekeurig moment een poging kan doen om mijn stemming te verbeteren en vaak is er ook niet meer voor nodig, niet meer dan een kleine inspanning. Probeer nu tien dingen op te noemen waar jij controle over hebt en die jou gelukkiger kunnen maken. Vraag jezelf vervolgens af of je die recent hebt gedaan.

Je lijst met uitgesteld geluk kan zaken bevatten als een avond met vrienden; uit eten gaan; vakanties; sporten enzovoort.

Je moet er de tijd voor nemen om deze zaken op een rijtje te zetten, zodat je iets hebt om naar uit te kijken. Jij zult jezelf misschien prima voelen, maar je Chimp zal altijd iets eisen om naar uit te kijken, dus zorg voor hem door hem op de hoogte te stellen van toekomstige gebeurtenissen. Toekomstige gebeurtenissen om je op te verheugen, zullen je Chimp helpen zich door de minder gelukkige momenten heen te slaan. Gelukkige mensen hebben meestal dingen om naar uit te kijken. Ze zorgen er ook voor dat aan deze gelukkige momenten niet valt te tornen. Die gaan hoe dan ook plaatsvinden.

Houd deze lijstjes bij de hand zodat je ze kunt raadplegen en aan de hand daarvan in een gelukkiger gemoedstoestand terecht kunt komen. Probeer de lijstjes niet te laten botsen met je waarden. Hecht je bijvoorbeeld veel waarde aan gezond en actief zijn, dan kun je beter 'een wandeling maken' of 'een gezonde maaltijd eten' op je lijstje zetten dan 'een hele reep chocola opeten'.

Evaluatie van geluk en de virtuele tweeling

Je geluk monitoren is een heel nuttige exercitie. Houd een dagboek bij en noteer de dingen die je gelukkig maken en ook de dingen die je geluk in de weg staan. Als je serieus een dagboek voor alleen dit doel bijhoudt, zal dat inzicht geven in hoe je jezelf kunt verbeteren en hoe je beter voor jezelf kunt zorgen.

Een gedegen manier om jezelf eerlijk en open advies te geven, is het opvoeren van een virtuele tweeling.

Stel je voor dat je een helft van een identieke tweeling bent. Je broer of zus is je beste vriend(in) en houdt van je en steunt je. Geef de andere helft van de tweeling een naam. Stel jezelf vervolgens voor dat jij die helft van de tweeling bent. Je hebt bijvoorbeeld je tweelingbroer Sam genoemd. Jij wordt nu Sam. In je rol als Sam geef je jezelf advies en kom je met een aantal Levenswaarheden over wat je wel of niet zou moeten doen in bepaalde situaties, in je leven en met je problemen.
Ik heb deze techniek gebruikt bij talloze mensen, met allerlei uiteenlopende problemen. Als ze zich voorstellen dat ze de andere helft van de tweeling zijn, geven ze zichzelf vaak verbazingwekkende adviezen. Dat is ook niet zo verrassend, want je kent jezelf het beste! Soms is er alleen moed nodig om je zelf wat Levenswaarheden voor te houden, zoals 'stop met zeuren over onbelangrijke zaken', 'wees niet zo hard voor jezelf', 'je bent een goed iemand en je hebt je best gedaan', 'je hebt een schop onder je kont nodig', 'lach erom en beloon jezelf', enzovoort. Als je dat met wat gevoel voor humor kunt doen, des te beter!

Geluksbevorderaars: Boemannen vervangen door Automatische Piloten

Het invoeren van Automatische Piloten, nieuwe gedragingen en overtuigingen die je geluk bevorderen, is iets wat regelmatig bekrachtiging behoeft. Neem de tijd om na te denken over gewoonten en gedachten die jij hebt die destructief zijn, om zo je Boemannen te vinden. We zullen hier een aantal voor velen van ons herkenbare thema's onder de loep nemen.

Strijd versus manier van leven

Een strijd betekent dat je veel inspanning en energie moet leveren om te winnen. Een manier van leven betekent ontspannen en zonder inspanning aan verwachtingen voldoen.
Probeer niet alles wat je doet als een strijd te zien, maar zie het eerder als een manier van leven. Proberen een dieet te volgen en kleinere porties te eten zal bijvoorbeeld moeilijker zijn als je het als een gevecht

ziet om te minderen, in plaats van kleinere porties als normaal te zien (en grotere porties als onacceptabel). Een ander voorbeeld is denken dat gelukkig zijn iets is waarvoor je moet vechten, in plaats van ontspannen en gelukkig zijn als je normale toestand te beschouwen. De Boeman is het idee dat geluk een strijd is; de Automatische Piloot is dat geluk een manier van leven is.

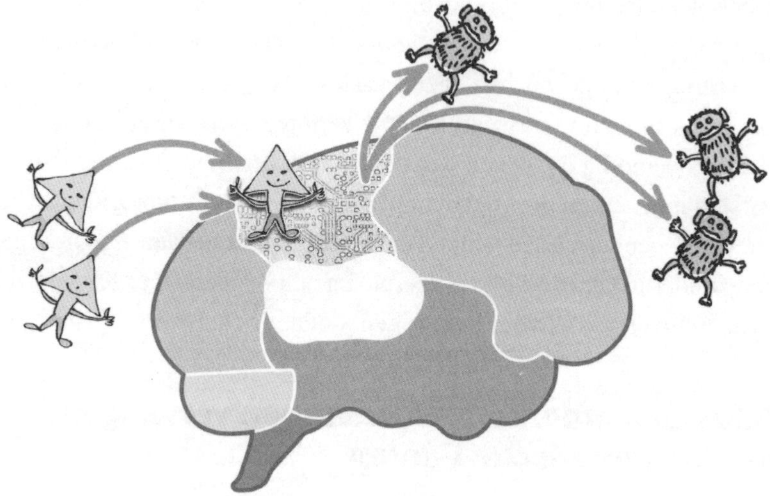

Geluk wordt bevorderd door Boemannen te zoeken en die te vervangen door Automatische Piloten

Dualistisch denken

Alles zien in termen van alles of niets, winnen of verliezen, succes of mislukking, is dualistisch denken, waarbij alles maar twee opties lijkt te hebben. Dit soort denken is een gewoonte, een Boeman. Het gaat vaak gepaard met weinig flexibiliteit en maakt je minder gelukkig. Vervang de Boeman door een Automatische Piloot die meer in grijstinten denkt en flexibel is, want dat verhoogt de kans op een gelukkiger gemoedstoestand.

Geniet van de rozen maar kijk uit voor de doornen

Je leven gaat misschien over rozen, maar dat betekent ook dat er heel veel doornen zijn. Wil je gelukkig worden tijdens het rozen plukken, wees dan op je hoede voor de doornen. Kijk uit voor zaken waarvan je weet dat je er ongelukkig van wordt en vermijd ze als het even kan bewust. Dingen vermijden die ongewenste gevoelens veroorzaken, is een zinnige manier om gelukkig te blijven. Kun je ze niet vermijden, zorg dan voor een plan om ermee om te gaan; wees altijd voorbereid op doornen. De Boeman negeert de realiteit en de Automatische Piloot is erop voorbereid met de realiteit om te gaan.

De Boeman van de glazen bol en de sneeuwberg

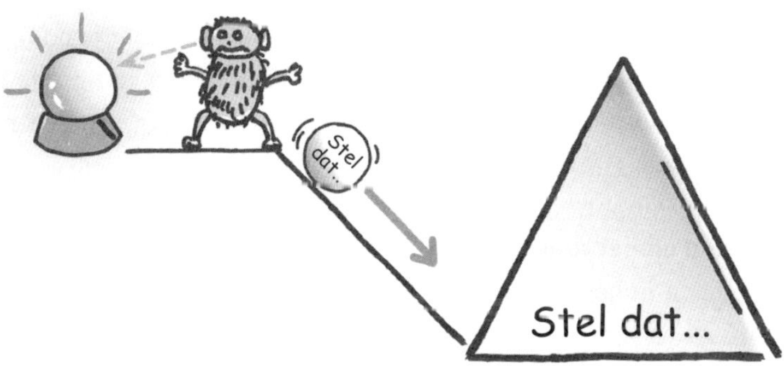

Kijken in een glazen bol is kijken naar de toekomst en proberen te voorspellen wat er gaat gebeuren. Dat gaat meestal gepaard met heel veel problemen en leidt zelden tot geluk.

De Boeman van de glazen bol kijkt eerst naar de toekomst en ziet daarin alleen maar rampspoed en ellende, want glazen bollen laten zelden een gelukkige toekomst zien. Dan maakt deze Boeman een 'stel-dat'-sneeuwbal en rolt die over de besneeuwde helling omlaag. De sneeuwbal verzamelt daarbij steeds meer sneeuw en wordt uiteindelijk een berg. De sneeuwbal vormt een 'stel dat'-sneeuwberg. Je zit nu opgescheept met een berg en maakt je zorgen over al die rampscenario's.

Sla de glazen bol aan stukken en schop de Boeman de deur uit. Vervang hem door een 'ik steek elke brug over waar ik voor kom te staan'-Automatische Piloot. De Automatische Piloot zegt: 'Ik maak geen sneeuwballen door te gissen wat er gaat gebeuren, maar blijf in het hier en nu en pak de dingen aan als ze zich voordoen.'

Het gaat heel vaak goed en dan heb je jezelf zorgen gemaakt om niks. Overkomt je dat vaak, hoe lang ga je daar dan nog mee door voordat je daarmee ophoudt?

Waar het Universum eindigt

Op dit moment weet nog niemand waar het Universum eindigt. Je kunt er je leven lang over blijven nadenken, maar je kunt ook accepteren dat niemand het nog weet. Als je zorgen hebt die je niet kunt veranderen of begrijpen, accepteer ze dan en blijf er niet in hangen; je hebt de keus om GEEN gedachten te hebben waar je niets aan hebt of waar je nooit een antwoord op krijgt. De Boeman verspilt energie aan zaken die je niet kunt veranderen of begrijpen en de Automatische Piloot accepteert ze en gaat verder.

Haal je hand uit het vuur

Als je je hand in het vuur steekt en vervolgens klaagt dat het pijn doet, is de oplossing simpel: vraag niet aan iemand anders om het vuur te doven, maar haal je hand uit het vuur.

Je hebt op vrijwel elk terrein in je leven een keuze wat betreft de dingen die je voor jezelf wilt. Breng jezelf daarom niet in situaties die je ongelukkig maken en blijf er niet in hangen, om er vervolgens over te klagen. Als de regels in de wereld van iemand anders je niet aanstaan, ga daar dan weg. Als je niet de juiste baan, het juiste huis, de juiste partner of vrienden hebt, verander ze dan. De Boeman leeft met onbevredigende zaken en klaagt er alleen maar over. De Automatische Piloot verandert je houding om gelukkig te worden.

Geluksbevorderaars: nuchter denken

De niet-identieke tweeling 'Nodig hebben' en 'Willen'

Wat je nodig hebt, is niet per se wat je wilt, en wat je wilt, is niet per se wat je nodig hebt. Leer deze tweeling van elkaar te onderscheiden.

Je kunt je huis niet met een tijger delen

Als je van katten houdt, kun je bewondering en zelfs ontzag hebben voor een tijger. Maar het is ondanks zijn schoonheid een gevaarlijk dier en je zult het nooit als huisdier kunnen houden. Het hoort thuis in de wildernis.

Mensen kunnen ook zo zijn. Je kunt hen bewonderen en zelfs verliefd op hen zijn of hen aanbidden, maar je zult nooit je leven met hen kunnen delen. Ze zijn gevaarlijk en kunnen je ernstige schade berokkenen. Als je beseft dat ze eigenschappen hebben waar je onmogelijk mee zult kunnen leven, bewonder ze dan in het wild en niet in je huis. Zoek een huiskat die bij jou thuis past, als je geluk wilt.

Rotzooi eten en een slechte kwaliteit van leven hebben: niet echt een verrassing

Een bekend gezegde luidt dat 'je bent wat je eet' en daar schuilt een zekere waarheid in. Niet goed voor jezelf zorgen en je niet lekker voelen: tja, wat kun je anders verwachten? Als je geen moeite doet voor je geluk en je ongelukkig voelt, hoeft dat dus ook geen schok voor je te zijn.

Soms is niemand het met je eens

Geluk heeft meer te maken met je op je gemak voelen bij jezelf dan je op je gemak voelen bij anderen.

Grootste fan of grootste criticus?

We kennen allemaal wel mensen die kritiek op ons hebben. We hebben ook onze fans die ondanks onze fouten van ons houden. Ongelukkige mensen zijn vaak hun eigen grootste criticus. Ze zijn altijd alleen maar bezig met zichzelf bekritiseren en houden niet van zichzelf. Gelukkige mensen leren hun eigen grootste fan te worden en accepteren zichzelf zoals ze zijn en steunen zichzelf. Dat is een keuze. Wees gelukkig door van jezelf te houden, met al je fouten en tekortkomingen.

Samenvatting hoofdpunten

- Geluk is een keuze.
- Om je kansen op geluk te vergroten, heb je een plan nodig dat je ook in praktijk brengt.
- Definieer wat jou en je Chimp gelukkig maakt.
- Extra's toevoegen brengt je dichter bij geluk.
- Ontwikkel je 'hebben' en je 'zijn'.
- Maak gebruik van een 'geluksbenadering' en een 'gelukslijst'.
- Zorg voor 'geluksbevorderaars'.

Aanbevolen oefening

Meten hoeveel moeite je doet om geluk te bereiken

Geluk een kans geven

Aangezien geluk zo belangrijk is voor ieder van ons, vertegenwoordigt dit hoofdstuk de planeet die zal helpen de Zon in ons Psychologisch Universum te laten schijnen. Trek daarom flink wat tijd uit voor het uitvoeren van de hierboven gedane aanbevelingen. Handel punt voor punt af en besteed speciale aandacht aan die punten die bij jou een

belletje doen rinkelen. Raffel de punten niet af, maar denk elke dag over een ervan na. Bedenk dat het ontwikkelen van geluk net zoiets is als het ontwikkelen van vaardigheden. Het kost moeite en veel tijd, maar uiteindelijk zal het lukken.
Houd elke dag een dagboek bij en noteer in slechts een paar regels de dingen of gedachten die jou geluk brachten. Noteer ook hoeveel moeite je hebt gedaan om die dag geluk te bereiken. Door dit een aantal weken vol te houden, ga je misschien beseffen hoeveel of hoe weinig moeite je neemt om je eigen geluk te bewerkstelligen.

Hoofdstuk 17

De Maan van het Zelfvertrouwen

Hoe krijg je zelfvertrouwen?

Zelfvertrouwen

- Twee opties wat betreft zelfvertrouwen
- Enkele belangrijke vragen ter verduidelijking van het concept
- Zelfvertrouwen en het zelf

Zekerheid en zelfvertrouwen stabiliseren geluk en het is daarom belangrijk daarnaar te streven.

Twee opties wat betreft zelfvertrouwen

Je staat op het punt een keuze te maken die zal bepalen hoe zelfverzekerd je in elke situatie zult zijn. Lees dit hoofdstuk aandachtig door en ga stap voor stap te werk. Als je besluit je standpunt te veranderen, zal dat je bij alles wat je doet zelfvertrouwen geven.

De meeste mensen denken als volgt: 'Hoe meer ik geloof dat ik iets kan, hoe zelfverzekerder ik word.' Ze redeneren als volgt:

1. Wat wil ik precies doen?
2. Hoe kan ik dat bereiken?
3. Mijn zelfvertrouwen wordt nu afgemeten aan hoe ik mijn capaciteiten om mijn doel te bereiken inschat.

Dit lijkt een nuchtere aanpak die echter tot verschillende niveaus van zelfvertrouwen kan leiden: dus hoe kunnen we ons zelfvertrouwen vergroten? Met deze manier van denken zijn er slechts twee manieren om je zelfvertrouwen te vergroten: ofwel je capaciteiten verbeteren om iets te doen, ofwel jezelf wijsmaken dat je het kunt, ook al is dat niet zo.

De meeste mensen vallen op een van deze twee denkwijzen terug doordat ze gegijzeld worden door hun Chimp, die hen laat denken dat er geen alternatief is om meer zelfvertrouwen te krijgen. Er is echter wel een andere manier van denken mogelijk, en een kleine minderheid gebruikt die. Het alternatief, de Menselijke weg, kent niveaus van zelfvertrouwen die altijd op honderd procent staan, wat je ook doet. Hoe werkt dit?

De Chimp zegt: ‘Ik baseer mijn zelfvertrouwen op **mijn overtuiging dat ik de capaciteiten heb** om het niveau te halen **dat ik moet bereiken** en **ik kan niet omgaan met de consequenties** als dat niet lukt.’ De Mens daarentegen zegt: ‘Ik baseer mijn zelfvertrouwen op het feit dat ik **mijn best doe** om het niveau te halen dat **ik graag wil bereiken** en als volwassene **kan ik altijd omgaan met welke gevolgen dan ook** als het me niet lukt.’

De twee keuzes voor zelfvertrouwen zijn dus: je zelfvertrouwen baseren op je geloof in eigen kunnen, of het baseren op je best doen. Je kunt nooit garanderen wat je zult bereiken en als je dat wel denkt te kunnen, zal je Chimp zich de bloedtoevoer in je brein toe-eigenen en voor een onbehaaglijk gevoel zorgen, aangezien hij voortdurend het dreigende falen ziet. Wat je wel kunt garanderen is dat je je uiterste best zult doen. Als je die basis kiest, heb je zelf de controle en gaat de bloedtoevoer naar je Mens. Dat betekent dat je een leven vol mogelijkheden ziet en kunt omgaan met de consequenties.

Bij de tweede keuze is duidelijk dat de normale toestand voor de Mens een toestand van zelfvertrouwen is, want je kunt altijd je best doen en de consequenties aanvaarden, en daarom ben je niet bang. Bij de Chimp is de normale toestand juist een toestand van wisselend zelfvertrouwen, die gepaard gaat met veel angst en focussen op consequenties en mogelijk falen.

Lotte houdt een toespraak

Hier is een voorbeeld. Lotte is gevraagd om voor honderd collega's een toespraak te houden.

Haar Chimp zal deze taak benaderen door te bepalen wat hij wil bereiken. Hij wil een goede toespraak houden en hij wil dat iedereen vindt dat hij het goed gedaan heeft. Aangezien de Chimp geen van beide zaken onder controle heeft, maar er hoogstens invloed op kan uitoefenen, voelt hij nu dreiging en kijkt hij naar de consequenties van falen. Aangezien de Chimp zijn zelfvertrouwen baseert op het houden van een goede toespraak en indruk maken op mensen, ontbreekt het hem nu ernstig aan zelfvertrouwen en kijkt hij alleen nog maar naar wat er fout kan gaan.

De Mens in Lotte daarentegen heeft besloten dat ze haar zelfvertrouwen baseert op het feit dat ze haar best doet. Het doel is dus haar best doen. Ze heeft geen controle over het niveau van haar toespraak of over wat anderen ervan vinden, maar ze kan die resultaten aanvaarden, want ze is een volwassen Mens.

Lotte weet dat ze in elk geval haar best zal doen, zelfs als het op het moment suprême fout loopt en de toespraak niet helemaal het vereiste niveau haalt. Het is dan nog steeds het best haalbare OP HET MOMENT dat ze de toespraak houdt. Meer dan haar best kan ze niet doen. Lotte zal dan ook altijd haar doel – 'haar best doen' – bereiken en al het andere is een meevaller. Met deze benadering kan ze zich ontspannen en de toespraak als een kans zien. Haar vertrouwen in het feit dat ze haar best zal doen, is honderd procent. Lotte weet bovendien dat ze ook de gedane moeite kan belonen, in plaats van alleen maar prestaties te vieren.

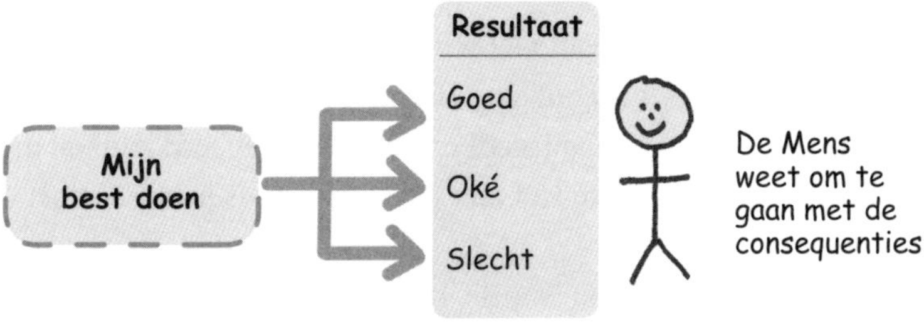

De benadering van de volwassen Mens, met 100 procent zelfvertrouwen

Een paar belangrijke vragen om het concept te verduidelijken

Stel dat ik het beter had kunnen doen?

Denk hier logisch over na. Meer dan je best kun je niet doen. Je best doen betekent dat je op het moment dat je het probeerde, alles hebt gegeven. Sommige dingen heb je goed, andere minder goed gedaan. Het behaalde niveau had dus misschien hoger kunnen zijn als je het nog een keer had mogen proberen. **Je best doen** is dus iets anders dan **het beste resultaat bereiken**, en die twee hoeven niet altijd samen te gaan.

En als ik niet presteer?

Waar je je zelfvertrouwen ook op besluit te baseren, je zult altijd te maken krijgen met de consequenties van het resultaat. Omgaan met resultaten is iets wat ieder volwassen Mens kan, terwijl Chimps en kinderen dat heel moeilijk vinden. Je zult dus onvermijdelijk moeten leren omgaan met teleurstelling, en soms betekent dat omgaan met falen.

Waarom kiezen voor de Menselijke basis voor zelfvertrouwen?

De Menselijke basis betekent dat als het voorbij is, je in staat zult zijn om met opgeheven hoofd en een glimlach te zeggen: 'Ik had niet meer kunnen doen, want het was op dat moment het best haalbare, met fouten en al.' Je maakt ook meer kans op een beter resultaat als je er glimlachend en ontspannen in stapt, in plaats van gespannen en zonder zelfvertrouwen.

En als ik mijn best niet doe?

Er is bijvoorbeeld sprake van niet je best doen als je oneerlijk bent, of opzettelijk lui, onverschillig of sluw. De meeste mensen zijn niet zo; ze kunnen echter wel ongeorganiseerd en ongedisciplineerd zijn, en dat is iets anders. Er is dus sprake van niet je best doen als je het bewust niet probeert.

Ik zal een voorbeeld geven om dit belangrijke punt te illustreren. Je loopt in een park en ziet een kind uit een boom vallen. Je rent erop af en probeert het overeind te helpen. Het kind is duidelijk overstuur en je vraagt of het niets mankeert. Ze zegt dat haar enkel pijn doet, dus je belt een ambulance. Dit klinkt allemaal heel redelijk, want je doet wat jij denkt dat het juiste is en je doet je best om de situatie te hanteren. De ziekenbroeder van de ambulance geeft je de wind van voren dat dit geen noodgeval is en zegt dat het kind best naar de dichtstbijzijnde Spoedeisende Hulp kan strompelen. Je brengt het kind dan dus maar naar die Spoedeisende Hulp waar ze het kind onderzoeken, en inmiddels zijn ook de ouders gearriveerd. De arts laat je weten dat het kind haar enkel beschadigd heeft en dat dit waarschijnlijk komt doordat jij haar overeind hebt geholpen na de val.

Wat een nachtmerrie! Je kijkt terug op het scenario en vraagt jezelf af: heb ik de situatie competent afgehandeld? Het antwoord is duidelijk 'nee'. Je vraagt je vervolgens af: heb ik op het moment zelf mijn best gedaan en naar vermogen gehandeld? Nu is het antwoord 'ja'. Was het dus echt het beste waartoe je in staat was? Het antwoord is opnieuw 'ja', want je **probeerde** het naar beste vermogen te doen. Was je echter weggelopen bij het kind, wetend dat het kind je hulp nodig had, dan had je niet je best gedaan.

Brams rijexamen en zelfvertrouwen

Bram staat op het punt om rijexamen te doen. Zijn vrienden vragen hem: 'Hoeveel vertrouwen heb je erin?'

Bram kan nu kiezen waarop hij zijn zelfvertrouwen zal baseren. De eerste optie is dat hij zijn zelfvertrouwen baseert op **zijn vermogen om te slagen** voor het rijexamen. De tweede optie is dat hij zijn zelfvertrouwen baseert op **zijn vermogen om zijn best te doen** tijdens het examen.

Als hij de eerste optie kiest, gaat zijn Chimp kijken wat de gevolgen van falen zijn en zullen er twijfels rijzen of hij wel in staat is voor het examen te slagen. Hij zal waarschijnlijk nerveus worden en allerlei ongewenste gevoelens over zich heen krijgen. De Chimp heeft de touwtjes stevig in handen en dat is geen goede zaak. Zijn zelfvertrouwen is gering, zo niet helemaal afwezig. Het is aan alle kanten een onplezierige ervaring. Als Bram voor de tweede optie gaat en de benadering van de Mens kiest, zal hij tegen zichzelf zeggen: 'Ik richt me niet op het resultaat of de consequenties, maar op wat ik moet doen. Ik kan op het moment dat ik het examen doe niet meer dan mijn best doen, wat dat ook inhoudt. Het kan goed gaan of het kan mislukken, maar wat er ook gebeurt, ik accepteer de resultaten, want ik heb geen keus. Ik ben een volwassen man en kan de gevolgen aan!'

Als hij daadwerkelijk aan het examen begint, zegt hij: 'Meer dan mijn best kan ik niet doen en ik weet dat ik alles geef wat ik op dat moment in me heb.' Hij baseert zijn zelfvertrouwen op zijn overtuiging dat hij zijn best zal doen. Zijn zelfvertrouwen is honderd procent, want hij zal zonder meer zijn best doen, **en dat is ook het enige wat hij van zichzelf vraagt**. Hij kan nu opgewekt tegen de anderen zeggen: 'Ik heb mijn best gedaan en beter kon ik het niet, dus ik kan trots zijn op mezelf.' De Mens heeft gesproken!

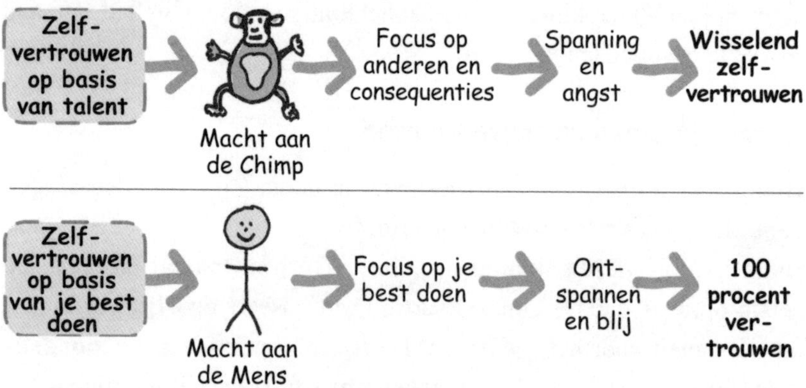

De twee opties samengevat

Zelfverzekerdheid en het zelf

Zelfvertrouwen

Een veelvoorkomend probleem dat sommige mensen heel ongelukkig maakt, is dat ze een onrealistisch zelfbeeld hebben. Er zijn bijvoorbeeld mensen die tegen mij zeggen dat het hun bij alles wat ze doen aan zelfvertrouwen ontbreekt, omdat ze bang zijn dat ze iets doms zullen zeggen of iets verkeerds zullen doen wat hen zal vernederen. Denk hier eens even over na en vraag jezelf af waarom iemand dergelijke angsten zou hebben.

Eén heel goede reden voor een dergelijke angst is dat je gelooft dat je perfect hoort te zijn: een vreselijke Boeman. Het is onmogelijk daaraan te voldoen, en alles wat je doet is angstaanjagend. Dan leef je met het idee dat je foutloos moet zijn. Proberen aan dit mythische wezen te voldoen, zal je een zelfbeeld geven van iemand die aldoor tekortschiet. In werkelijkheid maakt ieder mens zijn hele leven lang fouten en doet hij of zij van tijd tot tijd iets doms. Leren accepteren dat je menselijk bent, met alle fouten en tekortkomingen die daarbij horen, lucht op. Het betekent dat fouten maken en je vergissen normaal is. Leren om jezelf te lachen als je iets doms doet of als je iets verkeerds zegt, hoort bij het leven en bij Mens zijn. Ik ken godzijdank niemand die perfect is! Geef je fouten en tekortkomingen toe, maar doe dat met een glimlach. En wees ook niet bang om te zeggen: 'Ik weet het niet.'

Ga een stap verder en bedenk wat deze overtuiging van 'jezelf nooit voor gek zetten' of 'perfect zijn' doet met de Chimp in jou. Elke dag dat je bij het verlaten van je huis tegen je Chimp zegt: 'We moeten vandaag weer perfect zijn', zal je Chimp door de spanning tevoorschijn komen. De Chimp zit niet te wachten op deze geestelijke mishandeling, dus denk nog eens goed na voordat de dierenbescherming heel terecht bij je aanbelt!

Het zelfbeeld dat je nastreeft, kan ook gebaseerd zijn op ongeschikte rolmodellen: Mr Universe, Miss World, Einstein, enzovoort. Probeer jezelf te zijn, want bij mensen is 'aantrekkelijk' een veel krachtigere term dan 'mooi' of 'intelligent'.

Verlies van zelfvertrouwen als een relatie misloopt

Vrijwel iedereen zoekt op een bepaald moment in zijn of haar leven een partner. Dat is zo'n krachtige drang dat je die niet kunt negeren. Een van de problemen daarbij is dat we regelmatig proberen te matchen met de verkeerde persoon. Als dat gebeurt, is er veel gedoe als de relatie stukloopt; of die nu door ons beëindigd wordt of door de ander.

Als de ander de relatie beëindigt, is een van de ernstiger consequenties dat we het vertrouwen in onszelf verliezen. Dat is uiterst pijnlijk en helaas een natuurlijk gevolg van afwijzing en verlies. Het lijkt erop dat onze Chimp zo'n drie maanden nodig heeft om een dergelijk verlies te verwerken en hij zal gedurende die periode een rouwproces doormaken. We kunnen dit niet versnellen, maar door niet te rouwen kunnen we het wel verlengen. Het is in deze periode normaal dat je je zelfvertrouwen verliest, maar dat zal weer terugkeren. Wees aardig voor jezelf tijdens deze periode, maar hoed je voor zelfmedelijden.

Samenvatting hoofdpunten

- Zelfvertrouwen is gebaseerd op twee manieren van denken: die van de Mens of die van de Chimp.
- Jij hebt de keus om je zelfvertrouwen te baseren op 'je best doen'.
- 'Je best doen' als basis geeft je honderd procent zelfvertrouwen.
- Je zelfvertrouwen wordt vergroot als je realistische verwachtingen van jezelf hebt.

Aanbevolen oefening
Zelfvertrouwen een kans geven

Je maakt altijd een keuze

Bedenk de volgende keer dat je geen zelfvertrouwen hebt dat je in wezen een keuze maakt. Je hebt ervoor gekozen een kind of Chimp te zijn en je kiest ervoor om je zorgen te maken over al dan niet bereikte niveaus en consequenties, of je dat nu bewust doet of niet. Bedenk: het alternatief is dat je een volwassen Mens bent en ervoor kiest dat je je best doet en omgaat met de eventuele consequenties. Kijk ook of je een zelfbeeld hebt waarnaar je probeert te leven en of dit de situatie wel verder helpt.

In situaties waarin een gebrek aan zelfvertrouwen optreedt, is het verstandig om even een pas op de plaats te maken en na te gaan welke optie je kiest.

Hoofdstuk 18
De Maan van de Zekerheid

Hoe ontwikkel je zekerheid?

Zekerheid

- Mens, Chimp en zekerheid
- De waarheid omtrent risico en zekerheid
- Praktische manieren om de Chimp te helpen

Mens, Chimp en zekerheid

Zekerheid is de behoefte om je veilig te voelen in je omgeving en je groep. Als de Chimp zich veilig voelt is hij gelukkig. De Chimp zal altijd naar omgevingsfactoren kijken voor zekerheid. De Mens zal in zichzelf zoeken naar overtuigingen over zekerheid.
Je Chimp is constant op zoek naar zekerheid en probeert om elke vorm van risico of kwetsbaarheid in je leven weg te nemen, **want hij gelooft dat dit mogelijk is**. Natuurlijk is het niet mogelijk om een leven te leiden dat volkomen vrij is van risico's, maar je Chimp zal dat toch willen bereiken door te proberen alles in zijn wereld constant te houden, en door het vertrouwde te omarmen. De Mens in jou is veel avontuurlijker ingesteld. Die accepteert dat niets in het leven hetzelfde blijft en weet dat vertrouwdheid zowel nuttig als schadelijk kan zijn. De Mens accepteert dat kwetsbaarheid en risico's deel uitmaken van het dagelijks leven en dat je die nooit helemaal kunt uitbannen.

Dit verschil tussen de twee wezens houdt in dat er een soort compromis moet worden gesloten en een plan moet worden opgesteld om met veiligheidsproblemen om te gaan. De Chimp heeft een punt als hij je wijst op gevaar, maar de Mens moet de leiding nemen en de Chimp uitleggen hoe het leven echt in elkaar zit. De Mens moet ook respecteren dat je je Chimp niet aan emoties moet blootstellen waar hij niet tegen opgewassen is. Aangezien elke Chimp anders is, moet je erachter zien te komen wat de behoeften van je eigen Chimp zijn als het gaat om veiligheid en wat hij aankan in termen van risico en verandering.

Met dit als uitgangspunt zullen we eerst kijken naar de waarheid omtrent zekerheid en risico zoals de Mens die ziet, en daarna helpen we de Chimp met een aantal praktische methodes zodat hij zich veiliger voelt.

De waarheid omtrent risico en zekerheid

De Mens is zich bewust van een aantal waarheden waar de Chimp vaak maar moeizaam mee kan omgaan. Hier volgen enkele van deze waarheden:

Zekerheid en verandering

- Zekerheid is relatief.
- We zijn nooit helemaal zeker in het leven, want het leven zelf is vergankelijk.
- We leven in een wereld die voortdurend verandert en die ook niet op een andere manier kan bestaan.

Risico

- Aan alles wat we doen, kleven risico's.
- We moeten accepteren dat risico's bij het leven horen.
- We hebben niet alle risico's in de hand.
- We hebben sommige risico's in de hand.

Kwetsbaarheid en angsten

- Het is verstandig om angsten onder ogen te zien en ze aan te pakken.
- We moeten accepteren dat kwetsbaarheid bij het leven hoort.

Praktische manieren om de Chimp te helpen

De waarheid accepteren

Als we de Chimp zover kunnen krijgen dat hij de waarheid omtrent risico's, kwetsbaarheid en zekerheid accepteert, zal hij een stuk rustiger worden. Dit betekent dat je er de tijd voor moet nemen om na te denken over de waarheden met betrekking tot risico, kwetsbaarheid en zekerheid, en ervoor moet zorgen dat je ze goed in je Computer hebt opgeslagen. Hieronder volgen enkele voorbeelden van 'waarheden' die je vaak tegenkomt.

Mijn partner kan me verlaten voor iemand anders (als dit risico je zorgen baart, moet je ermee aan de slag)

Ik moet dit accepteren en verdergaan met mijn leven en genieten van de tijd die we samen hebben. Als ik gelukkig en constructief ben, zal hij of zij me minder snel verlaten en zal de kwaliteit van ons leven samen geweldig zijn. Het helpt niet om me er zorgen over te maken, en als het toch mocht gebeuren, dan sla ik me erdoorheen.

Ik kan ziek worden

Als dat gebeurt, zal ik de juiste hulp zoeken en de ziekte het hoofd bieden. Als, en alleen als, het gebeurt, zal ik energie besteden aan nadenken erover, want je zorgen maken voordat het gebeurt, heeft geen zin.

Ik maak me zorgen dat ik dingen ga verliezen die belangrijk voor me zijn

Niets is voor eeuwig. Het leven en mensen zijn voortdurend in beweging. Dat is ook de bedoeling en ik moet genieten van de reis.

Als je je zorgen hebt opgeschreven, kun je er vervolgens de waarheden naast noteren. Als je niet naar deze waarheden leeft, zal de Chimp constant gestrest zijn en overdreven reageren op allerlei kleine risico's waar jij hem mee confronteert, en zal hij op zoek gaan naar zekerheden die niet bestaan. De Mens moet echter wel accepteren dat de Chimp gewoon niet zo in elkaar zit dat hij zich veilig voelt en altijd zijn momenten zal hebben en voortdurend aandacht nodig heeft.

> ***Hoofdpunt***
> *Het is normaal voor een Chimp dat hij zich van tijd tot tijd onzeker voelt, dus verwacht dat, accepteer het en pak het vervolgens aan.*

De groep

Voor de meeste Chimps is de groep de belangrijkste factor als het gaat om gevoelens van zekerheid. Als we onze zorgen en problemen delen, of als we ervaringen samen met anderen doormaken, kunnen we verbazingwekkend veel aan. Door het allemaal in ons eentje te willen doen, kunnen we heel gestrest raken en zien we de dingen niet meer in de juiste verhouding. Vergeet niet dat het verstandig is om steun te vragen aan een lid van de groep, of aan een deskundige, als je het moeilijk vindt om een probleem aan te pakken. Een van de sterke punten van een groep is dat de leden elkaar helpen. **Vertrouw in onzekere tijden op je groep.**

Zekerheid zoeken bij een ander

Je veiligheid baseren op een ander is meestal niet verstandig. De meeste mensen hebben betrouwbare partners en dingen delen met je partner is een van de geneugten van het leven. Maar je veiligheid of zekerheid laten afhangen van je partner of welk ander individu ook is vragen om ellende. Als we voor ons welbevinden op de een of andere manier afhankelijk zijn van iemand anders, legt dat ons vaak beperkingen op in wat we wel of niet kunnen doen en misschien moeten we dat accepteren. Probeer als het even kan je lichamelijke afhankelijkheid van iemand te scheiden van je emotionele geborgenheid bij die persoon: het zijn twee verschillende zaken.

Er zijn situaties waarin het verstandig kan zijn om voor je zekerheid op iemand anders te vertrouwen. Als we bijvoorbeeld verliefd worden, is het moeilijk om onze Chimp te bedwingen. Ons brein scheidt een heleboel chemische stofjes af die ons vermogen om helder te denken verminderen. Ons oordeelsvermogen met betrekking tot die persoon kan aangetast zijn. En dat levert risico's op. Ben je verliefd, vergeet dan dus niet dat je mentaal niet echt in balans bent; je bent in feite zelfs een beetje gestoord! Luister naar je beste vrienden, want zij zijn minder verblind!

Probeer zekerheid van binnenuit te krijgen, door je gemoedsrust te baseren op overtuigingen, en laat je leiden door je Mens.

Geruststelling

Wees praktisch als je Chimp zich onzeker voelt en zoek waar mogelijk naar geruststelling. Voel je je bijvoorbeeld onzeker op je werk, zorg er dan voor dat je precies weet wat jouw rol hoort te zijn, waar je grenzen liggen, aan wie je verslag uitbrengt, wat diegene van je verwacht en hoe je zult worden beoordeeld. Je kunt ook vragen om feedback, zodat je weet hoe je het doet en hoe je je zwakke punten kunt verbeteren. Als je het zo praktisch benadert, is dat heel geruststellend voor je Chimp. Een

Chimp die leeft met onzekerheden en met angsten **die kunnen worden aangepakt**, is een onnodig onzekere en ongelukkige Chimp.
Ook binnen relaties is het goed om af en toe geruststelling te zoeken. Maar als de Chimp te pas en te onpas op zoek is naar geruststelling, is er waarschijnlijk sprake van een angst waar niets mee gedaan is of moet de Chimp herinnerd worden aan de waarheden omtrent zekerheid. De Chimp van je partner zal zich zekerder voelen als je hem uit eigen beweging geruststelt!

Vertrouwdheid

Als je een onzekere Chimp hebt, dan kan het volgen van een vertrouwde routine wonderen verrichten om je Chimp te kalmeren. Als je nieuwe routines of ervaringen te wachten staan, kun je een onzekere Chimp helpen door hem eraan te herinneren dat zijn angsten zullen verdwijnen als je eenmaal vertrouwd bent met de nieuwe routine. Tot het zover is, is het heel normaal dat hij zich een beetje bezorgd maakt.

Een zekere toekomst

Naar de toekomst kijken en plannen maken om met problemen of angsten om te gaan, kan een constructieve aanpak zijn. Bedenk wel dat we het hier hebben over plannen om met problemen of angsten om te gaan, niet alleen maar over het zoeken naar angsten die we vervolgens niet aanpakken. Naar angsten zoeken en ze onder ogen zien kan heel gezond zijn en je kunt dat samen met een betrokken vriend of hulpverlener doen. Als hij de oplossing kan zien en het gevaar of de dreiging weg kan nemen, biedt dat de Chimp veel zekerheid.
Kunnen leveren wat van je gevraagd wordt, of weten dat er iemand is die je daarbij kan helpen, zal de angsten van de Chimp aanzienlijk verminderen. Het cruciale punt hierbij is dat je echte angsten, zoals over financiën, werk, huisvesting en dergelijke, aanpakt en er pragmatisch mee omgaat. Als je de confrontatie met angsten uit de weg gaat, zal dat immense stress veroorzaken en ongerustheid bij je Chimp oproepen.

Specifieke angsten die reëel zijn

Onzekerheid gaat soms over de dood, pijn of letsel. Dat zijn reële angsten, en het is de moeite waard die onder ogen te zien. Het heeft weinig zin om erin te blijven hangen, maar als je de tijd neemt om er constructief over na te denken, zullen de bijbehorende zorgen verdwijnen.
Wat je zal helpen bij dit soort specifieke angsten is jezelf afvragen wat buiten en wat binnen jouw macht ligt. Je Chimp wil de controle over het oncontroleerbare en raakt heel gestrest als dat niet lukt. De Mens accepteert dat we sommige dingen niet onder controle hebben en dat we die dus moeten accepteren of ermee aan de slag moeten op het moment dat ze zich voordoen.

Samenvatting hoofdpunten

- Zekerheid is een van de belangrijkste stabilisatoren voor geluk.
- De Chimp zoekt regelmatig naar zekerheden die niet reëel zijn.
- Gezonde, normale Chimps hebben angsten en zorgen over zekerheid en kwetsbaarheid.
- De Mens moet een Automatische Piloot in de Computer stoppen om de Chimp te kalmeren.

Aanbevolen oefening
De Chimp zekerheid geven

Zaken betreffende zekerheid aanpakken

Neem de tijd om na te denken over de zekerheden die jij hebt om je Chimp mee gerust te stellen. Maak een lijstje van de dingen die jou zorgen baren en maak een onderscheid tussen de dingen waar jij wel en dingen waar je geen controle over hebt. Maak plannen om de zaken waar je wel controle over hebt aan te pakken.

Als je het lijstje met dingen waar je geen controle over hebt doorneemt, vraag je dan af of je bereid bent die te accepteren, aangezien er in wezen geen andere keuze is. Als je je zorgen weg wilt nemen, moet je je houding veranderen. Stel jezelf onomwonden de vraag of je daartoe bereid bent.

Vooruitkijken

Zonsopgang

Je hebt nu je Psychologische Universum doorkruist en een goed beeld gekregen van alle terreinen waaraan je kunt werken. Het Chimp-model gebruiken om jezelf te ontwikkelen en de kwaliteit van je leven te verbeteren, zal een enorm verschil maken voor zowel jezelf als de mensen om je heen. De beloning kan immens zijn.

Veel mensen hebben al met dit model gewerkt en de tijd genomen om emotionele vaardigheden aan te leren en te onderhouden. Ze hebben consequent de technieken toegepast en me laten weten dat het hun leven heeft veranderd. Ik hoop oprecht dat jij dezelfde ervaring zult hebben.

Veranderingen in jezelf kosten tijd en inspanning. Het gaat meestal geleidelijk en vaak zonder dat je het merkt, maar anderen merken het wel. Raak niet ontmoedigd bij tegenslagen, maar leer er juist van en vier altijd elk succesje. Bedenk: **je hebt altijd een keuze**. De keuzes die je maakt en hoe jij verkiest met het leven om te gaan, zijn bepalend voor je succes en geluk. Dus wat ga je vandaag doen dat je gelukkiger en succesvoller zal maken?

Je Chimp zal altijd springlevend blijven en je moet dat feit accepteren en ermee leren omgaan. Hij is niet slecht, hij is niet goed: hij is een Chimp. Hij brengt elke emotie jouw wereld binnen. Hij kan je beste vriend en je ergste vijand zijn. **Dat is de Chimp Paradox**.

Bedankt dat je dit boek hebt willen lezen en dat je deze reis met mij hebt gemaakt.

Blijf kijken naar de Zonsopgang; ik wens je alle goeds.

Appendix A

De complete Psychologische Geest

De illustratie hieronder toont de complete Psychologische Geest met alle zes werkende componenten, namelijk de Mens, de Chimp en de Computer met zijn Kwelgeesten, Boemannen, Automatische Piloten en de Steen des Levens.

Appendix B

Het complete Psychologische Universum

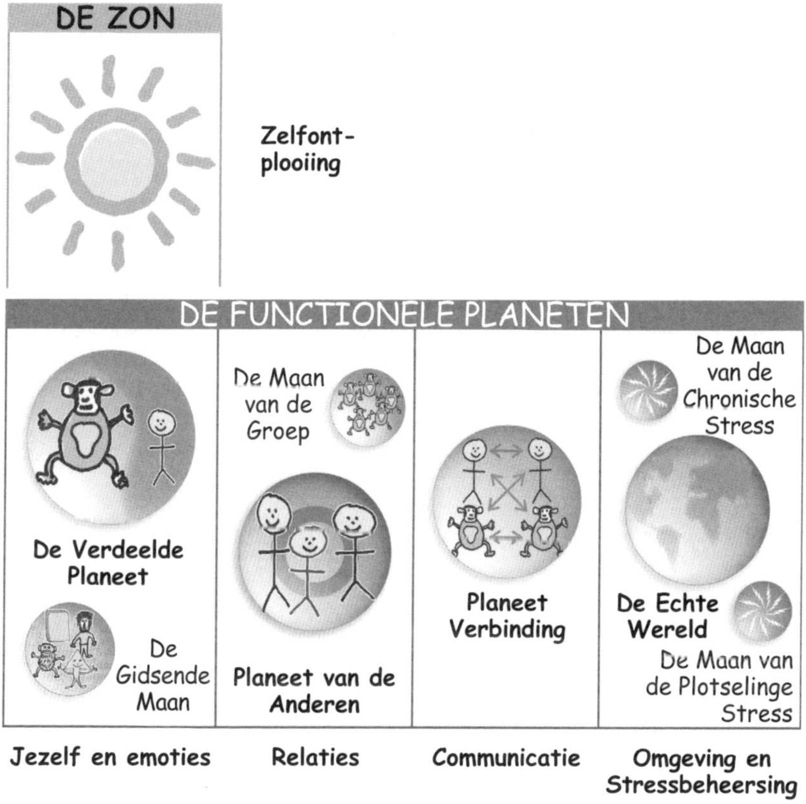

Bovenstaande schematische voorstelling biedt een compleet overzicht van het Psychologische Universum. Veel planeten hebben manen met een stabiliserende invloed. Daarom is het belangrijk om naast de planeten ook aan de manen te werken.

Voor jezelf zorgen en Welbevinden

Succes
Bekrachtiging
Aanmoediging

Geluk
Zelfvertrouwen
Zekerheid

Appendix C

De wetenschap achter het Chimp Model

Inleiding

Deze appendix is voor de lezers die wat meer willen weten over de wetenschappelijke basis van het 'Chimp Model'. Het is niet de bedoeling om de lezer tot een expert in de neurologie te maken, maar om wat inzicht te verschaffen in recent onderzoek naar de manier waarop onze geest werkt.

De complexiteit van het brein

Structuur en functioneren

Het brein is onderverdeeld in gebieden, structuren en paden. Er zijn bijvoorbeeld specifieke centra voor taal, er zijn gebieden voor het opvangen van informatie, zoals van je zicht, en er zijn paden die bijvoorbeeld het ervaren van plezier mogelijk maken. Sommige gebieden of structuren kunnen meer dan één functie hebben en veel ervan werken als deel van een team om hun doel te bereiken. Dat betekent dat het brein heel plooibaar en flexibel kan zijn in zijn functioneren. Sommige gebieden kunnen zich zelfs aanpassen en een andere functie krijgen.

Het brein is al even complex op een lager moleculair niveau, zoals op het gebied van hormonen, neuroreceptoren en neurotransmitters. Deze componenten dienen vele doelen en kunnen onze reacties op situaties doen toe- of afnemen, bepaald gedrag veroorzaken, of gedachten of stemmingswisselingen oproepen.

Ook de hoeveelheid zuurstof die aan het hersenweefsel wordt geleverd, beïnvloedt het functioneren. Bloed voert zuurstof naar structuren in het brein. Als deze bloedtoevoer of de opname van zuurstof verandert, zullen de structuren anders functioneren.

Het dagelijkse functioneren

In plaats van proberen te begrijpen hoe onze hersenstructuren werken, kunnen we ook alleen maar kijken naar het resultaat van hun functioneren in ons dagelijks leven. We zouden dan de manier waarop ons brein werkt grofweg kunnen onderverdelen in zes hoofdthema's. Simpel gesteld:

- Gedrag (onze reacties)
- Cognitie (ons denken en onze overtuigingen)
- Dynamiek (onze instincten en driften)
- Analyse (onze manier van denken)
- Ontwikkeling (onze mate van volwassenheid)
- Biologie (onze fysieke toestand)

Veel uitstekende therapieën en praktische methodes zijn gebaseerd op deze zes thema's. Cognitieve gedragstherapie is bijvoorbeeld een veel gebruikte aanpak.

Kunnen we voldoende begrijpen om ons brein te managen?

Specifieke gebieden nader bekeken

Als we het brein zien als een machine die op verschillende manieren kan functioneren, zou een intrigerende vraag kunnen zijn: 'Kunnen we de mogelijkheid of vaardigheid ontwikkelen om ons brein te managen en het te allen tijde laten werken op de manier die wij willen?' Met andere woorden: 'Kunnen we de persoon zijn die we willen zijn, de emoties hebben die we willen hebben en altijd handelen zoals we willen handelen?' Dat is nogal een vraag!

In een poging deze vraag te beantwoorden, zullen we om te beginnen kijken naar een voorbeeld van hoe het brein omgaat met een bepaalde input. Dit kan ons helpen begrijpen hoe het model zich heeft ontwikkeld. Hier volgen enkele onderdelen van een vereenvoudigd brein. (Ik kan je tot je opluchting meedelen dat je de namen niet hoeft te onthouden; ze staan er alleen ter referentie!)

1. De amygdala (een belangrijk emotioneel centrum in het limbische systeem)
2. De orbitofrontale cortex (een kleiner gebied aan de buitenrand van de frontaalkwab)
3. De fasciculus uncinatus (dit is de wittestofbaan die de amygdala verbindt met de orbitofrontale cortex)
4. De dorsolaterale prefrontale cortex (deel van de frontaalkwab)
5. De ventromediale prefrontale cortex (dit is het gebied rond de fasciculus uncinatus)
6. De gyrus cinguli (gordelwinding; dit is een onderdeel van het limbische systeem)

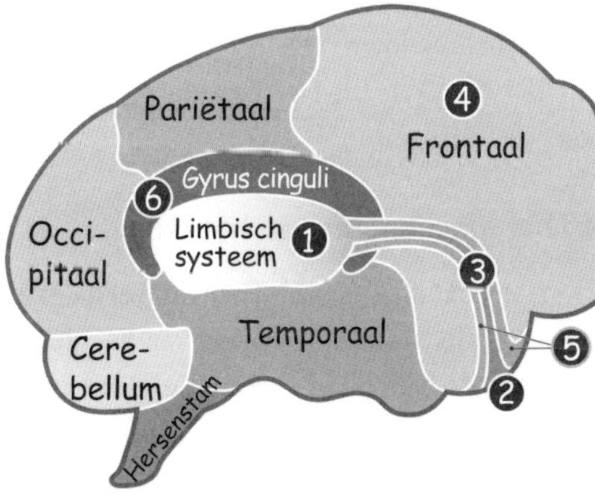

De schematische voorstelling toont zes specifieke, genummerde gebieden in de hersenen. Onderzoek toont aan dat elk ervan een specifieke functie heeft, en de meeste hebben meerdere functies. Zo heeft bijvoorbeeld de amygdala wel zeventien verschillende nuclei, elk met zijn eigen specifieke rol, meestal op het gebied van emotionele reacties. De gyrus cinguli (of gordelwinding) is betrokken bij het geheugen, het leren en de besluitvorming.

Om de zaken simpel en begrijpelijk te houden, zullen we voor elk genummerd gebied slechts één functie bekijken, ook al delen sommige gebieden dezelfde functie.
Hier volgen de geselecteerde individuele functies van elk gebied:

1. De amygdala is een snel handelend verdedigingsmechanisme dat niet nadenkt maar direct reageert.
2. De orbitofrontale cortex probeert impulsen te beheersen en gebruikt morele oordelen om ervoor te zorgen dat we ons aan de sociale normen houden.
3. De fasciculus uncinatus is een morele gids die ons voorziet van een geweten en schuldgevoelens.
4. De dorsolaterale prefrontale cortex werkt analytisch en denkt logisch.
5. De ventromediale prefrontale cortex houdt rekening met de gevoelens van anderen en voelt met hen mee.
6. De gyrus cinguli is betrokken bij besluitvorming die wordt beïnvloed door vroegere ervaringen.

Een voorbeeld van het functioneren van het brein

Laten we deze machine nu wat input geven. Bedenk wel dat we allemaal anders reageren, dus dit is slechts één voorbeeld van hoe een brein zou kunnen reageren. Laten we eens kijken naar Willem, die op zijn werk zit. Willem heeft zojuist te horen gekregen dat een bekende van hem iets vervelends over hem heeft gezegd. Hieronder een voorbeeld van hoe elk deel van zijn brein zou kunnen reageren.
De boodschap komt eerst binnen bij een steunzender, thalamus genaamd. Deze structuur stuurt de informatie door naar alle bovengenoemde gebieden, maar ze bereikt als eerste de amygdala.

1. Zijn amygdala reageert onmiddellijk en maakt hem boos, en Willem verheft zijn stem en dreigt de persoon aan te vallen. De amygdala geeft vele chemische stofjes af om de andere delen van het brein lam

te leggen (zo wordt bijvoorbeeld verhinderd dat de dorsolaterale prefrontale cortex aan het werk gaat), zodat ze zijn plannen niet kunnen dwarsbomen!

2. De orbitofrontale cortex van Willem probeert hem wanhopig te waarschuwen dat hij het bij sociaal acceptabel gedrag moet houden. Dit gebied probeert zijn impulsieve gedragingen onder controle te houden door hem duidelijk te maken dat het niet acceptabel is om iemand aan te vallen en ook dat hij zich niet impopulair moet maken.
3. De fasciculus uncinatus functioneert als geweten en zegt: 'Ik voel me schuldig; dit is moreel gezien verkeerd.' Om daar direct aan toe te voegen: 'Als je me er echter van kunt overtuigen dat de handeling redelijk is, ben ik niet te beroerd mijn geweten te sussen en erin mee te gaan.'
4. De dorsolaterale prefrontale cortex probeert de feiten te achterhalen en daarmee te werken, maar wordt overruled en zelfs gevoed met verkeerde informatie door de amygdala.
5. De ventromediale prefrontale cortex is niet geïnteresseerd in zichzelf, maar vraagt zich af wat de ander voelt. Hij heeft empathie voor en mededogen met de persoon die de vervelende opmerking maakte en wil het waarom begrijpen, om daarna de zaken recht te zetten.
6. De gyrus cinguli wil Willem alleen maar herinneren aan vroegere ervaringen. Dit gebied zou bijvoorbeeld kunnen zeggen: 'Als je gaat schreeuwen, levert dat waarschijnlijk problemen op.' Of het kan hebben geleerd: 'Als je hard genoeg schreeuwt, krijg je je zin.' Het is voor Willem een herinnering aan vroegere persoonlijke ervaringen met de gevolgen van schreeuwen.

En dit gebeurt allemaal binnen een seconde!

We hebben gekeken naar slechts zes gebieden die allemaal met elkaar wedijveren om advies te geven en in actie te komen. Ons elke keer dat we iets ervaren hiervan bewust zijn, is in de praktijk onmogelijk.

Dus als we willen proberen om ons brein te managen, hebben we een simpel werkmodel nodig, dat we direct kunnen raadplegen en in ons voordeel kunnen gebruiken, maar dat wel een wetenschappelijke basis heeft.

Als we goed kijken naar hoe ons brein functioneert, zien we dat er ruwweg twee denkteams aan het werk zijn, met een databank die ze beïnvloedt. Het ene team is heel krachtig en reageert snel. Het is op emoties gebaseerd, gepaard aan irrationeel denken. Het andere team is minder krachtig, reageert trager en is gebaseerd op logica, in combinatie met compassie en schuldgevoelens. De databank bestaat uit twee soorten geheugen, emotioneel en feitelijk, en beïnvloedt de twee denkteams.

Kijken we alleen naar de frontaalkwab, dan wordt duidelijker waarom er een probleem is. De buitenrand van de frontaalkwab wordt de cortex genoemd, en dat is de plek waar het denken en interpreteren zich afspeelt.

Twee denk- en interpretatiegebieden

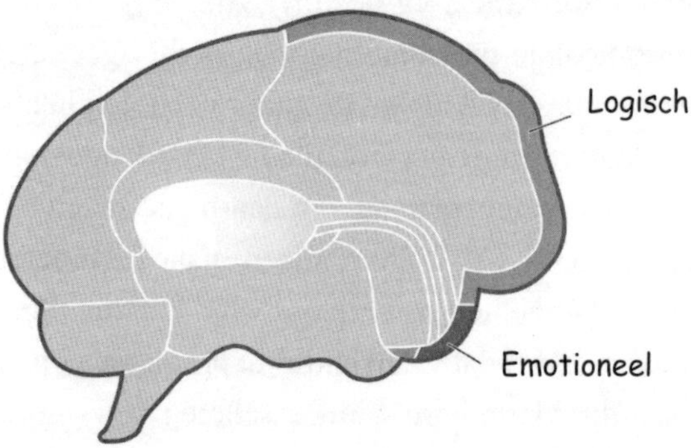

Als de buitenrand maar één denkgebied zou hebben, zou er geen probleem zijn. Maar er zijn minstens twee denk- en interpretatiegebieden. De dorsolaterale rand interpreteert op een rationele manier. De orbitofrontale cortex interpreteert door middel van indrukken en gevoelens en heeft een directe verbinding met de amygdala. Deze tweede manier van denken bundelt dus zijn krachten met het krachtigste emotionele centrum in het brein, de amygdala. We hebben nu dus in feite twee interpreterende breinen. Het ene werkt vrijwel automatisch en denkt voor ons zonder onze input en is gebaseerd op emotie. Over het andere hebben we wel controle en het laat ons nadenken als we dat willen. Het probleem is dat deze twee 'breinen' niet op dezelfde manier denken en het ook niet eens zijn over de interpretatie van wat er aan de hand is. Er is in ons hoofd daarom voortdurend een potentieel 'gevecht' aan de gang!

Is er een makkelijke manier om hier wegwijs uit te worden en de situatie in ons voordeel te gebruiken?

Het Chimp Model

Wat is een model?

Een model is geen puur wetenschappelijk feit en ook geen hypothese. Het is niet meer dan een simpele voorstelling van zaken die kan leiden tot meer begrip en ons helpt de wetenschap te gebruiken. Het kan ons ook helpen begrijpen hoe we in het verleden geweest zijn, hoe we nu zijn en hoe we onszelf in de toekomst beter kunnen managen.

In ons model is de innerlijke Chimp het emotionele team binnen het brein dat zonder onze toestemming voor ons denkt en handelt. Het logische team is de werkelijke persoon, jijzelf dus: rationeel, invoelend en welwillend. Het is de Mens in jou. De databanken die als referentie dienen, vormen de Computer.

Willems ervaring opnieuw bekeken

Laten we Willems ervaring nog eens bekijken aan de hand van dit model. De schematische voorstelling hieronder geeft aan hoe de boodschap het brein bereikt.

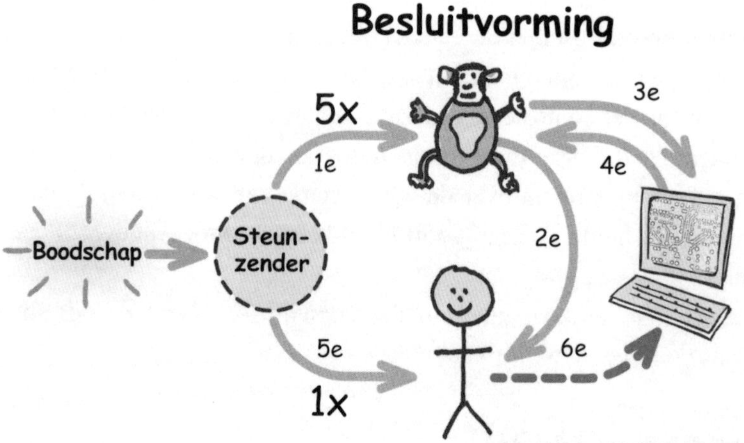

Eerste stap

De boodschap komt binnen bij de steunzender en wordt direct doorgestuurd naar de Chimp.

Tweede stap

De Chimp geeft onmiddellijk chemische stofjes af aan het brein om het de Mens onmogelijk te maken om na te denken en hem in toom te houden!

Derde stap

De Chimp kijkt snel in de Computer om te zien of er iets is wat hij moet weten voordat hij besluit hoe hij zal handelen.

Vierde stap

De Computer zal reageren op basis van wat erin is opgeslagen. De Computer zal ofwel een Automatische Piloot ofwel een Boeman bevatten, of hij heeft niets geprogrammeerd en laat de Chimp zelf beslissen wat hij moet doen.

Vijfde stap

De Chimp is nu in actie gekomen en de boodschap bereikt eindelijk de Mens. Als de Chimp op een ongepaste manier heeft gehandeld, kan de

Mens zich alleen nog maar verontschuldigen en, in veel gevallen, zich schuldig voelen!

Zesde stap

Dit is de optionele stap die ons de kans geeft om aan de Computer te werken, zodat de Chimp voortaan wordt geleid door Automatische Piloten. Alleen deze laatste stap stelt ons in staat om de Chimp te managen, want er is in het brein geen pad dat ons de mogelijkheid biedt om onze Chimp rechtstreeks aan te sturen.

Dit simpele voorbeeld laat één manier zien waarop het brein omgaat met input. Er zijn vanzelfsprekend vele manieren, maar het principe blijft hetzelfde.

Onze emoties en gedachten managen

Gebruik van het model

We kunnen voor allerlei aspecten en functies van het brein – beloningssystemen, emotioneel geheugen, effectief functioneren, enzovoort het model aanpassen. Dat komt omdat het model gebaseerd is op de wetenschappelijke principes van de werking van het brein. Het model is gewoon een makkelijke, leuke manier om jezelf te begrijpen, maar het heeft wel serieuze implicaties. Door te kijken naar deze drie teams – Mens, Chimp en Computer – kunnen we beter leren begrijpen hoe elk ervan functioneert en waarom en hoe we de drie teams zo kunnen managen dat ze samenwerken. Belangrijk hierbij is dat je jezelf ontdekt en dat je onderscheid maakt tussen jezelf en de automatisch denkende en handelende emotionele machine in jou: de innerlijke Chimp.
We krijgen inzicht in hoe we onszelf kunnen leren managen zodat we ons functioneren en de kwaliteit van ons leven verbeteren. Door er tijd en inspanning in te steken, kunnen we de emotionele vaardigheden ontwikkelen die er uiteindelijk toe zullen leiden dat we de persoon worden die we willen zijn, zonder dat we worden gegijzeld door onze Chimp.

Het doel van dit boek is mensen helpen zichzelf te begrijpen en hun emoties te managen. Als dit model bij jou niet aanslaat (en dat zal bij sommigen het geval zijn), geef dan niet op, maar ga op zoek naar iets wat wel voor jou werkt en de kwaliteit van je leven verbetert. Probeer tijd vrij te maken om na te denken over hoe je functioneert en hoe je dingen ten goede zou kunnen veranderen. Heb je het gevoel dat je het niet in je eentje aankunt, dan zijn er voldoende psychologen en andere deskundigen die je een zetje in de goede richting kunnen geven en je functioneren kunnen verbeteren.

Een van de meest bevredigende aspecten van mijn werk is dat ik zie dat mensen gelukkiger worden, meer zelfvertrouwen krijgen en zich meer op hun gemak voelen bij zichzelf en anderen. Ik hoop dat jij dit ook voor jezelf kunt bereiken.

Dankwoord

Er zijn zoveel mensen die hebben bijgedragen aan het maken van dit boek, zowel direct als indirect, dat ik een extra hoofdstuk nodig zou hebben om ze allemaal te noemen. Om te voorkomen dat ik iemand oversla, beperk ik me daarom maar tot een gigantisch dankjewel aan iedereen die me heeft geholpen.

Toch wil ik mijn bijzondere dank uitspreken jegens drie mensen die me onvermoeibaar hebben bijgestaan: Ruth Banner, mijn nicht, die het zich ontwikkelende manuscript heeft gelezen en herlezen en suggesties en kritiek heeft aangedragen die van onschatbare waarde zijn geweest; Jeff Battista, mijn grafisch ontwerper, die met heel veel geduld de schematische voorstellingen en illustraties heeft ontworpen en opnieuw heeft ontworpen en die heeft meegediscussieerd over hoe ik mijn ideeën het beste kon overbrengen; en Susanna Abbott, mijn redactrice, die me heeft aangemoedigd en begeleid door het mijnenveld van het publiceren van dit boek, en daarbij de uitbarstingen van mijn Chimp geduldig heeft doorstaan.

Al mijn vrienden, collega's, patiënten en studenten: nogmaals mijn grote dank.

Ten slotte wil ik dit boek opdragen aan chimpansees en andere mensapen, die in de toekomst dit boek misschien zullen lezen en zich dan, tot hun schrik of hun opluchting, realiseren dat ze een Mens in zich hebben!

Over de auteur

Prof. dr. Steve Peters is praktiserend psychiater en is al meer dan twintig jaar werkzaam in de klinische psychiatrie. Hij behaalde academische graden in de wiskunde, pedagogie en medicijnen, studeerde af in de medische pedagogie en heeft postdoctoraten in de sportgeneeskunde, pedagogie en psychiatrie.

Prof. dr. Peters is sinds 1994 wetenschappelijk hoofdmedewerker aan de universiteit van Sheffield, decaan aan de medische faculteit en lid van de examencommissie van het Royal College of Psychiatrists.

Daarnaast is prof. dr. Peters werkzaam binnen de topsport en was hij sinds 2001 de vaste psychiater bij het Sky Pro Cycling Team en gaf hij psychiatrische adviezen aan de voetbalclub Liverpool. Hij was ook de vaste psychiater bij de Britse wielrenfederatie British Cycling. Zijn mindmanagementtechnieken hebben volgens insiders geleid tot betere prestaties van de Britse wielertop en hebben bijgedragen aan het behalen van twaalf medailles bij de Olympische Spelen in Londen, waaronder acht gouden plakken.

Steven Gerrard, Sir Chris Hoy, Sir Bradley Wiggins, Ronnie O'Sullivan, Victoria Pendleton, Daniel Sturridge en Craig Bellamy hebben zich allemaal publiekelijk uitgelaten over hoe prof. dr. Peters' unieke Chimp Model hen heeft geholpen hun prestaties te verbeteren. Hij is ook betrokken geweest bij nog twaalf andere olympische sporten, waaronder taekwondo en kanoën, en bij het Engelse rugby en eredivisievoetbal.

Behalve met topsporters werkt prof. dr. Peters ook met CEO's, managers, medisch personeel, patiënten en studenten. Hij helpt hen begrijpen waarom ze denken zoals ze denken en waarom ze zich gedragen zoals ze zich gedragen en hoe ze hun geest zo kunnen leren managen dat ze de beste prestaties leveren, zowel in hun werk als in hun persoonlijke leven.

Iedereen, wat zijn maatschappelijke positie ook is, kan iets aan het Chimp Model van prof. dr. Peters hebben. Dankzij *De Chimp Paradox* is zijn werk nu voor het eerst ook toegankelijk gemaakt voor een breder publiek en de auteur hoopt dat iedereen die dit boek leest er zijn voordeel mee zal doen.

Register